古文對話百八篇

公共应用文、高考文言文复习指要

【高三分册】

王召强 编著

中学生
人生教育丛书

黄玉峰 主编

上海科学技术文献出版社
Shanghai Scientific and Technological Literature Press

图书在版编目（CIP）数据

古文对话百八篇．高三分册：公共应用文、高考文言文复习指要 / 王召强编著． 一上海：上海科学技术文献出版社，2016.3（2020.12 重印）
（中学生人生教育丛书 / 黄玉峰主编）
ISBN 978-7-5439-6933-9

Ⅰ．①古… Ⅱ．①王… Ⅲ．①文言文一阅读教学一高中一课外读物 Ⅳ．① G634.333

中国版本图书馆 CIP 数据核字 (2016) 第 016225 号

责任编辑：张 树 付婷婷
封面设计：周 婧

丛书名：中学生人生教育丛书
书 名：古文对话百八篇：公共应用文、高考文言文复习指要（高三分册）
黄玉峰 主编 王召强 编著
出版发行：上海科学技术文献出版社
地 址：上海市长乐路 746 号
邮政编码：200040
经 销：全国新华书店
印 刷：常熟市人民印刷有限公司
开 本：720×1000 1/16
印 张：20.5
字 数：312 000
版 次：2016 年 3 月第 1 版 2020 年 11 月第 2 次印刷
书 号：ISBN 978-7-5439-6933-9
定 价：40.00 元
http://www.sstlp.com

“人生教育”之宗旨

复旦附中　黄玉峰

玉峰从教凡四十八载，深知当今教育之弊端，诚欲有所作为。昔曾以一介书生，呼号实践，乃稍有果报。唯恨孽海深广，而精卫衔石，力薄势单也。玉峰自当奋其驽蹄，尽瘁鞠躬，献身是业。积四十八载经验，玉峰以为教育成败，首在宗旨。宗旨既明，则思辨有则，言行有度；宗旨不明，则正邪不分，矛盾百出。今述其宗旨，为“人生教育”四字。请试为诸君诠释之。

一曰终生幸福

天地之间，人乃最贵。成材成器，首在成人。人生一世，必有所求，或拜金逐名，或轻利取义，或重家国天下，或恋儿女情长，志各有异。然诚如亚里士多德氏所言，殊途同归，无非为谋幸福。堂堂旗帜，皇皇口号，皆无凌驾个人幸福之理，教育尤然。而今教改泥滞，举步艰难，浮躁日盛，人无所适。遇此局面，必先定而后能行。教育当以成就个人终生幸福为宗旨，咬定青山，取舍存废，俱以此为试金石。

二曰彰显个性

夫子教人，各因其材，此本常理，毋庸复议。然今之言教者，不乏叶公好龙，言个性而胶柱鼓瑟，必曰“当筑个性于群性之中”。如此本末颠倒矣。所谓群性，本应寓于个性。以个性为本，顺木之天，自由发展，乃真个性化；而以群性为本，乃“人为”尺度，束人手足，是为伪个性化。岂能以此标准，缚人生之个体耶？《中庸》云："万物并育而不相害，道并行而不相悖。"使诸生个性并行而不悖，则教育之功成矣。

三曰守礼修身

教育必以礼。仲尼教子："不学礼，无以立。"诸生未来自立，举手投足，敬而无失，恭而有礼，持彬彬君子之仪，品自高也。礼者，处世接物之所本，言谈行止之所循。礼之用，和为贵，礼之形，严为上。爱而无严非真爱，严而有爱乃真严。成人之美，成己之德。守礼为人，严以修己。小节种种，习以为常，必成自然。须知人格之所以动人者，皆在细行。欲成大事者，行止不可以不严谨。

四曰作育公民

当今域中，万马齐喑。多顺民亦不乏逸民、暴民，而极少公民。人云亦云者多，敢于批判者少，道听途说者多，实证考察者少；沉默牢骚者多，理性诉求者少。胡公适之有言："争个人之自由，即为国家争自由。"故一人之自由独立，即为国家之进步。作育人格独立之公民，是为个人计，亦为国家计。公民非生而成之，必得分析判断之眼光，辩论说理之能力，自治民主之思想，法治规则之意识，皆赖切磋之益也。

五曰博雅励志

《论语》有云："博学而笃志，切问而近思。"古今大哲，均主张以学问成就人格。观诸古今中外，人格完善之人，皆见识渊博，兼怀宽容、乐观、进取之德，此之谓人文主义。先贤云："万物静观皆自得，四时佳兴与人同。"若非精神富足，安能包容万物、四时安乐？求学为己，勿急欲致用。君子不器，博雅之人，无一处不可用也。《中庸》诫之曰："有弗学，学之弗能，弗措也；有弗问，问之弗知，弗措也；有弗思，思之弗得，弗措也；有弗辨，辨之弗明，弗措也；有弗行，行之弗笃，弗措也。人一能之，己百之；人十能之，己千之。果能此道矣，虽愚必明，虽柔必强。"吾侪莘莘学子，当牢记之。

六曰智慧应试

应试教育之弊，由来久矣。专制功利，技术伪科，条条绳索加诸学子，流患无穷，业所周知。然应试教育与应试本非一事，应试关乎生计前途，原无可避。未来人生所遇险阻，有甚于应试者。千古科举，能误人，亦能成人，惟视应对得法与否也。子曰：“人能弘道，非道弘人。”如人格为应试所奴役，徒见“分”而不见人，则应试亦未必胜；如人格得以宏大，则应试小道，为智慧强大之人所驾驭之、战胜之，此不惟“人生教育”成，而区区“应试”诚如探囊取物也。君子爱分，取之有道。将来之于富贵名利，亦当作如是观。

总此六则，弘兹大德，以成我“人生教育”之宗旨，以全我国人，作育国士，恢廓学风之责任。士不可以不弘毅，筚路蓝缕，以启前程，教书育人，功不唐捐。

2015 年 8 月 13 日

阅读古文的四大要法例析

复旦附中　王召强

南宋学者吕祖谦在《古文关键》总论看文字法中认为，阅读古文的要法大体有四端："第一看大概、主张。第二看文势、规模。第三看纲目、关键。第四看警策、句法。"《古文关键》被誉为"现存评点第一书"，是现存最早的古文评点选本，《四库全书总目提要》认为该书为"宋吕祖谦编，取韩愈、柳宗元、欧阳修、曾巩、苏洵、苏轼、张耒之文凡六十余篇，各标举其命意、布局之处，示学者以门径，故谓之关键"。而选文中议论文将近五十篇，约占总数百分之八十。它是一部辅助当时读书人科举考试的入门书，带有强烈的实用色彩。该书的《总论看文字法》可以看作是最早的评点理论，对于我们今天学习古文，仍有很强的现实指导意义。周振甫在《文章例话·分别看》中曾对此略有论及，但语焉不详，笔者此文试结合古文中的经典篇目，加以例析。

第一看大概、主张

"大概"，近乎现在讲的主要内容。阅读一篇古文，首先要判断一下它在整体上主要写了哪些内容。对于那些篇幅较短、文体规范的文章，这并不是什么难事，但对于那些篇幅较长、文体不怎么规范的文章，就比较难把握了。不过只要掌握了"长文短读"的方法，问题就迎刃而解了。所谓"长文短读"，是指在阅读篇幅较长的文章时，要善于概括文章的内容，把"长文"缩写成"短章"，从而把握一篇文章的"大概"。

以《阿房宫赋》为例，杜牧此赋相对于司马相如的《上林赋》而言，虽然算不上长文，但因为是赋体的缘故，极尽铺陈夸张之能事，要想在短时间内读懂它的主要内容，还是有点难度的。江苏省语文特级教师黄厚江在讲解本文时曾将之缩写成一篇不足八十字的短文，堪称经典。短文如下："阿房之宫，其形可谓雄矣，其制可谓大矣，宫中之女可谓众矣，宫中之宝可谓多矣，其费可谓靡矣，其奢可谓极矣。其亡亦可谓速矣！嗟乎！后人哀之而不鉴之，亦可悲矣！"读了缩写版的《阿房宫赋》之后，原文的主要内容就基本了然于胸了。

古代有一种修辞手法叫隐括，指把前人（或时人）的诗、词、文、赋等辞章作为改写对象加以改造，形成新文体，使之合乎新文体的形式的修辞手法。例如黄庭坚曾将欧阳修的《醉翁亭记》隐括为一首《瑞鹤仙》词。词曰："环滁皆山也。望蔚然深秀，琅琊山也。山行六七里，有翼然泉上，醉翁亭也。翁之乐也。得之心、寓之酒也。更野芳佳木，风高日出，景无穷也。游也。山肴野蔌，酒洌泉香，沸筹觥也。太守醉也。喧哗众宾欢也。况宴酣之乐、非丝非竹，太守乐其乐也。问当时太守为谁，醉翁是也。"

隐括较之于缩写，显然是难度更高的一种概括手法，不过它利用语言文字的历史或背景，通过字词巧妙的组合而产生了新的情趣，显得更加典雅。笔者曾将苏辙的《黄州快哉亭记》隐括为一首古诗，诗曰："沉浮赤壁览江海，遗迹三国亦快哉。人有遇变惟自适，风无雌雄笑兰台。"

主张，近乎现在讲的主旨。在古文中，用于表明主旨的句子或居于篇首，开门见山，如苏洵的《六国论》，开篇即表明宗义："六国破灭，非兵不利，战不善，弊在赂秦。"或居于篇末，总结全文，如贾谊的《过秦论·上》，结尾总结秦朝二世而亡的原因道："仁义不施，而攻守之势异也。"

但是在古文中，以上两种情况大多出现于议论文中，而大多数记叙文的主旨则是含而不露甚至深藏不露的，需要读者在知人论世的基础上，结合文本的具体语境，撩开拂在文本身上的面纱，准确全面地揭示作者的真实意图。

以苏辙的《黄州快哉亭记》为例，初读此文，很容易被作者"无所不快"的豪情逸志所惑，殊不知此文作于宋神宗元丰六年（1083）作者被贬筠州期间，其时亦为作者的兄长苏轼因“乌台诗案”被贬黄州的第四年，而快哉亭为当时被贬在黄州的张怀民所建造。张怀民为苏轼的好友，在《记承天寺夜游》这篇短文中，苏轼曾经记载了他与张怀民这两位“闲人”共游承天寺，同赏庭下月色竹柏影的故事。可见苏、张二人的关系非同一般泛泛之交。所以张怀民在黄州筑亭之后，苏轼欣然为之命名为“快哉”。而远在筠州的苏辙听闻此事，亦欣然为之撰文。

以三人当时相同的人生境遇而言，政治上的失意实在没什么乐趣可言，但是面对“连山绝壑，长林古木”的黄州赤壁，他们并没有“悲伤憔悴”，反而表现出了中国古代传统士大夫身上顽强的生命精神和乐观豁达的人生态度。他们虽然因与当权者政见不合，以莫须有的罪名被迫远离政治中心，却内心坦然，不以物喜，不以己悲，纵情自放于山水之间。与高高在上的政治庙堂相比，他们心中早已形成了另外一个独立自主的精神世界，这就是芸芸众生赖以生存的江湖山水。他们此时自称“闲人”，既是一种明显的自嘲，又是对那些高高在上的“忙人”们的一种含蓄的反讽；他们虽然自命“快哉”，却有一股愤懑不平之气贯注其中，暗潮汹涌。他们此时此地愈是快意，就愈发反衬出他们的愤懑之情有多么强烈，就愈发反映出他们不愿与当权者同流合污的决绝态度，就愈发表现出他们身上难能可贵的独立精神！

第二看文势、规模

“文势”，指文章的体态姿势，是文气与文体有机结合所产生的一种文学表现力和感染力。周振甫在《文章例话》中认为文势指文章的体裁和风格是否一致，侧重于文体与风格的同一性，而忽略了文气在形成文势上的作用。曹丕在《典论·论文》中认为：“文以气为主，气之清浊有体，不可力强而致。”而文气的“清浊”直接决定了文势的“巧拙”。韩愈在《答李翊书》中就此深入论述道：“气，水也；言，浮物也。水大而物之浮者，大小毕浮。气之与言犹是也，气盛则言之短长与声之高下者皆宜。”

元代学者李淦在《文章精义》中对韩、柳、欧、苏四大家的评论“韩如潮、柳如泉、欧如澜、苏如海”就是从四大家的文势的角度来立论的。大意是说，韩文像潮水一样浩荡奔腾，柳文像泉水一样晶莹活泼，欧文像波澜一样婉转流畅，苏文像大海一样汪洋恣肆。

单以苏轼为例，苏轼在《文说》中自述道：“吾文如万斛泉源，不择地而出，在平地滔滔汩汩，虽一日千里无难，及其与山石曲折，随物赋形而不可知也。所可知者，常行于所当行，常止于不可不止，如是而已矣。其他虽吾亦不能知也。”由此可见，苏轼这种“一日千里”“常行于所当行，常止于不可不止”的文气可谓“盛”矣，正是这种旺盛的文气造就了他大海一样汪洋恣肆的文势。

而最能体现苏轼这种文势的作品莫如其科场名作《刑赏忠厚之至论》，主考官欧阳修读罢此文，在《与梅圣俞》中说：“读轼书不觉汗出，快哉！快哉！老夫当避路，放他出一头地也。”能够让“一代文宗”欧阳修流下热汗、连呼“快哉”的文章，可见其文势非同一般。

清代学者沈德潜在《唐宋八大家读本》中对《刑赏忠厚之至论》评论道：“以‘罪疑惟轻，功疑惟重’二语作主，文势如川云岭月，其出不穷。”沈德潜和李淦对此文的评价，运用的比喻虽然不同，但是内在的精神却是一致的，都强调了他那种“常行于所当行，常止于不可不止”的文势。

清代学者张伯行在《唐宋八大家文钞》中尤为称赞此文的中间一段，认为其“议论极有至理”。今摘录如下，以飨读者。文曰：“古者赏不以爵禄，刑不以刀锯。赏之以爵禄，是赏之道行于爵禄之所加，而不行于爵禄之所不加也。刑以刀锯，是刑之威施于刀锯之所及，而不施于刀锯之所不及也。先王知天下之善不胜赏，而爵禄不足以劝也；知天下之恶不胜刑，而刀锯不足以裁也。是故疑则举而归之于仁，以君子长者之道待天下，使天下相率而归于君子长者之道，故曰忠厚之至也。”

规模即文章的谋篇布局。吕祖谦在评论苏轼的《留侯论》时说：“格制好。先说忍与不忍之规模，方说子房受书之事，其意在不忍，此老人所以深惜，命以仆妾之役，使之忍小耻，就大谋。故其后辅佐高祖，亦使忍之有成。”这里的“格制”就是规模的意思。

吕祖谦认为《留侯论》之所以“格制好”，在于开篇立论超卓，先以“古之所谓豪杰之士，必有过人之节，人情有所不能忍者”立论，奠定全篇的主旨，再援引张良在下邳受书于圯上老人之事，指出圯上老人起初之所以对张良如此“倨傲鲜腆”，就是为了“深折”其“忿忿之心”，因为圯上老人深知“彼其能有所忍也，然后可以就大业”。苏轼以论评史，以史证论，史论结合，浑然天成。

而全文更妙的是后文所举的张良辅佐刘邦成就大业的事例：“项羽唯不能忍，是以百战百胜而轻用其锋；高祖忍之，养其全锋而待其敝，此子房教之也。”作者以此论证“忍小忿”方能“就大谋”，证据确凿，更加令人信服。

正如清代学者余诚在《重订古文释义新编》中对此文所评：“劈空提出个‘忍’字，辟去俗论，翻却常解，立定主意。反反复复，到底总归一线，直如千丈游丝，袅袅天际，绝不见有断绝处。此固由立意之高，而亦缘运笔之妙。”余诚讲的“运笔之妙”，就是指此文谋篇布局非常巧妙。

第三看纲目、关键

纲的本义为网口的总绳，目的本义为网上的眼子。所谓纲举目张，本义指提起网上大绳，所有网眼都能张开，后比喻为条理分明，或抓住主要环节，带动一切。在《古文关键》中，纲目指文章展开的主要线索，近乎现在讲的文眼，如在《留侯论》中，吕祖谦认为其“一篇纲目在‘忍’字”。

像这种以一个字作为纲目的文章，清代学者李扶九在《古文笔法百篇》中称之为“一字立骨”法。其所列举之文如苏轼的《超然台记》以一“乐”字立骨，阐发超然物外之意，叙写登览畅游之乐，与苏辙《黄州快哉亭记》堪称双璧。

清代学者林云铭评论二文道：“全篇（指《黄州快哉亭记》）止拿定‘快哉’二字细发，可与乃兄《超然台记》并传。按‘超然’二字出《庄子》，‘快哉’二字出《楚辞》，皆有自乐其乐之意。‘超然’乃子由命名，而子瞻为文，言其无往而不乐；‘快哉’乃子瞻命名，而子由为文，言其何适而非快。俱从居官不得意时看出，取义亦无不同也。

文中一种雄伟之气，可以笼罩海内，与乃兄并峙千秋。”（《古文析义》卷一五）

关的本义为门闩，键又写作楗，本义为闭门的横木和加锁的木栓；关键的喻义为事物中最关紧要的部分，对于事物发展起决定作用的因素。文章的关键则指文章在章法上的紧要之处。吕祖谦特意指出阅读古文时要注意以下三个关键：“如何是主意首尾相应，如何是一篇铺叙次第，如何是抑扬开合处。”可见吕祖谦在鉴赏古文时非常重视一篇文章在章法上的首尾呼应之处、铺陈叙述的顺序、抑扬顿挫和铺展收合之处。

“首尾呼应”之处，《超然台记》就是一个很好的范例。其结尾中的“吾之无所往而不乐”即很好地照应了开头中的“吾安往而不乐”。虽然两句话的句式不同，前者为双重否定句，后者为反问句，但是表达的意思却完全一致。

《超然台记》也是鉴赏古文“铺陈次第”的典范之作。在这篇文章中，苏轼先后按照空间和时间的顺序描写了超然台周围的景观和游览超然台的乐趣所在。空间线索非常鲜明，以“南望马耳、常山”“而其东则卢山”“西望穆陵”“北俯潍水”等为首的四句话，凭吊古今，感慨淋漓，超然山水之外。时间线索仅以“台高而安，深而明，夏凉而冬温。雨雪之朝，风月之夕，予未尝不在，客未尝不从”这两句话便写出了超然台的特点和作者对超然台的喜爱之情。清代学者吴楚材、吴调侯就此评论道：“其叙事处，忽及四方之形胜，忽入四时之佳景，俯仰情深，而总归之一乐。真能超然物外矣。”（《古文观止》卷一一）

至于“抑扬开合”之文，苏洵的《管仲论》堪称典范。此文开篇先叙管仲之功：“管仲相威公，霸诸侯，攘戎狄，终其身齐国富强，诸侯不敢叛。”但紧接着把齐国强盛的功劳归之于鲍叔牙，管仲反而成为导致齐国祸乱的罪魁祸首。文曰：“齐之治也，吾不曰管仲，而曰鲍叔。及其乱也，吾不曰竖刁、易牙、开方，而曰管仲。”该文先扬后抑，议论别出心裁，历来备受推崇，作为古文范例。

苏洵在得出这个结论之后，紧接着提出一个设问——“何则”，便展开一番议论，认为管仲在弥留之际，并没有向齐桓公推荐贤能的人取代自己，而只不过说了一句“竖刁、易牙、开方三子，非人情，不可近”而已，结果管仲一死，“三子者可以弹冠而相庆矣”，最终导致“威公薨于乱，五公子争立，其祸蔓延，讫简公，齐无宁岁”的政治局面。在这个基础上，作者又先后从君、臣两个方面列举了三个反例，论证其观点，最后以“彼管仲者，何以死哉”收束全文，耐人寻味。

南宋学者楼昉在《崇文古诀》中对此文评论道：“老泉诸论中，唯此论最纯正，开合抑扬之妙，责得管仲最深切，意在言外。”清代学者吴楚材、吴调侯也对此文评论道：“起伏照应，开合抑扬。立论一层深一层，引证一段紧一段。似此卓识雄文，方令古今心服。”（《古文观止》卷十）他们都提到了本文的“开合抑扬”之妙，妙就妙在立论非常新颖，发前人所未发，想前人所未想，文势曲折而论证精当，不得不令人信服。

第四看警策、句法

警策，又称精警或警句，指某些言简语奇、含义深刻并富有哲理的语句。陆机在《文赋》中曾道：“文片言而居要，乃一篇之警策。”李善在《文选》中对此注释道：“以文喻马，言马因警策而弥骏，以喻文资片言而益明也。驾之法，以策驾乘，今以一言之好，最于众辞若驱驰，故云警策。”由此可见，警策之言，指在作品中居显要地位，对于主题的表达或作品内涵的揭示能起到画龙点睛的作用，并能给读者以深刻印象的句子。

以苏轼的《韩文公庙碑》为例，此文起笔两句“匹夫而为百世师，一言而为天下法”，劈空而来，突兀高亢，豪迈警策，一下子就将读者的心紧紧抓住了。朱熹在《朱子语类》中记载：“向尝闻东坡作《韩文公庙碑》，一日，思得颇久，忽得两句云：‘匹夫而为百世师，一言而为天下法。’遂扫将去。”由此可见，这两句得来不易，可以称得上是神来之笔。

不过这两句话还只是泛论，并没有直接点明是写韩愈，而在下文中，苏轼连用四个警句，“文起八代之衰，而道济天下之溺，忠犯人主之怒，而勇夺三军之帅”，分别从文、道、忠、勇四个方面来具体称赞韩愈的道德文章和为人行事，将韩愈一生的主要功业概括殆尽，且气势恢宏，脍炙人口。

句法，指句子的结构方式，研究的是句子的各个组成部分和它们的排列顺序。吕祖谦在《古文关键》中指出鉴赏古文句法时要注意的六个方面："如何是一篇警策，如何是下字下句有力处，如何是起头换头佳处，如何是缴结有力处，如何是融化屈折、翦截有力处，如何是实体贴题目处。"由此可见，除了警策（警策也是句法的一种）之外，吕祖谦还非常重视古文的炼字炼句之处、起笔结笔之处、承接转折之处、融合曲折之处、删削之处和点题之处。

古文"炼字炼句"之处，在骈体文中最为常见。以杜牧《阿房宫赋》为例，清代学者余诚评论道："佳处全在造句新奇，措词流丽，运笔转换，故能使阿房宫始末与宫中情景，一一宛然在目。"（《重订古文释义新编》卷七）。杜牧叙述"阿房宫始末"之文，全文只用了两句话便写尽。始曰"六王毕，四海一，蜀山兀，阿房出"，只十二个字，便将秦始皇统一六国之后志得意满的骄纵心态写了出来；末曰"戍卒叫，函谷举，楚人一炬，可怜焦土"，只十四个字，便将秦朝末年风起云涌的历史浪潮写了出来，中间无数壮丽，皆成幻影。如此一来，怎不引人深思？

古人作文，特别重视"起笔"之处。清代学者李扶九在《古文笔法百篇》一书中特别列出一类笔法，名曰"起笔不平"。其所选之文，就有苏轼的《韩文公庙碑》，上文已论述之，不复赘述。

而说到古文的"结笔"之妙，《阿房宫赋》和《六国论》都可以当作典范。明代学者归有光就此论曰："凡作骂题文字，须于结束垂规戒意，方有余味。此虽小节，有不可略。如杜牧之《阿房宫赋》，苏老泉《六国论》，皆得此意。"

《阿房宫赋》以"秦人不暇自哀，而后人哀之；后人哀之而不鉴之，亦使后人而复哀后人也"结尾，规诫"后人"，不遗余力。论者以为"尤有关治体"（《古文观止》卷七），"言有尽而意无穷"（《重订古文释义新编》卷七）。

《六国论》以"夫六国与秦皆诸侯，其势弱于秦，而犹有可以不赂而胜之之势；苟以天下之大，而从六国破亡之故事，是又在六国下矣"作结，告诫北宋统治者以"六国破亡之故事"为鉴，不要一味屈从于北方强邻契丹人的淫威，只有富国强兵，才是长治久安之计。

"换头"之处，近似于现在讲的过渡句，在文章中主要起到承接和转折的作用，也就是我们俗称“起、承、转、合”中的“承”和“转”。归有光的《项脊轩志》就是一个很好的例子。此文第二段的首句“然余居于此，多可喜，亦多可悲”，即起到了承上启下的过渡作用，上承作者轩中读书之乐，下启作者感怀身世之悲。

“屈折”又可以写作“曲折”，清代学者袁枚有“文似看山不喜平”之说（《随园诗话》），意思是说写文章要像大山一样起伏不平，不要平淡无味。而“曲折”之文的典型就是俗称“翻案”的文章，如苏洵的《管仲论》，把齐国历史上的一代名相翻案成历史罪人，可谓“曲折”至极。但这种文章并不好写，关键在于要把这种“曲折”之理说得圆融，令人信服，即要做到“融化屈折”。

清代学者李扶九曾就此论道：“文章有翻案一法最为新奇，然此不易作。先要有识，识者得题之间也；次要有笔，笔者议论出奇，层层批驳也；三要有书，书者引证得切合也。”（《古文笔法百篇》卷五）由此可见，“融化屈折”殊非易事，既需要作者有一定的识度和笔法，还需要足够的学力。

“翦截”就是删削的意思。据清代学者平步青在《霞外捃屑》所载：“欧阳公《醉翁亭记》先述胜地，至于累幅，后一扫去，曰：‘环滁皆山也。其西南诸峰，林壑尤美。’皆翦截浮泛，不用装头之法。”这里的“翦截浮泛”就是指删削掉多余的文字，让文章变得简洁、精炼。据说《醉翁亭记》的原稿此处为“滁州四面皆山也，东有乌龙山，西有大丰山，南有花山，北有白米山，其西南诸峰，林壑尤美……”。经过删削之后，可谓字斟句酌，言简意赅，而且突出了全文着重描写的醉翁亭所在的西南诸峰。

“实体贴题目处”就是点题之笔。清代学者李扶九在《古文笔法百篇》中将这种紧扣题目立意选材的写作手法称之为“就题字生情”法。以苏辙的《黄州快哉亭记》为例。全文紧扣“快哉”二字，在第二节中先后从黄州赤壁的自然景观和人文景观两个方面阐述了“此其所以为快哉者也”。而在第三节中，作者引用宋玉《风赋》的典故，既交代了“快哉”二字的来历，又借此引出关于“风无雌雄之异，而人有遇不遇之变”的议论，从而揭示全文的主题。“快哉”二字（或“快”字）在文中反复出现了六次，扣题可谓紧密矣。

《古文对话百八篇》使用指南

看到《古文对话百八篇》这个书名，内行的人一下子就会想到夏丏尊、叶绍钧两位先生合编的初中国文科教学自修教材《国文百八课》，不过这是两本完全不同的书。我之所以选择108这个数字，一则为了表达对以上两位语文教育界前辈的崇高敬意，一则确实是古文教学所需。

前人编写的文选，或失之于篇目浩繁，如姚鼐的《古文辞类纂》、曾国藩的《经史百家文钞》之类，动辄七八百篇文章，供大学中文系学生研习古文专业之用尚可；或失之于内容浅易，如杨振中的《高中文言文助读》、李雄豪的《高中文言百段阅读训练》之类，供初中学生学习文言入门之用尚可。比较适合高中生阅读的是吴楚材、吴调侯的《古文观止》和李扶九的《古文笔法百篇》，但是这两本书编写的年代距今久远，原是为了迎合清代的士子们科举应试之用，远远不能满足当代高中生学习古文的需求。

我编写的《古文对话百八篇》，实际上只能被称作“古文五十四课”。翻开目录，大家就会发现，选文全是两两相对的，每个单元都由两篇选文组成，分为A篇和B篇，它们无论是在内容上还是形式上，总有些“互通之处”。我把这种“互通之处”称为选文之间“对话”的基础。

“对话”作为一种理论，涉及的内容极为广泛，很早就被引入教育领域中了。尤其是新课程改革以来，教育界开展了关于对话式教学的研究。不过他们关注的是在教学过程中师生之间、生生之间的对话关系，我所关注的是在教材编写的过程中，选文与选文之间的对话关系，实际上是单元的组织标准问题。因此，这完全是两种意义上的对话，不可同日而语。

本书最大的特色之处就是它的单元组织标准。它一改过去教材在单元组织上名存实亡的尴尬局面，但求“互通”，无论在形式上还是在内容上，只要两篇选文能够形成“对话”关系，都可以组成单元。当然在选文的时候，笔者在旁搜广引的基础上，力求经典，兼顾选文的文学性和艺术性。据我粗略统计，截止2009年12月，在编选过程中，已被编写在内后被替换掉的篇目就达六十多篇，读者现在看到的篇目都是经过反复PK，几乎不可更易的结果。

因此读者在阅读此书之时，最重要的不仅仅是读懂每一篇选文，关键还在于能够做到贯通A、B两篇，否则不能说是真正读懂了本书。本书中有些“拓展探究”部分就涉及前后两篇的“对话”，望读者多加注意。没有涉及前后两篇“对话”的单元，读者也应自行比较一番，看看两文在写作手法和艺术特色上有何异同之处。当然这有一个前提，即首先要把每一篇选文都读懂。本书中的“题解”和“注释”的主要功能就是辅助读者疏通文义，扫除最基本的阅读障碍。本书中的部分“延伸探究”题摘引了很多古人对选文的评论，笔者本意并不是为了增加题干的难度，只不过取“他山之石，可以攻玉”之义，为读者提供一些参考资料，起到提示和启发读者的作用，为了尽量避免编者对读者的“干扰”，编者特意没有为这部分准备参考答案。

此外，本书在编写过程中，笔者用力最勤的是“练习”和“拓展探究”部分。读者很容易看出，“练习”部分的题型和高考有一些相似之处，尤其是前六道小题基本上和高考题型保持一致。笔者这么做，完全是向高考“妥协”的结果，但是读者千万不能把这本书当作高考模拟练习使用！因为本书“练习”的设计意图主要并不是针对高考模拟训练，而是服务于对选文内容及其艺术特色的理解。这种设计意图主要体现在第5～8小题和“拓展探究”题上。第1～4小题主要考察的是文言常识，也算是学习古文的应有之义。说实话，笔者是很不情愿出这种题目的，不过高考的指挥棒悬在那里，笔者亦是有苦难言。

本书的上册在高二年级学生中试用之时，有读者反映本书的题目偏难，也有少数人反映偏易的。一时之间，笔者竟有些摸不着头脑了。笔者以为，认为偏难的读者可能平日做惯了“语段”之类的题目，一见“篇章”，难免会有畏避之嫌。认为偏易的读者，古文的根基较好，平时又做惯了“裸题”（指没有“题解”和“注释”的题目），一看带有“题解”和“注释”的文章，自然难不倒他。对于这两类学生，笔者有如下忠告：认为偏难的读者，不妨多花点时间仔细阅读一下“题解”和“注释”，实在不行，也可以“百度”一下，查找点资料或者译文。认为偏易的读者，不妨忽略“题解”和“注释”，把它当作“裸题”来做，这样才有挑战性。要知道，高考可不会给出这么详细的“题解”和“注释”的。

平心而论，“练习”部分的题目和高考的难度差不多，只不过选文略长了一点，题目略多了一点。笔者曾经测算过，每做完一篇文章，大约会花四十分钟的时间。读者试想，以每周完成本书的两篇文章计算，也不过花掉了两节课的时间。对于平时作业较少的语文学科而言，这不能说花费了太多的时间吧。不过“拓展探究”部分的题目难度确实较大些，而且往往涉及选文之外的其他篇目，带有研究性和探究性的色彩，笔者把它们从“练习”中单独划分出来，就是担心那些语文素养较差的读者，望本书而生畏。故而笔者在此声明，“拓展探究”的题目主要针对的是语文素养较高的学生，而大多数人只要完成“练习”部分就可以了。这也算是“分层教学”的一种尝试吧。

本书在编写过程中，主要参考了韩兆琦的《史记笺证》（江西人民出版社）、张大可的《史记（百家会评本）》（长江文艺出版社）、洪本健等人的《解题汇评古文观止》（华东师范大学出版社）、高海夫的《唐宋八大家文钞校注集评》（三秦出版社）、王水照的《历代文话》（复旦大学出版社）等书。另有张中行的《文言津逮》（中华书局）、吴小如的《古文精读举隅》（山西人民出版社）、周振甫的《文章例话》等三本书推荐给读者，以供参考。另有拙作《阅读古文的四大要法例析》一篇，曾经连载于《中学生报》，列于本书，权作代序，以飨读者。

本书在编选之初，只作为本人的讲义使用，未尝编写参考答案，此次承蒙上海科技文献出版社不弃，得以见得天日，不得不编写参考答案。但本人冗务缠身，只得委托我原来的学生、现在就读于华东师范大学中文系的研究生赵淳智同学代为草拟。赵淳智同学古文功底深厚，工作认真仔细，非常富有责任心，草拟的答案经笔者核对，基本无误，在此对她表示衷心的感谢！

2015 年 10 月 10 日草拟于依仁轩

目　录

高考文言文复习指要

高考文言文模拟试题

1A　论积贮疏

西汉·贾谊

① 管子曰:"仓廪实而知礼节[1]。"民不足而可治者,自古及今,未之尝闻。古之人曰:"一夫不耕,或受之饥;一女不织,或受之寒[2]。"生之有时,而用之亡度,则物力必屈。古之治天下,至纤至悉也[3],故其畜积足恃[4]。今背本而趋末,食者甚众,是天下之大残也;淫侈之俗,日日以长,是天下之大贼也。残贼公行,莫之或止;大命将泛[5],莫之振救。生之者甚少而靡之者甚多,天下财产何得不蹶[6]!汉之为汉凡四十年矣,公私之积犹可哀痛。失时不雨,民且狼顾;岁恶不入,请卖爵子[7]。既闻耳矣,安有为天下阽危者若是而上不惊者[8]!

② 世之有饥穰[9],天之行也,禹、汤被之矣。即不幸有方二三千里之旱,国胡以相恤[10]?卒然边境有急,数千百万之众,国胡以馈之?兵旱相乘,天下大屈[11],有勇力者聚徒而衡击,罢夫羸老易子而咬其骨[12]。政治未毕通也,远方之能疑者并举而争起矣[13],乃骇而图之,岂将有及乎?

③ 夫积贮者,天下之大命也。苟粟多而财有余,何为而不成?以攻则取,以守则固,以战则胜。怀敌附远[14],何招而不至?今驱民而归之农,皆著于本,使天下各食其力,末技游食之民转而缘南亩[15],则畜积足而人乐其所矣。可以为富安天下,而直为此廪廪也[16],窃为陛下惜之。

【题解】 本文节选自《汉书·食货志》。写于汉文帝二年,即前178年。当时,由于长期战争,经济凋敝,米价昂贵,这种情况一直延续到汉文帝时仍未改变。贾谊有感于此，作文以劝诫皇帝重视农业生产，积贮粮食。疏，指分条陈述，是古代臣下向皇帝条陈自己对某事意见的一种文体。

【注释】 (1)管子：名夷吾，字仲，春秋时齐桓公的丞相。仓廪实而知礼节：语见《管子·牧民》，指衣食足百姓才会重视礼仪。(2)语见《管子·轻重甲》。(3)纤：细小，细致。悉：周到。(4)畜，同“蓄”。(5)泛(fěng)，通“覂”：覆亡，倾覆。(6)蹶：竭。(7)请卖爵子：人民请求卖爵卖子，贫民的爵可以卖给富人以得钱物，也可以卖给朝廷或官府以抵赋税。(8)阽(diàn)：摇摇欲坠。(9)饥穰：饥荒和庄稼丰收。(10)恤：救济。(11)天下大屈：全国的财富极度匮乏。(12)罢，通“疲”。羸老：瘦弱的老人。(13)疑，同“拟”：相似、比拟。这里指想与皇帝等同。(14)怀敌附远：对敌人采取怀柔政策，使远方之人来归附。怀：来，使亲近。(15)缘南亩：指从事农业生产。(16)廪，通“懔”：恐惧。

【练习】

1. 解释加点字的意思

故其畜积足恃(　　　　)　　汉之为汉凡四十年矣(　　　　)

国胡以相恤(　　　　)　　窃为陛下惜之(　　　　)

2. 以下加点字的用法和意思判断正确的是(　　)

① 淫侈之俗，日日以长　　② 以攻则取，以守则固，以战则胜

③ 民不足而可治者　　④ 则畜积足而人乐其所矣

A. ①②相同　③④相同　　B. ①②相同　③④不同

C. ①②不同　③④相同　　D. ①②不同　③④不同

3. 下列加点字中不属于通假字的一项(　　)

A. 生之有时，而用之亡度　　B. 故其畜积足恃

C. 大命将泛，莫之振救　　D. 生之者甚少而靡之者甚多

E. 卒然边境有急　　F. 罢夫羸老易子而咬其骨

4. 翻译句子

(1) 政治未毕通也，远方之能疑者并举而争起矣，乃骇而图之，岂将有及乎？

____

(2) 夫积贮者，天下之大命也。苟粟多而财有余，何为而不成？

____

5. 在第①段中，作者认为造成国家财用不足的原因是______________

6. 在第②段中，作者对"世之有饥穰"的论述，其主要用意是______________

____

7. 在第③段中，作者认为治国之本是______________

8. 通观全文，作者主要论述了积贮的重要性，具体表现在哪些方面？

____

____

【拓展探究】

1. 清代学者浦起龙评论本文道："班史(指班固《汉书》)云民近战国，皆背本逐末，因上此疏。故所言但就农末所趋，衡论其得失。若夫积贮事宜，至宣帝时耿寿昌常平法始倡之。今此书未得云积贮疏也。"你是否同意他对本文主旨的分析，为什么？

____

____

____

2. 清代皇帝康熙评论本文道："王道之大，不外教、养两端。贾生惓惓于当时者如此，所谓王佐之才，非晁错之策(指晁错《论贵粟疏》)可比。"对比阅读本文和《论贵粟疏》，你更喜欢哪一篇，为什么？

____

____

____

1B 论贵粟疏

西汉·晁错

① 圣王在上，而民不冻饥者，非能耕而食之，织而衣之也，为开其资财之道也。故尧、禹有九年之水，汤有七年之旱，而国亡捐瘠者[1]，以畜积多而备先具也。今海内为一，土地人民之众不避汤、禹[2]，加以亡天灾数年之水旱，而畜积未及者，何也？地有遗利，民有余力，生谷之土未尽垦，山泽之利未尽出也，游食之民未尽归农也。

② 民贫，则奸邪生。贫生于不足，不足生于不农，不农则不地著[3]，不地著则离乡轻家，民如鸟兽。虽有高城深池，严法重刑，犹不能禁也。夫寒之于衣，不待轻暖；饥之于食，不待甘旨；饥寒至身，不顾廉耻。人情一日不再食则饥，终岁不制衣则寒。夫腹饥不得食，肤寒不得衣，虽慈母不能保其子，君安能以有其民哉？明主知其然也，故务民于农桑，薄赋敛，广畜积，以实仓廪[4]，备水旱，故民可得而有也。

③ 民者，在上所以牧之[5]，趋利如水走下，四方无择也。夫珠玉金银，饥不可食，寒不可衣，然而众贵之者，以上用之故也。其为物轻微易藏，在于把握，可以周海内而无饥寒之患。此令臣轻背其主，而民易去其乡，盗贼有所劝，亡逃者得轻资也。粟米布帛生于地，长于时，聚于力，非可一日成也。数石之重[6]，中人弗胜，不为奸邪所利；一日弗得而饥寒至。是故明君贵五谷而贱金玉。

……

④ 方今之务，莫若使民务农而已矣。欲民务农，在于贵粟；贵粟之道，在于使民以粟为赏罚。今募天下入粟县官，得以拜爵，得以除罪。如此，富人有爵，农民有钱，粟有所渫[7]。夫能入粟以受爵，皆有余者也。取于有余，以供上用，则

贫民之赋可损，所谓损有余、补不足，令出而民利者也。顺于民心，所补者三：一曰主用足，二曰民赋少，三曰劝农功。

⑤ 今令民有车骑马一匹者(8)，复卒三人。车骑者，天下武备也，故为复卒。神农之教曰："有石城十仞，汤池百步，带甲百万，而无粟，弗能守也。"以是观之，粟者，王者大用，政之本务。令民入粟受爵，至五大夫以上(9)，乃复一人耳，此其与骑马之功相去远矣。爵者，上之所擅，出于口而无穷；粟者，民之所种，生于地而不乏。夫得高爵也免罪，人之所甚欲也。使天下人入粟于边，以受爵免罪，不过三岁，塞下之粟必多矣。

【题解】 本文节选自《汉书·食货志》。西汉建立初期，汉高祖刘邦由于采取了罢兵归家、抑制商人、轻徭薄赋等一系列措施，使秦朝末年因连年战争而遭到严重破坏的农业生产逐渐得以恢复。文帝即位后继续奉行"与民休息"的政策，重视农桑，促进了农业的繁荣和商业的发展。但由此也产生了因商业发展而导致谷贱伤农的社会现象。针对这一问题，晁错上疏，全面论述了"贵粟"(重视粮食)的重要性，对当时发展生产和巩固国防，都具有一定的进步意义。本文观点精辟，分析透彻，逻辑谨严，文笔犀利，具有汪洋恣肆的气势和流畅浑厚的风格。原文较长，略作删节。

【注释】 (1)捐瘠(jí)：被遗弃和瘦弱的人。捐：抛弃。瘠：瘦。(2)不避：不让，不次于。(3)地著(zhuó)：定居一地。(4)廪(lǐn)：米仓。(5)牧：养，引申为统治、管理。(6)石：重量单位。汉制三十斤为钧，四钧为石。(7)渫(xiè)：散出。(8)车骑马：指战马。(9)五大夫：汉代的一种爵位，在侯以下二十级中属第九级。凡纳粟四千石，即可封赐。

【练习】

1. 解释加点字的意思

以畜积多而备先具也(　　　　)　　　　可以周海内而无饥寒之患(　　　　)

所谓损有余、补不足（　　　　）　　二曰民赋少，三曰劝农功（　　　　）

2. 以下加点字的用法和意思判断正确的是（　　）

① 以畜积多而备先具也　　② 以实仓廪，备水旱

③ 令出而民利者也　　④ 今令民有车骑马一匹者

A. ①②相同　③④相同　　B. ①②相同　③④不同

C. ①②不同　③④相同　　D. ①②不同　③④不同

3. 下列加点字的用法不同于其他三项的一项（　　）

A. 非能耕而食之，织而衣之也　　B. 薄赋敛，广畜积

C. 是故明君贵五谷而贱金玉　　D. 欲民务农，在于贵粟

4. 翻译句子

（1）夫腹饥不得食，肤寒不得衣，虽慈母不能保其子，君安能以有其民哉？

____

（2）爵者，上之所擅，出于口而无穷；粟者，民之所种，生于地而不乏。

____

5. 在第①段中，作者认为造成国家财政不足的原因是________________

____

6. 在第②—③段中，作者认为明主必须重视发展农业的主要原因有________

____

7. 在第④段中，作者提出发展农业的具体措施有____________________

____

8. 在第⑤段中，作者对“神农之教”的引用，其主要用意是________________

____

【拓展探究】

1. 清代学者浦起龙评论本文道：“与贾疏（贾谊《论积贮疏》）同时上，意亦略同，而此更画出滋粟之方，在于自上贵之。……入粟一议，本计在于抑末，中间将

珠玉对勘，正欲去其积重之势，以归权于粟也。”结合这段话思考，在第③段中，作者对“珠玉金银”的论述，其用意何在？

2. 清代学者吴楚材、吴调侯评论本文道：“此篇大意只在入粟于边以富强其国，故必使民务农，务农在贵粟，贵粟在以粟为赏罚。一意相承，似开后世买爵之渐。然错为足边储计，因发此论，固非泛谈。”你是否同意其对本文创作意图的分析，为什么？

2A 报任安书

西汉·司马迁

① 夫人情莫不贪生恶死，念父母，顾妻子，至激于义理者不然，乃有所不得已也。今仆不幸，早失父母，无兄弟之亲，独身孤立，少卿视仆于妻子何如哉？且勇者不必死节，怯夫慕义，何处不勉焉！仆虽怯懦，欲苟活，亦颇识去就之分矣，何至自沉溺累绁之辱哉[(1)]！且夫臧获婢妾[(2)]，犹能引决，况若仆之不得已乎？所以隐忍苟活，幽于粪土之中而不辞者，恨私心有所不尽，鄙陋没世，而文采不表于后也。

② 古者富贵而名摩灭[(3)]，不可胜记，唯倜傥非常之人称焉[(4)]。盖文王拘而演《周易》[(5)]；仲尼厄而作《春秋》[(6)]；屈原放逐，乃赋《离骚》[(7)]；左丘失明，厥有《国语》[(8)]；孙子膑脚，《兵法》修列[(9)]；不韦迁蜀，世传《吕览》[(10)]；韩非囚秦，《说难》《孤愤》[(11)]；《诗》三百篇，此皆圣贤发愤之所为作也。此人皆意有所郁结，不得通其道[(12)]，故述往事，思来者[(13)]。乃如左丘无目，孙子断足，终不可用，退而论书策以舒其愤，思垂空文以自见[(14)]。

③ 仆窃不逊，近自托于无能之辞，网罗天下放失旧闻[(15)]，略考其行事，综其终始，稽其成败兴坏之纪。上计轩辕[(16)]，下至于兹，为十表、本纪十二、书八章、世家三十、列传七十，凡百三十篇。亦欲以究天人之际[(17)]，通古今之变，成一家之言。草创未就，会遭此祸，惜其不成，是以就极刑而无愠色。仆诚已著此书，藏之名山，传之其人，通邑大都。则仆偿前辱之责，虽万被戮，岂有悔哉？然此可为智者道，难为俗人言也！

④ 且负下未易居，下流多谤议[(18)]。仆以口语遇遭此祸，重为乡党戮笑[(19)]，

以污辱先人，亦何面目复上父母之丘墓乎？虽累百世，垢弥甚耳！是以肠一日而九回，居则忽忽若有所亡，出则不知其所往。每念斯耻，汗未尝不发背沾衣也！身直为闺阁之臣(20)，宁得自引深藏于岩穴邪！故且从俗浮沉，与时俯仰，以通其狂惑。今少卿乃教之以推贤进士，无乃与仆私心剌谬乎(21)？今虽欲自雕琢，曼辞以自饰(22)，无益于俗不信，适足取辱耳。要之，死日然后是非乃定。书不能尽意，略陈固陋。谨再拜。

【题解】 本文选自《汉书·司马迁传》。本篇是司马迁写给其友人任安的一封回信。司马迁因李陵之祸处以宫刑，出狱后任中书令，表面上是皇帝近臣，实则近似宦官，为士大夫所轻贱。任安此时曾写信给他，希望他能“推贤进士”。司马迁由于自己的遭遇和处境，感到很为难，所以一直未能复信。后任安因罪下狱，被判死刑，司马迁才给他写了这封回信。司马迁在此信中以无比激愤的心情，向朋友、也是向世人诉说了自己因李陵之祸所受的奇耻大辱，倾吐了内心郁积已久的痛苦与愤懑，大胆揭露了朝廷大臣的自私，甚至还不加掩饰地流露了对汉武帝是非不辨、刻薄寡恩的不满。本篇不仅对我们研究司马迁的思想以及《史记》的写作动机和完成过程有极其重要的价值，并且在文学史上是不可多得的散文杰作，古人早就把它视为天下奇文，可与《离骚》媲美。

【注释】 (1)累(léi)绁(xiè)：捆绑犯人的绳索，引申为牢狱。(2)臧获：古代骂奴婢的贱称。(3)摩：通“磨”。(4)倜(tì)傥(tǎng)：卓越豪迈，才华不凡。(5)传说文王被拘禁时，把《易》的八卦推演为六十四卦。(6)厄：受困，指孔子周游列国所受的困厄。(7)据《屈原贾生列传》载，《离骚》是屈原被楚怀王疏远后所作，与本文所说不同。(8)左丘即左丘明。关于他失明的事，他书未见记载；《国语》是否为他所作，学者多有疑问。(9)孙子指孙膑。他所作的兵法早已失传，1972 年山东临沂银雀山西汉墓出土的竹简中，有《孙膑兵法》残简五千九百余字。膑：断足之刑。修列：著述，编著。(10)《吕览》：即《吕氏春秋》，吕不韦为相时命门客编写的。(11)《说难》《孤愤》是韩非著作中的两篇。(12)通其道:行其道,即实现其理想。(13)思来者:意思是想到以后的人会有理解自己的。(14)空文:即指文章著作。当时还不能以文章建立功业,故称空文。(15)放失(yì):散失。失,同"佚"。(16)轩辕:黄帝名。(17)天人之际:天道与人事的关系。(18)负下:负罪之下,背负罪名的情况下。下流:身处下流,指地位卑微,名声不好。(19)戮:辱。(20)闺阁之臣:指宦官。闺阁:宫中的小门,借指宫中深秘之处。(21)剌谬:违异相背。(22)曼辞:美饰之辞。

【练习】

1. 解释加点字的意思

怯夫慕义,何处不勉焉(　　　　)　唯倜傥非常之人称焉(　　　　)

左丘失明,厥有《国语》(　　　　)　稽其成败兴坏之纪(　　　　)

2. 以下加点字的用法和意思判断正确的是(　　)

① 大抵圣贤发愤之所为作也　② 可为智者道,难为俗人言也

③ 屈原放逐,乃赋《离骚》　④ 今少卿乃教之以推贤进士

A. ①②相同　③④相同　B. ①②相同　③④不同

C. ①②不同　③④相同　D. ①②不同　③④不同

3. 下列加点字的用法不属于通假字的一项(　　)

A. 古者富贵而名摩灭　B. 网罗天下放失旧闻

C. 虽万被戮,岂有悔哉　D. 居则忽忽若有所亡

4. 翻译句子

(1) 今仆不幸,早失父母,无兄弟之亲,独身孤立,少卿视仆于妻子何如哉?

____

(2) 仆以口语遇遭此祸,重为乡党戮笑,以污辱先人,亦何面目复上父母之丘墓乎?

____

5. 在第①段中，作者交代了自己隐忍苟活于世的原因是________________

____

6. 在第②段中，作者援引西伯、孔子等人的事例，其主要用意是__________

____

7. 在第③段中，可以看出作者创作《史记》的主要意图是________________

____

8. 在第④段中，可以看出任安在给作者的书信中提出的主要要求是_______

____

【拓展探究】

1. 清代学者储欣评论本文道："激昂悲愤，自有文字以来第一书。刑余之人，不可以推贤荐士，此正答少卿意也，况当日原因荐士受刑。中间叙受刑之由，明所以受刑而忍耻苟活之故，数千言一气条贯，变化万端。大约以'辱'字为骨，以著书立说为归宿。"通观全文，结合这段话思考，作者无法帮助好友任安的主要原因是什么？

____

____

____

2. 清代学者林云铭评论本文道："通篇淋漓悲壮，如泣如诉，自始至终，似一气呵成，盖缘胸中积愤不能自遏，故借少卿推贤荐士之语做个题目耳。读者逐段细绎，如见其慷慨激烈，须眉欲动。"你是否同意他对本文创作意图的分析，为什么？

____

____

____

2B 报孙会宗书

西汉·杨恽

① 恽材朽行秽，文质无所厎[1]，幸赖先人余业，得备宿卫。遭遇时变[2]，以获爵位。终非其任，卒与祸会。足下哀其愚，蒙赐书教督以所不及，殷勤甚厚。然窃恨足下不深推其终始，而猥俗之毁誉也[3]。言鄙陋之愚心，则若逆指而文过；默而息乎，恐违孔氏"各言尔志"之义。故敢略陈其愚，惟君子察焉。

② 恽家方隆盛时，乘朱轮者十人[4]，位在列卿，爵为通侯[5]，总领从官，与闻政事。曾不能以此时有所建明，以宣德化，又不能与群僚同心并力，陪辅朝庭之遗忘，已负窃位素餐之责久矣[6]。怀禄贪势，不能自退，遭遇变故，横被口语，身幽北阙[7]，妻子满狱。当此之时，自以夷灭不足以塞责，岂意得全首领，复奉先人之丘墓乎？伏惟圣主之恩不可胜量。君子游道，乐以忘忧；小人全躯，说以忘罪。是故身率妻子，戮力耕桑，灌园治产，以给公上，不意当复用此为讥议也。

③ 夫人情所不能止者，圣人弗禁。故君父至尊亲，送其终也，有时而既。臣之得罪，已三年矣[8]。田家作苦，岁时伏腊，烹羊炰羔[9]，斗酒自劳。家本秦也，能为秦声。妇赵女也，雅善鼓瑟。奴婢歌者数人，酒后耳热，仰天抚缶而呼乌乌[10]。其诗曰："田彼南山，芜秽不治。种一顷豆，落而为萁[11]。人生行乐耳，须富贵何时！"是日也，奋袖低昂，顿足起舞；诚淫荒无度，不知其不可也。恽幸有余禄，方籴贱贩贵[12]，逐什一之利。此贾竖之事[13]，污辱之处，恽亲行之。下流之人，众毁所归，不寒而栗。虽雅知恽者，犹随风而靡，尚何称誉之有？董生不云乎[14]："明明求仁义，常恐不能化民者，卿大夫之意也。明明求财利，常恐困乏者，庶人之事也。"故道不同，不相为谋，今子尚安得以卿大夫之制而责仆哉！

④ 夫西河魏土，文侯所兴，有段干木、田子方之遗风[15]，凛然皆有节概，知去就之分。顷者足下离旧土，临安定[16]，安定山谷之间，昆夷旧壤[17]，子弟贪鄙，岂习俗之移人哉？于今乃睹子之志矣！方当盛汉之隆，愿勉旃[18]，毋多谈。

【题解】 本文选自《汉书·杨恽传》。杨恽（？—前54），字子幼，华阴（今属陕西）人。司马迁的外孙。父杨敞，汉昭帝时为丞相。汉宣帝时，以父荫补常侍郎。以才能见称，名显朝廷，复擢为左曹。后因告发霍氏谋反有功，封平通侯，迁中郎将。居官清正，有治绩，擢为诸吏光禄勋，亲近用事。为人轻财好义，廉洁无私，但自矜其能，不能容物，每有忤己者必欲害之，因此得罪不少朝廷显贵。太仆戴长乐怀疑杨恽在背后暗算他，就上书告发杨恽平日言论诽谤朝廷，无人臣之礼，恽被免为庶人。杨恽失爵位，家居以财自娱。友人安定太守西河孙会宗，与恽书谏戒。恽内怀不服，写了这封回书。在信中，批驳孙的规劝，为自己狂放不羁的行为辩解。还赋诗讥刺朝政，明确表示“道不同，不相为谋”，与“卿大夫之制”决裂的意向。全信写得情怀勃郁，锋芒毕露，与司马迁《报任少卿书》桀骜不驯的风格如出一辙。后逢日食，有人上书归咎于恽骄奢不悔过，他被捕入狱。廷尉按验时，在家中搜出他写给孙会宗的信，宣帝看后大怒，判以大逆不道罪，腰斩处死。其妻儿被流放到酒泉郡。孙会宗也因此而被罢官。

【注释】 （1）底（dǐ）：引致，到达。（2）时变：指汉宣帝地节四年（前66），霍光子孙霍禹等欲谋反事。（3）猥（wěi）：轻率，随便。（4）朱轮：车轮漆成红色。汉制，公卿列侯以及俸禄在二千石以上的官员方能乘坐朱轮车。（5）列卿：中央的高级官员，此指任光禄勋，位在九卿之列。通侯：即彻侯，秦爵二十级中的最高一级；汉制，刘姓功臣封侯者为诸侯，异姓功臣封侯者为列侯，亦称彻侯，后因避汉武帝讳，改称通侯。（6）素餐：不劳而食，无功受禄。（7）北阙：宫殿北面的楼观，汉代为上章奏事和被皇帝召对之处。杨恽被拘于此，是临时性关押处置。（8）三年：杨恽于汉宣帝五凤二年（前56）秋被免为庶人，五凤四年（前54）夏四月朔日食，被人告发而获罪，前后虽跨三个年头，实际上不到两年。(9)伏腊：古代进行祭祀活动的两个节日。夏至以后的第三个庚日叫初伏，天极热时。冬至后第三个戌日为腊日，天极冷时。后世也以阴历十二月初八为腊日。炰(páo)羔：烤小羊。(10)缶(fǒu)：瓦制的打击乐器，最初流行于秦地。乌乌：唱歌声。可能是歌曲中的一种和声。(11)"田彼南山"四句：《汉书·杨恽传》张晏注："山高而在阳，人君之象也。芜秽不治，言朝廷之荒乱也。一顷百亩，以喻百官也。言豆者，贞实之物，当在囷仓，零落在野，喻己见放弃也。其曲而不直，言朝臣皆谄谀也。"可供参考。萁(qí)：豆茎。(12)粜(dí)：买进谷物。(13)贾(gǔ)竖：旧时对商人的贱称。(14)董生：指董仲舒，西汉时大儒。"明明求仁义"六句引自董仲舒《对贤良策》三。(15)西河：战国时魏地的西河，辖境在今陕西东部黄河西岸地区，与汉代的西河郡并非一地。文侯：魏文侯，名斯，魏国的建立者，著名贤君。段干木：战国初魏人，隐居不仕，魏文侯曾请他作相，他跳墙而避走，文侯深为敬重，每次乘车经过他的住所门口，必伏轼致敬。田子方：战国时人，为魏文侯所优礼。(16)安定：郡名。治所在高平(今宁夏回族自治区固原市原州区)。(17)昆夷：古代西夷的一支，即殷周时的西戎。(18)旃(zhān)：文言助词，相当于"之"或"之焉"。

【练习】

1. 解释加点字的意思

终非其任，卒与祸会(　　　　)　　　　则若逆指而文过(　　　　)

小人全躯，说以忘罪(　　　　)　　　　妇赵女也，雅善鼓瑟(　　　　)

2. 以下加点字的用法和意思判断正确的是(　　)

① 足下哀其愚蒙　　　　② 故敢略陈其愚

③ 位在列卿，爵为通侯　　　　④ 不意当复用此为讥议也

A. ①②相同　③④相同　　　　B. ①②相同　③④不同

C. ①②不同　③④相同　　　　D. ①②不同　③④不同

3. 下列加点字词的用法不属于古今异义的一项是(　　)

A. 足下哀其愚蒙　　B. 陪辅朝庭之遗忘

C. 遭遇变故，横被口语　　D. 身幽北阙，妻子满狱

4. 翻译句子

(1) 当此之时，自以夷灭不足以塞责，岂意得全首领，复奉先人之丘墓乎？

____

(2) 故道不同，不相为谋，今子尚安得以卿大夫之制而责仆哉！

____

5. 在第①段中，可以看出作者创作本文的主要意图是________________

____

6. 在第②段中，可以看出作者遭受时人讥议的主要原因是________________

____

7. 在第③段中，作者引用董仲舒的话，其主要用意是________________

____

8. 在第④段中，作者援引段干木、田子方等人的事迹，其主要用意是________

____

【拓展探究】

1. 清代学者余诚评论本文道："满腹牢骚，触之倾吐。虽极蕴藉处，皆极愤懑，所谓诚中形外，不能掩遏者也。篇中有怨君王语，有恨会宗语，皆足取祸。"试在文中找出与"怨君王语""恨会宗语"相对应的句子。

____

____

____

2. 清代学者谢有辉评论本文道："昔人谓恽此书慷慨激烈，规模布置，宛然太史公《报任安书》风致。然细玩之，史公不免污辱自恨，而恽直欲污辱己以为汉

累。宣帝见而恶之,当谓恽书之骄纵尚尔,则长乐所告非诬耳。故以一书受重诛,在帝固不免用刑深刻,在恽亦有以自取耳。"对比阅读本文和《报任安书》,思考这两封书信在写法上有哪些相似之处。

3A 谕巴蜀檄

西汉·司马相如

① 告巴蜀太守：蛮夷自擅[(1)]，不讨之日久矣，时侵犯边境，劳士大夫。陛下即位，存抚天下，辑安中国，然后兴师出兵，北征匈奴，单于怖骇，交臂受事[(2)]，屈膝请和。康居西域，重译纳贡，稽首来享[(3)]。移师东指，闽越相诛[(4)]；右吊番禺，太子入朝[(5)]。南夷之君，西僰之长[(6)]，常效贡职，不敢惰怠，延颈举踵，喁喁然[(7)]，皆乡风慕义，欲为臣妾[(8)]，道里辽远，山川阻深，不能自致。

② 夫不顺者已诛，而为善者未赏，故遣中郎将往宾之[(9)]，发巴、蜀之士各五百人以奉币，卫使者不然[(10)]，靡有兵革之事，战斗之患。今闻其乃发军兴制[(11)]，惊惧子弟，忧患长老，郡又擅为转粟运输，皆非陛下之意也。当行者或亡逃自贼杀，亦非人臣之节也。

③ 夫边郡之士，闻烽举燧燔，皆摄弓而弛[(12)]，荷兵而走，流汗相属，唯恐居后，触白刃，冒流矢，义不反顾，计不旋踵[(13)]，人怀怒心，如报私仇。彼岂乐死恶生，非编列之民[(14)]，而与巴蜀异主哉？计深虑远，急国家之难，而乐尽人臣之道也。故有剖符之封，析圭而爵，位为通侯，居列东第[(15)]。终则遗显号于后世，传土地于子孙，事行甚忠敬，居位甚安佚，名声施于无穷，功烈著而不灭。是以贤人君子，肝脑涂中原，膏液润野草而不辞也。

④ 今奉币役至南夷，即自贼杀，或亡逃抵诛，身死无名，谥为至愚[(16)]，耻及父母，为天下笑。人之度量相越[(17)]，岂不远哉！然此非独行者之罪也，父兄之教不先，子弟之率不谨，寡廉鲜耻，而俗不长厚也。其被刑戮，不亦宜乎！

⑤ 陛下患使者有司之若彼，悼不肖愚民之如此，故遣信使晓谕百姓以发卒

之事，因数之以不忠死亡之罪，让三老孝悌以不教诲之过[18]。方今田时，重烦百姓，已亲见近县[19]，恐远所溪谷山泽之民不遍闻，檄到，亟下县道[20]，咸谕陛下意，毋忽！

【题解】 本文选自《汉书·司马相如传》。写于元光五年（前130）。当时唐蒙从巴蜀通夜郎，由于处置不当，引起巴蜀民众的惊恐，汉武帝便命司马相如责备唐蒙，并作文告谕巴蜀民众，一方面说明唐蒙"发军兴制"等举措并非朝廷之意，另一方面又要求巴蜀吏民理解和支持"通西南夷"的行动，迅速达到了安定人心的目的。本文是迄今为止最早最完整的檄文。

【注释】 (1)自擅：不待朝命，擅自主张。(2)交臂：拱手。受事：接受职事。(3)康居：西域国名。重译：辗转翻译而通其言。稽首：古代的一种跪拜礼，为"九拜"之一。行礼时，施礼者屈膝跪地，左手按右手，拱手于地，头也缓缓至于地。头至地须停留一段时间，手在膝前，头在手后。这是九拜中最隆重的拜礼，常为臣子拜见君王时所用。享：参与祭祀。(4)闽越相诛：建元六年，闽越王郢攻南越，汉武帝遣王恢、韩安国击之，越人杀王郢。(5)"右吊"二句：南越为东越所攻，汉发兵救之，南越遣太子婴齐入朝。吊：恤，存恤。(6)南夷：古代夜郎国。西僰(bó)：古代西南部的一个民族。(7)喁喁然：众口向上，如群鱼举口之状，喻望风归顺。(8)乡，通"向"。臣妾：谓臣服。(9)中郎将：指唐蒙。宾：以宾礼礼之。(10)卫使者不然：护卫使者以防不测。(11)发军：发三军之众。兴制：起军法制，诛将帅。(12)烽举燧燔：白天举烽，夜晚燔燧。燔(fán)：焚烧。燧：烽火。摄弓：张弓注矢。(13)旋踵：转向后。不旋踵：不逃跑。(14)编列：编户。被西汉政府正式编入户籍的农户，称为编户齐民。(15)剖符：竹符一剖为二，为封侯的凭证。析圭与剖符作用相同，圭：色分青白，由天子和诸侯分藏。东第：甲宅，位居帝城东。(16)谥：称号。(17)度量：胸怀。(18)三老：汉置乡官三老，主管教化孝悌力田。(19)亲见近县：近县之民使者已自见而谕之。(20)县道：汉制，万户以上为县，县中有少数民族者则为道。

【练习】

1. 解释加点字的意思

右吊番禺，太子入朝（　　　　）　　靡有兵革之事，战斗之患（　　　　）

荷兵而走，流汗相属（　　　　）　　让三老孝弟以不教诲之过（　　　　）

2. 以下加点字的用法和意思判断正确的是（　　）

① 皆乡风慕义，欲为臣妾　　② 耻及父母，为天下笑

③ 皆摄弓而弛，荷兵而走　　④ 膏液润野草而不辞也

A. ①②相同　③④相同　　B. ①②相同　③④不同

C. ①②不同　③④相同　　D. ①②不同　③④不同

3. 下列加点字词的用法相同的两项（　　）和（　　）

A. 时侵犯边境，劳士大夫　　B. 皆乡风慕义，欲为臣妾

C. 惊惧子弟，忧患长老　　D. 故有剖符之封，析圭而爵

4. 翻译句子

(1) 彼岂乐死恶生，非编列之民，而与巴、蜀异主哉？

____

(2) 然此非独行者之罪也，父兄之教不先，子弟之率不谨，寡廉鲜耻，而俗不长厚也。

____

5. 在第①段中，作者对匈奴、康居等皆臣服汉朝的叙述，其主要用意是______

____

6. 在第②段中，作者对中郎将唐蒙的谴责，其主要用意是______________

____

7. 在第③段中，作者对“人臣之道”的论述，其主要用意是______________

____

8. 在第⑤段中，可以看出作者奉诏创作本文的主要意图是______________________________

【拓展探究】

1. 清代学者林云铭评论本文道："细玩檄文，其中责百姓逃亡贼杀之辜居多，其以边郡之士闻警乐战为词（词：借口），则'非上意'云云，不问而知其为文饰矣。"结合这段话思考，在第③段中，作者对"边郡之士闻警乐战"的详细描写，其用意何在？

____

2. 近代学者林纾评论本文道："既把朝廷本意说明，以下用两两责备之法，说唐蒙不是，亦说巴蜀民误会之不是，措词至为得体。一边切责，一边劝慰，文之关轴灵敏，度之安详，不愧汉人才调。"试在文中找出作者"两两责备之处"，思考作者这样写有什么好处？

____

3B 讨武曌檄

唐·骆宾王

① 伪临朝武氏者，人非和顺，地实寒微[(1)]。昔充太宗下陈，尝以更衣入侍[(2)]。洎乎晚节，秽乱春宫[(3)]。密隐先帝之私，阴图后房之嬖[(4)]。入门见嫉，蛾眉不肯让人[(5)]；掩袖工谗，狐媚偏能惑主[(6)]。践元后于翚翟，陷吾君于聚麀[(7)]。加以虺蜴为心[(8)]，豺狼成性。近狎邪僻，残害忠良[(9)]。杀姊屠兄，弑君鸩母[(10)]。神人之所共嫉，天地之所不容。犹复包藏祸心，窥窃神器[(11)]。君之爱子，幽之于别宫[(12)]；贼之宗盟，委之以重任[(13)]。呜呼！霍子孟之不作，朱虚侯之已亡[(14)]。燕啄皇孙，知汉祚之将尽[(15)]；龙漦帝后，识夏庭之遽衰[(16)]。

② 敬业皇唐旧臣，公侯冢子[(17)]。奉先帝之成业，荷本朝之厚恩。宋微子之兴悲[(18)]，良有以也；桓君山之流涕[(19)]，岂徒然哉！是用气愤风云，志安社稷。因天下之失望，顺宇内之推心。爰举义旗，以清妖孽。南连百越，北尽三河[(20)]；铁骑成群，玉轴相接[(21)]。海陵红粟，仓储之积靡穷[(22)]；江浦黄旗，匡复之功何远[(23)]！班声动而北风起[(24)]，剑气冲而南斗平。喑呜则山岳崩颓，叱咤则风云变色[(25)]。以此制敌，何敌不摧？以此攻城，何功不克？

③ 公等或家传汉爵，或地协周亲[(26)]；或膺重寄于爪牙，或受顾命于宣室[(27)]。言犹在耳，忠岂忘心。一抔之土未干，六尺之孤安在[(28)]？倘能转祸为福，送往事居[(29)]；共立勤王之勋，无废旧君之命[(30)]；凡诸爵赏，同指山河[(31)]。若其眷恋穷城[(32)]，徘徊歧路；坐昧先几之兆[(33)]，必贻后至之诛[(34)]。请看今日之域中，竟是谁家之天下！移檄周郡，咸使知闻。

【题解】 本文又名《为李敬业讨武曌檄》，是骆宾王的代表作。光宅元年(684)，武则天废去刚登基的中宗李显，另立李旦为帝，自己临朝称制，正想进一步登位称帝，建立大周王朝，引起一些忠于唐室的大臣勋贵的愤怒。身为开国元勋英国公李绩嗣孙的李敬业，以已故太子李贤为号召，在扬州起兵，建立匡复府，自任匡复府上将、扬州大都督。骆宾王被罗致入幕府，为艺文令，军中的书檄，均出自他的手笔，本文即作于此时。这篇檄文立论严正，先声夺人，将武则天置于被告席上，列数其罪。借此宣告天下，共同起兵，起到了很大的宣传鼓动作用。据《新唐书》所载，武则天初观此文时，还嬉笑自若，当读到"一抔之土未干，六尺之孤安在"句时，惊问是谁写的，叹道："有如此才，而使之沦落不偶，宰相之过也！"

【注释】 (1)地：指家庭、家族的社会地位。(2)下陈：古人宾主相馈赠礼物，陈列在堂下，称为下陈。因而，古代统治者充实于府库、内宫的财物、妾婢，亦称下陈。指武则天曾充当过唐太宗的才人。更衣：换衣，古人在宴会中常以此作为离席休息或如厕的托言。《汉书》记载，歌女卫子夫乘汉武帝更衣时入侍而得宠幸，借以说明武则天以不光彩的手段得到唐太宗的宠幸。(3)洎(jì)：及，到。晚节：后来。春宫：亦称东宫，是太子居住的地方，后常借指太子。(4)私：宠幸。嬖(bì)：宠爱。(5)蛾眉：原以蚕蛾的触须比喻女子修长而美丽的眉毛，借指美女。(6)掩袖工谗：说武则天善于进谗害人。《战国策》记载，楚怀王夫人郑袖对楚王所爱美女说："楚王喜欢你的美貌，但讨厌你的鼻子，以后见到楚王，要掩住你的鼻子。"美女照办，楚王因而发怒，割去美女的鼻子。狐媚：唐代迷信狐仙，认为狐狸能迷惑害人，所以称用手段迷人为狐媚。(7)元后：正宫皇后。翚(huī)翟(dí)：用美丽鸟羽织成的衣服，指皇后的礼服。翚：五彩雉鸡。翟：长尾山鸡。聚麀(yōu)：多匹牡鹿共有一匹牝鹿。借指乱伦。麀：母鹿。(8)虺(huǐ)蜴(yì)：指毒物。虺：毒蛇。蜴：蜥蜴，古人以为有毒。(9)狎：亲近。邪僻：指不正派的人。忠良：指因反对武后而先后被杀的长孙无忌、上官仪，褚遂亮等大臣。

(10)杀姊屠兄：据《旧唐书》记载：武则天被册立为皇后之后，陆续杀死侄儿武惟良、武怀远和姊女贺兰氏。兄武元庆、武元爽也被贬谪而死。弑君鸩(zhèn)母：谋杀君王、毒死母亲。史书中并无武后谋杀唐高宗和毒死母亲的记载。弑，臣下杀死君王。鸩，传说中的一种鸟，用其羽毛浸酒能毒死人。(11)窥窃神器：阴谋取得帝位。神器：指皇位。(12)"君之"二句：指唐高宗死后，中宗李显继位，旋被武后废为庐陵王，改立睿宗李旦为帝，但实际上是被幽禁起来。(13)宗盟：家属和党羽。(14)霍子孟：名霍光，西汉大臣，受汉武帝遗诏，辅助幼主汉昭帝。昭帝死后，昌邑王刘贺继位，荒嬉无道，霍光又废刘贺，更立宣帝，是安定西汉王朝的重臣。朱虚侯：汉高祖子齐惠王刘肥的次子，名刘章，封朱虚侯。高祖死后，吕后专政，危及刘氏，刘章与陈平、周勃等合谋，诛灭吕氏，拥立文帝，稳定了西汉王朝。(15)"燕啄皇孙"二句：《汉书》记载：汉成帝时有童谣说"燕飞来，啄皇孙"。后赵飞燕入宫为皇后，因无子而妒杀许多皇子，汉成帝因此无后。不久，王莽篡政，西汉灭亡。这里借汉朝故事，指斥武则天先后废杀太子李忠、李弘、李贤，致使唐室倾危。祚：指皇位，国统。(16)"龙漦(chí)帝后"二句：据《史记·周本纪》记载，当夏王朝衰落时，有两条神龙降临宫廷中，夏帝把龙的唾涎用木盒藏起来。到周厉王时，木盒开启，龙漦溢出，化为玄鼋流入后宫，一宫女感而有孕，生褒姒。后幽王为其所惑，废太子，西周终于灭亡。漦：涎沫。(17)冢子：嫡长子。(18)宋微子：微子名启，是殷纣王的庶兄，被封于宋，故称宋微子。殷亡后，微子去朝见周王，路过荒废了的殷旧都，作《麦秀歌》来寄托自己亡国的悲哀。(19)桓君山：东汉人，名谭，汉光武帝时为给事中，因反对当时盛行的谶纬神学，而被贬为六安县丞，忧郁而死。(20)百越，通"百粤"：古代越族有百种，故称百越。指越人所居的偏远的东南沿海。三河：洛阳附近河东、河内、河南三郡，是当时政治中心所在的中原之地。(21)玉轴：战车的美称。(22)海陵：古县名，治所在今江苏省泰州市，地在扬州附近，汉代曾在此置粮仓。红粟：米因久藏而发酵变成红色。(23)江浦：长江沿岸。浦：水边的平地。黄旗：指王者之旗。(24)班声：马嘶鸣声。(25)喑(yīn)：哑。叱咤(zhà)：发怒时的喝叫声。(26)公等：诸位。家传汉爵：拥有世代传袭的爵位。汉初曾大封功臣以爵位,可世代传下去,故称汉爵。地协周亲:指身份地位都是皇家的宗室或姻亲。协:相配,相合。周亲:至亲。(27)膺(yīng):承受。爪牙:喻武将。顾命:君王临死时的遗命。宣室:汉宫中有宣室殿,是皇帝斋戒的地方,汉文帝曾在此召见并咨问贾谊,后借指皇帝郑重召问大臣之处。(28)一抔(póu)之土:借指皇帝的陵墓。六尺之孤:指继承皇位的新君。(29)送往事居:送走死去的,侍奉在生的。往:死者,指高宗。居:生者,指中宗。(30)勤王:指臣下起兵救援王室。旧君:指已死的皇帝。(31)"同指山河"二句:意为有功者授予爵位,子孙永享,可以指山河为誓。(32)穷城:指孤立无援的城邑。(33)昧:不分明。几:迹象。(34)贻(yí):遗下,留下。后至之诛:意思说迟疑不响应,一定要加以惩治。

【练习】

1. 解释加点字的意思

洎乎晚节,秽乱春宫(　　　　)　　掩袖工谗,狐媚偏能惑主(　　　　)

近狎邪僻,残害忠良(　　　　)　　荷本朝之厚恩(　　　　)

2. 以下加点字的用法和意思判断正确的是(　　)

① 爰举义旗,以清妖孽　　② 以此制敌,何敌不摧

③ 昔充太宗下陈,尝以更衣入侍　　④ 贼之宗盟,委之以重任

A. ①②相同　③④相同　　B. ①②相同　③④不同

C. ①②不同　③④相同　　D. ①②不同　③④不同

3. 下列加点词语的意思古今义相同的一项(　　)

A. 昔充太宗下陈,尝以更衣入侍　　B. 因天下之失望,顺宇内之推心

C. 或膺重寄于爪牙,或受顾命于宣室　　D. 若其眷恋穷城,徘徊歧路

4. 翻译句子

(1) 宋微子之兴悲,良有以也;桓君山之流涕,岂徒然哉!

（2）请看今日之域中，竟是谁家之天下！移徙周郡，咸使知闻。

____

5. 在第①段中，作者列举了武则天的种种罪状，依次可概括为__________

____

6. 在第①段中，作者援引霍光、刘章等人的典故，其主要用意是__________

____

7. 在第②段中，作者援引宋微子和桓君山的典故，其主要用意是__________

____

8. 在第③段中，作者对"公等"之人功勋的一一论述，其主要用意是__________

____

【拓展探究】

1. 清代学者李扶九评论本文道："凡檄文体，申明大义，历数其罪而讨之。四六体裁，词贵宏整。此文雄词伟论，炳耀日星，唐四杰中正大之作也。"你觉得他对本文的评价是否得当，为什么？

____

____

2. 清代学者林云铭评论本文道："此篇铺叙处，段落分明，累如贯珠。初数武氏之罪，自为才人至垂帘，层层指出。因叹中外无仗义者，然后见此番起兵匡复，有义不容辞处。随将兵威之盛，铺张一番，以鼓舞人心。复以大义动之，赏罚驱之。皆檄文不可少者。"你觉得他对本文段落结构的分析是否得当，为什么？

____

____

____

4A 前出师表

三国·诸葛亮

① 先帝创业未半而中道崩殂，今天下三分，益州疲敝[1]，此诚危急存亡之秋也！然侍卫之臣不懈于内，忠志之士忘身于外者，盖追先帝之殊遇，欲报之于陛下也。诚宜开张圣听，以光先帝遗德，恢弘志士之气；不宜妄自菲薄，引喻失义[2]，以塞忠谏之路也。宫中府中，俱为一体，陟罚臧否[3]，不宜异同。若有作奸犯科，及为忠善者，宜付有司论其刑赏，以昭陛下平明之理；不宜偏私，使内外异法也。

② 侍中、侍郎郭攸之、费祎、董允等[4]，此皆良实，志虑忠纯，是以先帝简拔以遗陛下。愚以为宫中之事，事无大小，悉以咨之，然后施行，必能裨补缺漏[5]，有所广益。将军向宠，性行淑均[6]，晓畅军事，试用于昔日，先帝称之曰能，是以众议举宠为督。愚以为营中之事，悉以咨之，必能使行阵和睦，优劣得所。

③ 亲贤臣，远小人，此先汉所以兴隆也；亲小人，远贤臣，此后汉所以倾颓也。先帝在时，每与臣论此事，未尝不叹息痛恨于桓、灵也[7]！侍中、尚书、长史、参军，此悉贞亮死节之臣[8]，愿陛下亲之信之，则汉室之隆，可计日而待也。

④ 臣本布衣，躬耕于南阳[9]，苟全性命于乱世，不求闻达于诸侯。先帝不以臣卑鄙，猥自枉屈[10]，三顾臣于草庐之中，咨臣以当世之事。由是感激，遂许先帝以驱驰。后值倾覆[11]，受任于败军之际，奉命于危难之间，尔来二十有一年矣！先帝知臣谨慎，故临崩寄臣以大事也。

⑤ 受命以来，夙夜忧叹，恐托付不效，以伤先帝之明；故五月渡泸，深入不

毛[12]。今南方已定，兵甲已足，当奖率三军，北定中原；庶竭驽钝，攘除奸凶[13]，兴复汉室，还于旧都。此臣之所以报先帝而忠陛下之职分也。至于斟酌损益，进尽忠言，则攸之、祎、允之任也。

⑥ 愿陛下托臣以讨贼兴复之效，不效，则治臣之罪，以告先帝之灵。若无兴德之言，则责攸之、祎、允等之慢，以彰其咎。陛下亦宜自谋，以咨诹善道[14]，察纳雅言，深追先帝遗诏，臣不胜受恩感激！今当远离，临表涕零，不知所言。

【题解】 本文选自《三国志·蜀志》本传。时为建兴五年(227)，蜀汉已从刘备殂亡的震荡中恢复过来，外结孙吴，内定南中，励清吏政，兵精粮足；诸葛亮认为已有能力北伐中原，实现刘备匡复汉室的遗愿。于是，决意率军北进，准备征伐曹魏。临行上书后主刘禅。表是古代文体的一种，专为臣下对君王进行陈述求请时使用。本文表达了作者审慎勤恳、以伐魏兴汉为己任的忠贞之志和诲诫后主不忘先帝遗愿的孜孜之意，情感真挚，文笔酣畅，是古代散文中的杰出作品。

【注释】 (1)崩殂(cú)：天子之死曰崩；殂：死。益州：汉行政区域十三刺史部之一，地有今四川省，甘肃省和陕西省一带，当时治所在成都。疲敝：贫弱。(2)妄自菲薄：毫无理由地自己轻视自己。失义：失当，不合大义。(3)宫中：指宫廷内朝中的亲近侍臣。府中：指丞相府中的官吏。陟(zhì)：升官进位。臧(zāng)否(pǐ)：好坏、善恶。(4)侍中、侍郎：都是皇帝左右的亲近侍臣，不仅随从出入，还备顾问。侍郎，即黄门侍郎。郭攸之：南阳人，性和顺，先后与费祎、董允同为侍中。费祎(yī)：字文伟，江夏人，后主即位时为黄门侍郎，后迁侍中，位至大将军，录尚书事。延熙十年，被魏降人郭循刺死。董允：字休昭，后主即位时为黄门侍郎，寻迁侍中，以能抑制宦官黄皓，对后主多有匡助，以侍中兼尚书令。(5)裨(bì)补：增益补缺。(6)向宠：蜀大臣向朗的兄子，后主时先后任中部督和中领军。淑均：善良公平。(7)桓：东汉桓帝刘志。灵：东汉灵帝刘宏。(8)侍中：指郭攸之和费祎。尚书：协助皇帝处理公文政务的官吏，此指陈震。长史：丞相府主要佐官，此指张裔。参军：丞相府主管军务的佐官，此指蒋琬，诸葛亮死后继为尚书令，统领国事。贞亮：坚贞诚实。(9)南阳：汉郡名，治所在宛（今河南省南阳市）。(10)猥（wěi）：谦词，谦卑地。枉屈：屈尊。(11)倾覆：指建安十三年（208），曹操南侵荆州时，刘备在当阳长坂被击破一事。(12)五月渡泸：建兴三年（225）南中诸郡反叛，诸葛亮率军出征，渡过泸水，平定南中四郡。泸：泸水，即金沙江。(13)驽钝：这里以劣马（驽）和不锋利的刀（钝）来比喻才能的平庸。奸凶：指曹魏。(14)咨诹：访问于善为咨，咨事为诹。

【练习】

1. 解释加点字的意思

宫中府中，俱为一体（　　　　）　　是以先帝简拔以遗陛下（　　　　）

是以众议举宠为督（　　　　）　　则责攸之、祎、允等之慢（　　　　）

2. 以下加点字的用法和意思判断正确的是（　　）

① 此诚危急存亡之秋也

② 诚宜开张圣听

③ 此先汉所以兴隆也

④ 此臣之所以报先帝而忠陛下之职分也

A. ①②相同　③④相同　　B. ①②相同　③④不同

C. ①②不同　③④相同　　D. ①②不同　③④不同

3. 下列加点的意思古今义不相同的一项（　　）

A. 不宜妄自菲薄，引喻失义　　B. 若有作奸犯科，及为忠善者

C. 先帝不以臣卑鄙　　D. 先帝知臣谨慎

4. 翻译句子

(1) 然侍卫之臣不懈于内，忠志之士忘身于外者，盖追先帝之殊遇，欲报之于陛下也。

（2）臣本布衣，躬耕于南阳，苟全性命于乱世，不求闻达于诸侯。

____

5. 在第①至③段中，作者在出师之际对后主刘禅提出的建议可概括为______

____

6. 在第③段中，作者援引汉桓帝、汉灵帝的典故，其主要用意是__________

____

7. 在第④、⑤段中，作者对人生经历的回顾，主要其用意是____________

____

8. 清代学者唐介轩评论本文道："前后'先帝'凡十三见，忠爱勤恳，此心可贯金石，循环讽咏，不忍释手。"请思考本文提及"先帝"多达十三次，其主要意图是什么。

____

____

【拓展探究】

1. 清代学者林云铭评论本文道："表为出师而作，而'出师'语，却只在文末点过，前后惓惓以君德为词。"请结合本文的创作背景，思考作者略写"出师"，详写"君德"的原因。

____

____

____

2. 清代学者金圣叹评论本文道："此文自来读者皆叹其矢死伐魏，以为精忠，殊不知此便是了没交涉也。看先生自云：'临表涕泣。'夫伐魏即伐魏耳，何用涕泣为哉？正惟此日国事实当危急存亡之际，而此日嗣主方在醉生梦死之中。……于是而身提重师，万万不可不去，心牵钝物，又万万不能少宽。因而切切开导，勤勤叮咛，一回如严父，一回如慈妪。盖先生此日此表之涕泣，固自有甚难甚难于嗣主者，而非为汉贼之不两立也。”你是否同意他对本文创作意图的分析，结合本文的内容加以分析。

4B 陈情表

西晋·李密

① 臣密言：臣以险衅，夙遭闵凶[1]。生孩六月，慈父见背[2]；行年四岁，舅夺母志[3]。祖母刘悯臣孤弱，躬亲抚养。臣少多疾病，九岁不行，零丁孤苦，至于成立。既无伯叔，终鲜兄弟。门衰祚薄[4]，晚有儿息。外无期功强近之亲[5]，内无应门五尺之僮。茕茕孑立，形影相吊[6]。而刘夙婴疾病[7]，常在床蓐；臣侍汤药，未曾废离。

② 逮奉圣朝，沐浴清化。前太守臣逵，察臣孝廉；后刺史臣荣，举臣秀才[8]。臣以供养无主，辞不赴命。诏书特下，拜臣郎中；寻蒙国恩，除臣洗马[9]。猥以微贱，当侍东宫[10]，非臣陨首所能上报。臣具以表闻，辞不就职。诏书切峻，责臣逋慢[11]。郡县逼迫，催臣上道；州司临门，急于星火。臣欲奉诏奔驰，则刘病日笃；欲苟顺私情，则告诉不许。臣之进退，实为狼狈。

③ 伏惟圣朝以孝治天下，凡在故老，犹蒙矜育，况臣孤苦，特为尤甚。且臣少仕伪朝，历职郎署[12]，本图宦达，不矜名节。今臣亡国贱俘，至微至陋。过蒙拔擢，宠命优渥，岂敢盘桓，有所希冀[13]！但以刘日薄西山，气息奄奄，人命危浅，朝不虑夕。臣无祖母，无以至今日；祖母无臣，无以终余年。母孙二人，更相为命，是以区区不能废远[14]。

④ 臣密今年四十有四，祖母今年九十有六；是臣尽节于陛下之日长，报养刘之日短也。乌鸟私情，愿乞终养[15]。臣之辛苦，非独蜀之人士及二州牧伯所见明知[16]；皇天后土，实所共鉴。愿陛下矜悯愚诚，听臣微志，庶刘侥幸，保卒余年。臣生当陨首，死当结草[17]。臣不胜犬马怖惧之情，谨拜表以闻。

【题解】 李密,字令伯(224—287),犍为武阳(今四川省彭山县)人。西晋文学家。师事谯周,博览五经,尤精《春秋左氏传》,以文学见长。年轻时,曾任蜀汉尚书郎。泰始三年(267)晋武帝立太子,慕李密之名,下诏征密为太子洗马(官名)。这时,李密的祖母已96岁,年老多病。于是他向晋武帝上表,陈述家里情况,说明自己无法应诏。这就是著名的《陈情事表》,或称《陈情表》。全文词语恳切,委婉动人。

【注释】 (1)险衅(xìn):凶险祸患。夙:早年。闵:病患。凶:凶丧,指病患和凶丧之事。(2)见背:婉指长辈去世。(3)夺:夺走,剥夺。母志:母亲守节之志。(4)门衰祚薄:门户衰败,福分浅薄。(5)期(jī):古时服丧一年为期,服丧九月为大功,服丧五月为小功。期功:指服丧。(6)茕茕:孤独无依的样子。孑立:孤立。相吊:互相安慰。(7)婴:缠绕。(8)圣朝:指当时的晋朝。沐浴清化:恭维之辞,指蒙受当朝的清平教化。察:考察。孝廉:孝顺,品性纯洁。举:推举。秀才:汉代以来选拔人才的一种察举科目。(9)郎中:官名,尚书曹司的长官。洗(xiǎn)马:太子门下的属官。(10)猥:谦辞。微贱:卑微低贱。东宫:太子居处,借指太子。(11)切峻:严厉。逋慢:怠慢不敬,不遵法令。(12)伪朝:蔑称,指不被当朝承认的蜀汉政府。郎署:尚书郎的官衔。(13)拔擢(zhuó):提拔。优渥(wò):恩惠优厚。盘桓:犹豫不决。希冀:期望。(14)区区:谦称。(15)乌鸟:即乌鸦;人类很看重其反哺生母之情,故有“乌鸦反哺”一词,喻传于民间。(16)二州:指梁州(在今陕西省汉中地区)、益州(在今四川省)。牧伯:地方官。(17)结草:典故,出自《左传》,比喻死后报恩。

【练习】

1. 解释加点字的意思

既无伯叔,终鲜兄弟(　　　　)　　　　茕茕孑立,形影相吊(　　　　)

寻蒙国恩,除臣洗马(　　　　)　　　　则刘病日笃(　　　　)

2. 以下加点字的用法和意思判断正确的是(　　)

① 臣以供养无主，辞不赴命　　② 伏惟圣朝以孝治天下

③ 州司临门，急于星火　　④ 是臣尽节于陛下之日长

A. ①②相同　③④相同　　B. ①②相同　③④不同

C. ①②不同　③④相同　　D. ①②不同　③④不同

3. 下列加点的意思古今义相同的一项(　　)

A. 零丁孤苦，至于成立　　B. 逮奉圣朝，沐浴清化

C. 郡县逼迫，催臣上道　　D. 欲苟顺私情，则告诉不许

4. 翻译句子

(1) 猥以微贱，当侍东宫，非臣陨首所能上报。

____

(2) 但以刘日薄西山，气息奄奄，人命危浅，朝不虑夕。

____

5. 在第①段中，作者对自己悲惨的人生遭遇的详细叙述，其主要用意是____

____

6. 在第③段中，作者对西晋治国的基本国策(以孝治天下)的论述，其主要用意是______________________________

____

7. 在第③段中，作者对自己曾经“少仕伪朝”的人生经历的描写，其主要用意是______________________________

____

8. 清代学者吴楚材、吴调侯评论本文道:“历叙情事，俱从天真写出，无一字虚言假饰。晋武(司马炎)览表，嘉其成款，赐奴婢二人，使郡县供祖母奉膳。至性之言，自尔悲恻动人。”通观全文，你认为本文之所以能够打动晋武帝，主要原因有哪些?

____

____

【拓展探究】

1. 清代学者余诚评论本文道:"通篇俱是陈情,而前两段是陈其已往之情(第①段),乃题前文字。中三段是陈其现今之情(第②、③段),乃题中文字。末段是陈其日后之情也(第④段),乃题后文字。"你是否他对本文结构的分析,谈谈你的理解。

2. 清代学者唐介轩评论本文道:"情真语挚,绝无粉饰之迹,读之令人感动。盖《出师》,一忠心所注;《陈情》,一孝思所迫,文章根从忠孝中来,自足不朽千古。"你是否同意他对本单元二文的分析,为什么?

5A　兰亭集序

东晋·王羲之

① 永和九年，岁在癸丑[1]，暮春之初，会于会稽山阴之兰亭，修禊事也[2]。群贤毕至，少长咸集。此地有崇山峻岭，茂林修竹，又有清流激湍，映带左右，引以为流觞曲水，列坐其次[3]。虽无丝竹管弦之盛，一觞一咏，亦足以畅叙幽情。是日也，天朗气清，惠风和畅。仰观宇宙之大，俯察品类之盛，所以游目骋怀[4]，足以极视听之娱，信可乐也。

② 夫人之相与，俯仰一世。或取诸怀抱，晤言一室之内[5]；或因寄所托，放浪形骸之外。虽趣舍万殊[6]，静躁不同，当其欣于所遇，暂得于己，快然自足，不知老之将至；及其所之既倦，情随事迁，感慨系之矣。向之所欣，俯仰之间，已为陈迹，犹不能不以之兴怀，况修短随化，终期于尽！古人云："死生亦大矣[7]。"岂不痛哉！

③ 每览昔人兴感之由，若合一契[8]，未尝不临文嗟悼，不能喻之于怀。固知一死生为虚诞，齐彭殇为妄作[9]。后之视今，亦犹今之视昔。悲夫！故列叙时人，录其所述，虽世殊事异，所以兴怀，其致一也。后之览者，亦将有感于斯文。

【题解】 东晋穆帝永和九年(353)三月初三，王羲之和当时名士孙绰、谢安和释支遁等四十一人，为禊事活动，在兰亭宴集。与会的人士都有诗作，事后把这些诗篇汇编成集，《兰亭集序》就是王羲之为这个诗集所写的序言。序，文体名，是对书籍和文章举其纲要、论其大旨的一种文体，相当于引言。

【注释】 (1)永和九年:353年,晋穆帝年号。(2)会(kuài)稽:郡名。山阴:今属浙江省绍兴市。修禊(xì):古代习俗,于阴历三月上旬的巳日,人们群聚于水滨嬉戏洗濯,以拔除不祥和求福。(3)流觞曲水:用漆制的酒杯盛酒,放入弯曲的水道中任其漂流,杯停在某人面前,某人就引杯饮酒;这是古人一种劝酒取乐的方式。(4)骋:尽情施展,不受约束。(5)晤言:面对面谈话。(6)趣舍:同"取舍"。(7)语出《庄子·德充符》。(8)契:符契,古代的一种信物。在符契上刻上字,剖而为二,各执一半,作为凭证。(9)一死生:把死和生看作一回事。齐彭殇:把高寿的彭祖和短命的殇子等量齐观。彭:彭祖,相传为颛顼帝的玄孙,活了八百岁。殇:指短命夭折的人。

【练习】

1. 解释加点字的意思

群贤毕至,少长咸集(　　　　)　　　　或取诸怀抱(　　　　)

曾不知老之将至(　　　　)　　　　不能喻之于怀(　　　　)

2. 以下加点字的用法和意思判断正确的是(　　)

① 所以游目骋怀　　　　② 所以兴怀,其致一也

③ 固知一死生为虚诞　　　　④ 所以兴怀,其致一也

A. ①②相同　③④相同　　　　B. ①②相同　③④不同

C. ①②不同　③④相同　　　　D. ①②不同　③④不同

3. 下列加点的用法相同的两项(　　)和(　　)

A. 会于会稽山阴之兰亭　　　　B. 夫人之相与,俯仰一世

C. 曾不知老之将至　　　　D. 及其所之既倦

4. 翻译句子

(1) 仰观宇宙之大,俯察品类之盛,所以游目骋怀,足以极视听之娱,信可乐也。

____

（2）向之所欣，俯仰之间，已为陈迹，犹不能不以之兴怀，况修短随化，终期于尽！

______

5. 在第①段中，让作者感到“信可乐也”的原因有______

______

6. 在第②段中，让作者感到“岂不痛哉”的原因是______

______

7. 在第③段中，让作者感慨“悲夫”的主要原因是______

______

8. 在第③段中，作者交代了本文创作的原因是______

______

【拓展探究】

1. 清代学者吴楚材、吴调侯评论本文道：“通篇着眼在‘□□’二字。只为当时士大夫务清谈，鲜实效，一死生而齐彭殇，无经济大略，故触景兴怀，俯仰若有余痛。但逸少旷达人，故虽苍凉感慨之中，自有无穷逸趣。”根据文义，填写上空；并思考他对本文创作意图的分析是否得当，为什么？

______

______

______

2. 清代学者李扶九评论本文道：“或以为右军（王羲之）非把生死看不破，为当时清谈误国者箴（箴：规劝、告诫）。看来文中原无此意，就文论文，不必深求。夫随时行乐，正是看破死生者也。乐极而悲，正见此会不可多得，乃文章反衬之法。”你是否同意他对本文章法的分析，为什么？

______

______

______

5B 滕王阁序

唐·王勃

① 豫章故郡，洪都新府[(1)]。星分翼轸，地接衡庐[(2)]。襟三江而带五湖，控蛮荆而引瓯越[(3)]。物华天宝，龙光射斗牛之墟[(4)]；人杰地灵，徐孺下陈蕃之榻[(5)]。雄州雾列，俊彩星驰，台隍枕夷夏之交，宾主尽东南之美。都督阎公之雅望，棨戟遥临[(6)]；宇文新州之懿范，襜帷暂驻[(7)]。十旬休暇[(8)]，胜友如云；千里逢迎，高朋满座。腾蛟起凤，孟学士之词宗[(9)]；紫电清霜，王将军之武库[(10)]。家君作宰，路出名区[(11)]；童子何知，躬逢胜饯。

② 时维九月，序属三秋[(12)]。潦水尽而寒潭清[(13)]，烟光凝而暮山紫。俨骖騑于上路[(14)]，访风景于崇阿；临帝子之长洲，得仙人之旧馆[(15)]。层峦耸翠，上出重霄；飞阁流丹，下临无地。鹤汀凫渚，穷岛屿之萦回；桂殿兰宫，即冈峦之体势。

③ 被绣闼，俯雕甍，山原旷其盈视，川泽盱其骇瞩。闾阎扑地，钟鸣鼎食之家[(16)]；舸舰迷津，青雀黄龙之舳[(17)]。云销雨霁，彩彻区明。落霞与孤鹜齐飞，秋水共长天一色。渔舟唱晚，响穷彭蠡之滨[(18)]；雁阵惊寒，声断衡阳之浦[(19)]。

④ 遥襟俯畅，逸兴遄飞。爽籁发而清风生[(20)]，纤歌凝而白云遏。睢园绿竹，气凌彭泽之樽[(21)]；邺水朱华，光照临川之笔[(22)]。四美具，二难并[(23)]；穷睇眄于中天，极娱游于暇日。天高地迥，觉宇宙之无穷；兴尽悲来，识盈虚之有数。望长安于日下，目吴会于云间[(24)]。地势极而南溟深，天柱高而北辰远[(25)]。关山难越，谁悲失路之人？萍水相逢，尽是他乡之客。怀帝阍而不见，奉宣室以何年[(26)]？

⑤ 嗟乎！时运不齐，命途多舛；冯唐易老，李广难封[27]。屈贾谊于长沙，非无圣主[28]；窜梁鸿于海曲，岂乏明时[29]？所赖君子见机，达人知命[30]。老当益壮，宁移白首之心[31]？穷且益坚，不坠青云之志[32]。酌贪泉而觉爽，处涸辙以犹欢[33]。北海虽赊，扶摇可接；东隅已逝，桑榆非晚[34]。孟尝高洁，空余报国之志[35]；阮籍猖狂，岂效穷途之哭[36]！

⑥ 勃，三尺微命，一介书生。无路请缨，等终军之弱冠[37]；有怀投笔，慕宗悫之长风[38]。舍簪笏于百龄，奉晨昏于万里[39]；非谢家之宝树，接孟氏之芳邻[40]。他日趋庭，叨陪鲤对[41]；今兹捧袂，喜托龙门[42]。杨意不逢，抚凌云而自惜[43]；钟期既遇，奏流水以何惭[44]？

⑦ 呜乎！胜地不常，盛筵难再；兰亭已矣，梓泽丘墟[45]。临别赠言，幸承恩于伟饯；登高作赋，是所望于群公。敢竭鄙诚，恭疏短引；一言均赋，四韵俱成。请洒潘江，各倾陆海云尔[46]。

【题解】 《滕王阁序》全称《秋日登洪府滕王阁饯别序》。亦名《滕王阁诗序》。唐王勃作。滕王阁在今江西省南昌市赣江滨。唐始建，后阎伯屿为洪州牧，宴群僚于阁上，王勃省父过此，即席而作。文中铺叙滕王阁一带形势景色和宴会盛况，抒发作者“无路请缨”的感慨。对仗工整，言语华丽。

【注释】 (1)豫章：南昌为汉朝豫章郡治。唐改为洪州，设都督府，故称洪都。(2)翼轸(zhěn)：星宿名，属二十八宿。古人习惯以天上星宿与地上区域对应，称为“某地在某星之分野”。据《晋书·天文志》，豫章属吴地，吴越扬州当牛斗二星的分野，与翼轸二星相邻。衡庐：衡，衡山，此代指衡州(治所在今湖南省衡阳市)；庐，庐山，此代指江州(治所在今江西省九江市)。(3)三江：泛指长江中下游的江河。五湖：南方大湖的总称。蛮荆：古楚地，今湖北、湖南一带。瓯越：古越地，即今浙江地区。(4)“物华”二句：据《晋书·张华传》，晋初，牛、斗二星之间常有紫气照射，据说是宝剑之精，上彻于天。张华命人寻找，果然在丰城(今江西省丰城市，古属豫章郡)牢狱的地下，掘出龙泉、太阿二剑。后这对宝剑入水化为双龙。(5)“徐孺”一句：据《后汉书·徐稚传》，东汉名士陈蕃为豫章太守，不接宾客，惟徐稚来访时，才设一睡榻，徐稚去后又悬置起来。徐孺，徐孺子的简称，徐孺子名稚，东汉豫章南昌人，当时的隐士。(6)都督：掌管督察诸州军事的官员，唐代分上、中、下三等。阎公：阎伯屿时为洪州牧，即都督。棨(qǐ)戟：外有赤黑色缯作套的木戟，古代大官出行时用；代指仪仗。(7)宇文新州：宇文钧，新除沣州牧，道经于此。襜(chān)帷：车上的帷幕，代指车马。(8)十旬休暇：唐制，十日为一旬，遇旬日则官员休沐，称为旬休。暇：空闲。(9)腾蛟起凤：比喻才华。孟学士：名不详。(10)紫电清霜：比喻节操。王将军：名不详。(11)家君：王勃之父王福峙，时任交阯县令；王勃省父，路经洪州。(12)三秋：古人称七、八、九月为孟秋、仲秋、季秋，三秋即季秋，九月。(13)潦水：雨水。(14)骖騑：古代驾车的马若是三匹或四匹，就有骖、服之分。中间驾辕的马叫服，两旁的马叫骖。一说服左边的马叫骖，服右边的马叫騑。骖服和骖騑，又泛指拉车的马或车马。(15)帝子、仙人：都指滕王李元婴。(16)闾阎：里门，代指房屋。钟鸣鼎食：古代贵族鸣钟列鼎而食。(17)青雀黄龙：船的装饰形状。舳：船尾把舵处，代指船只。(18)彭蠡：古大泽名，即今鄱阳湖。(19)衡阳：今属湖南省，境内有回雁峰，相传秋雁到此就不再南飞，待春而返。(20)爽籁：管子参差不齐的排箫。(21)睢(suī)园绿林：睢园，即汉梁孝王菟园。彭泽：县名，在今江西湖口县东。陶渊明曾官彭泽县令，世称陶彭泽。樽：酒器。(22)邺水：在邺下(今河北省临漳县)。邺下是曹魏兴起的地方。朱华：荷花。临川：郡名，治所在今江西省抚州市；指代谢灵运，谢曾任临川内史。(23)四美：指良辰、美景、赏心、乐事。二难：指贤主、嘉宾难得。(24)“望长安”二句：《世说新语·夙惠》：“晋明帝数岁，坐元帝膝上。有人从长安来，元帝因问明帝：‘汝意谓长安何如日远？’答曰：‘日远，不闻人从日边来，居然可知。’元帝异之。明日集群臣宴会，告以此意，更重问之，乃答曰：‘日近。’元帝失色曰：‘尔何故异昨日之言邪？’答曰：‘举目见日，不见长安。’”吴会：吴郡，治所在今江苏省苏州市。云间：上海市松江区的古称。《世说新语·排调》：陆云（字士龙）华亭人，未识荀隐，张华使其相互介绍而不作常语，云因抗手曰："云间陆士龙。"(25)天柱：《神异经》："昆仑之山，有铜柱焉。其高入天，所谓天柱也。"北辰：《论语·为政》："为政以德，譬如北辰，居其所而众星共（拱）之。"(26)帝阍(hūn)：天帝的守门人。宣室：贾谊迁谪长沙四年后，汉文帝复召他回长安，于宣室中问鬼神之事；宣室为汉未央宫正殿，为皇帝召见大臣议事之处。(27)冯唐易老：《史记·冯唐列传》："（冯）唐以孝著，为中郎署长，事文帝。……拜唐为车骑都尉，主中尉及郡国车士。七年，景帝立，以唐为楚相，免。武帝立，求贤良，举冯唐。唐时年九十余，不能复为官。"李广难封：李广，汉武帝时名将，多次与匈奴作战，军功卓著，却始终未获封爵。(28)"屈贾谊"二句：贾谊在汉文帝时被贬为长沙王太傅。圣主：指汉文帝。(29)"窜梁鸿"二句：梁鸿，东汉人，因得罪章帝，避居齐鲁、吴中。明时：指章帝时代。(30)君子见机：《易·系辞下》："君子见几（机）而作。"达人知命：《易·系辞上》："乐天知命故不忧。"(31)老当益壮：《后汉书·马援传》："丈夫为志，穷当益坚，老当益壮。"(32)青云之志：《续逸民传》："嵇康早有青云之志。"(33)"酌贪泉"二句：据《晋书·吴隐之传》，廉官吴隐之赴广州刺史任，饮贪泉之水，并作诗说："古人云此水，一歃怀千金。试使（伯）夷（叔）齐饮，终当不易心。"贪泉，在广州附近的石门，传说饮此水会贪得无厌。处涸辙：《庄子·外物》有鲋鱼处涸辙的故事。涸辙比喻困厄的处境。(34)"北海"二句：语意本《庄子·逍遥游》。东隅二句：《后汉书·冯异传》："失之东隅，收之桑榆。"东隅，日出处，表示早晨。桑榆，日落处，表示傍晚。(35)"孟尝"二句：孟尝字伯周，东汉会稽上虞人。曾任合浦太守，以廉洁奉公著称，后因病隐居。桓帝时，虽有人屡次荐举，终不见用。事见《后汉书·孟尝传》。(36)"阮籍"二句：阮籍，字嗣宗，晋代名士。《晋书·阮籍传》：籍"时率意独驾，不由径路。车迹所穷，辄恸哭而反。"(37)"无路"二句：据《汉书·终军传》，终军字子云，汉代济南人。武帝时出使南越，自请"愿受长缨，必羁南越王而致之阙下"，时仅二十余岁。等，相同，用作动词。弱冠，古人二十岁行冠礼，表示成年，称"弱冠"。(38)投笔：用汉班超投笔从戎的故事，事见《后汉书·班超传》。"慕宗悫(què 却)"

一句:宗悫字元干,南朝宋南阳人,年少时向叔父自述志向,云“愿乘长风破万里浪”。(39)簪笏(hù):冠簪、手版。官吏用物,这里代指官职地位。百龄:百年,犹一生。奉晨昏:《礼记·曲礼上》:“凡为人子之礼……昏定而晨省。”(40)“非谢家”一句:《世说新语·言语》:“谢太傅(安)问诸子侄‘子弟亦何预人事,而正欲使其佳?’诸人莫有言者。车骑(谢玄)答曰:‘譬如芝兰玉树,欲使其生于庭阶耳。’”“接孟氏”一句:据说孟轲的母亲为教育儿子而三迁择邻,最后定居于学宫附近。事见刘向《列女传·母仪篇》。(41)“他日”二句:《论语·季氏》:“(孔子)尝独立,(孔)鲤趋而过庭。(子)曰:‘学诗乎?’对曰:‘未也。’‘不学诗,无以言。’鲤退而学诗。他日,又独立,鲤趋而过庭。(子)曰:‘学礼乎?’对曰:‘未也。’‘不学礼,无以立。’鲤退而学礼。”鲤,孔鲤,孔子之子。(42)捧袂(mèi):举起双袖,表示恭敬的姿势。喜托龙门:《后汉书·李膺传》:“膺以声名自高,士有被其容接者,名为登龙门。”(43)“杨意”二句:据《史记·司马相如列传》,司马相如经蜀人杨得意引荐,方能入朝见汉武帝。又云:“相如既奏《大人》之颂,天子大悦,飘飘有凌云之气。”杨意:杨得意的省称。凌云:指司马相如作《大人赋》。(44)“钟期”二句:《列子·汤问》:“伯牙善鼓琴,钟子期善听。伯牙鼓琴……志在流水,钟子期曰:‘善哉!洋洋兮若江河。’”钟期,钟子期的省称。(45)兰亭:在今浙江省绍兴市附近。晋穆帝永和九年(353)三月三日上巳节,王羲之与群贤宴集于此,行修禊礼,祓除不祥。梓泽:即晋石崇的金谷园,故址在今河南省洛阳市西北。(46)“请洒”二句:钟嵘《诗品》:“陆(机)才如海,潘(岳)才如江。”

【练习】

1. 解释加点字的意思

童子何知,躬逢胜饯(　　　　)　　四美具,二难并(　　　　)

时运不齐,命途多舛(　　　　)　　敢竭鄙诚,恭疏短引(　　　　)

2. 以下加点字的用法和意思判断正确的是(　　)

① 潦水尽而寒潭清　　② 萍水相逢,尽是他乡之客

③ 鹤汀凫渚，穷岛屿之萦回　　④ 穷睇眄于中天，极娱游于暇日

A. ①②相同　③④相同　　B. ①②相同　③④不同

C. ①②不同　③④相同　　D. ①②不同　③④不同

3. 下列加点的用法相同的两项是(　　)和(　　)

A. 襟三江而带五湖　　B. 雄州雾列，俊彩星驰

C. 层峦耸翠，上出重霄　　D. 望长安于日下，目吴会于云间

4. 翻译句子

(1) 渔舟唱晚，响穷彭蠡之滨；雁阵惊寒，声断衡阳之浦。

______

(2) 老当益壮，宁移白首之心？穷且益坚，不坠青云之志。

______

5. 在第②、③段中，作者描写了滕王阁及其周围的景物，视角由________及________，由此可以看出滕王阁________的特点。

6. 在第④段中，找出作者乐极生悲，在内容上承上启下的句子是________

______

7. 在第⑤段中，作者援引冯唐、李广等人的典故，其主要用意是________

______

8. 清代学者余诚评论本文道："对众挥毫，珠玑络绎，固可想见旁若无人之概。而字句属对极工，词旨转折一气，结构浑成，竟似无缝天衣。纵使出自从容雕琢，亦不得不叹为神奇，况乃以仓猝立就，尤属绝无而仅有矣。"结合这段话思考，本文在句式上有何特点？任选一至两句你最欣赏的句子，加以鉴赏。

______

______

______

【拓展探究】

1. 清代学者李扶九评论本文道:“以文论,此四六体也。平仄要合,对仗要工,段落要明,次序要清,多用古典,词要藻丽,方有足观。以法论(法:章法),首叙天文地理,次叙贤主嘉宾,次叙时令,次叙阁内阁外,似尽矣;乃忽拓开笔势,将古之失志者感慨一番,又将今之失志者规勉一番,方叙到自己,又自负一番,波澜壮阔,不是徒了题目者。”首先,以文论,你觉得本文是否符合“四六文”的创作要求?其次,以法论,你觉得本文能否把“拓开笔势”的第⑤段删除,为什么?

____

____

____

2. 清代学者过珙评论本文道:“此唐人所谓界划文字也(界划:又作界画,中国画中以界笔、直尺画线的技法,用以表现宫室、楼台、屋宇等题材,此指描写建筑的文学作品)。虽雕镂工致,备极人工天巧,然毕竟是赋体,不是序体,其擅长全在诗耳。”

清代学者朱心炯则评论道:“王为初唐四杰,虽沿六朝骈体,而格调自醇。”

结合本文创作的时代背景思考,应当如何看待本文的文体问题(名为序体,实为赋体)。

____

____

____

6A 柳子厚墓志铭

唐·韩愈

① 子厚，讳宗元。七世祖庆，为拓跋魏侍中，封济阴公[(1)]。曾伯祖奭，为唐宰相，与褚遂良、韩瑗俱得罪武后，死高宗朝[(2)]。皇考讳镇，以事母弃太常博士，求为县令江南[(3)]。其后以不能媚权贵，失御史。权贵人死，乃复拜侍御史[(4)]。号为刚直，所与游皆当世名人[(5)]。

② 子厚少精敏，无不通达。逮其父时[(6)]，虽少年，已自成人，能取进士第[(7)]，崭然见头角。众谓柳氏有子矣。其后以博学宏词，授集贤殿正字[(8)]。俊杰廉悍，议论证据今古，出入经史百子，踔厉风发[(9)]，率常屈其座人。名声大振，一时皆慕与之交。诸公要人，争欲令出我门下，交口荐誉之。

③ 贞元十九年，由蓝田尉拜监察御史[(10)]。顺宗即位，拜礼部员外郎[(11)]。遇用事者得罪，例出为刺史[(12)]。未至，又例贬永州司马[(13)]。居闲，益自刻苦，务记览，为词章，泛滥停蓄，为深博无涯涘[(14)]。而自肆于山水间。

④ 元和中，尝例召至京师；又偕出为刺史，而子厚得柳州[(15)]。既至，叹曰："是岂不足为政邪?"因其土俗，为设教禁，州人顺赖。其俗以男女质钱，约不时赎，子本相侔[(16)]，则没为奴婢。子厚与设方计，悉令赎归。其尤贫力不能者，令书其佣，足相当，则使归其质。观察使下其法于他州[(17)]，比一岁，免而归者且千人。衡湘以南为进士者，皆以子厚为师，其经承子厚口讲指画为文词者，悉有法度可观。

⑤ 其召至京师而复为刺史也，中山刘梦得禹锡亦在遣中，当诣播州[(18)]。子厚泣曰："播州非人所居，而梦得亲在堂，吾不忍梦得之穷，无辞以白其大人；且万无母子俱往理。"请于朝，将拜疏，愿以柳易播，虽重得罪，死不恨。遇有以梦得事

白上者，梦得于是改刺连州[19]。呜呼！士穷乃见节义。今夫平居里巷相慕悦，酒食游戏相徵逐，诩诩强笑语以相取下[20]，握手出肺肝相示，指天日涕泣，誓生死不相背负，真若可信；一旦临小利害，仅如毛发比，反眼若不相识。落陷穽，不一引手救，反挤之，又下石焉者，皆是也。此宜禽兽夷狄所不忍为，而其人自视以为得计。闻子厚之风，亦可以少愧矣。

⑥ 子厚前时少年，勇于为人，不自贵重顾籍[21]，谓功业可立就，故坐废退。既退，又无相知有气力得位者推挽[22]，故卒死于穷裔[23]，材不为世用，道不行于时也。使子厚在台省时[24]，自持其身，已能如司马刺史时，亦自不斥；斥时，有人力能举之，且必复用不穷。然子厚斥不久，穷不极，虽有出于人，其文学辞章，必不能自力，以致必传于后如今，无疑也。虽使子厚得所愿，为将相于一时，以彼易此，孰得孰失，必有能辨之者。

⑦ 子厚以元和十四年十一月八日卒[25]，年四十七。以十五年七月十日，归葬万年先人墓侧[26]。子厚有子男二人：长曰周六，始四岁；季曰周七，子厚卒乃生。女子二人，皆幼。其得归葬也，费皆出观察使河东裴君行立[27]。行立有节概，重然诺，与子厚结交，子厚亦为之尽，竟赖其力。葬子厚于万年之墓者，舅弟卢遵[28]。遵，涿人[29]，性谨慎，学问不厌。自子厚之斥，遵从而家焉，逮其死不去。既往葬子厚，又将经纪其家，庶几有始终者。铭曰："是惟子厚之室，既固既安，以利其嗣人[30]。"

【题解】 本文选自《韩愈集》。作于元和十五年(820)，作者被贬袁州刺史时所作。韩愈和柳宗元同是唐代古文运动中的领袖，私交甚深，友情笃厚。文章综括了柳宗元的家世、生平、交友、文章，着重论述其治柳政绩和文章风义。赞扬了柳宗元的政治才能，称颂其勇于助人、急人之难的美德和刻苦自励的精神。而对他长期迁谪的坎坷遭遇，深表同情。全文写得酣姿淋漓，顿挫盘郁，乃韩愈至性至情之作。墓志铭，是古代的一种文体，刻石纳入墓内或墓旁，表示对死者的纪念，以便后人稽考。清代学者储欣评论本文道："昌黎墓志第一，亦古今墓志第一。以韩志柳,如太史公之传李将军,为之不遗余力矣。"

【注释】 (1)七世:史书记宗元七世祖柳庆在北魏时任侍中,入北周封为平齐公。子柳旦,任北周中书侍郎,封济阴公。韩愈所记有误。侍中:门下省的长官,掌管传达皇帝的命令。(2)曾伯祖奭(shì):柳奭,字子燕,柳旦之孙,柳宗元高祖子夏之兄。当为高伯祖,此作曾伯祖,误。贞观时为中书舍人,因外甥女王氏为皇太子(唐高宗)妃,擢升为兵部侍郎。王氏当了皇后后,又升为中书侍郎。永徽三年(652)代褚遂良为中书令,相当于宰相。后来高宗欲废王皇后立武则天为皇后,韩瑗和褚遂良力争,武则天一党人诬说柳奭要和韩、褚等谋反,柳被杀。(3)皇考:对亡父的尊称。太常博士:太常寺掌宗庙礼仪的属官。柳镇于肃宗朝授左卫率府兵曹参军,佐郭子仪守朔方。后调长安主簿,居母丧,服除,命为太常博士。镇以有尊老孤弱在吴,再三辞谢,愿为宣城(今属安徽)令。此云"以事母弃太常博士",恐误。(4)权贵人:指窦参。柳镇曾迁殿中侍御史,因不肯与御史中丞卢佋、宰相窦参一同诬陷侍御史穆赞,后又为穆赞平反冤狱,得罪窦参,被窦参以他事陷害贬官。其后窦参因罪被贬,被德宗赐死。侍御史:御史台的属官,职掌纠察百僚,审讯案件。(5)所与游皆当世名人:柳宗元有《先君石表阴先友记》,记载他父亲相与交游者计六十七人,书于墓碑之阴。(6)逮(dài)其父时:在他父亲在世的时候。柳镇卒于贞元九年(793),子厚年二十一岁。(7)取进士第:贞元九年宗元进士及第,二十一岁。(8)博学宏词:柳宗元贞元十二年(796)中博学宏词科,二十四岁。唐制,进士及第者可应博学宏词考选,取中后即授予官职。集贤殿:集贤殿书院,掌刊辑经籍,搜求佚书。正字:掌管编校典籍、刊正文字的工作。宗元二十六岁授集贤殿正字。(9)踔(zhuó)厉风发:议论纵横,言辞奋发,见识高远。踔:远。厉:高。(10)蓝田:今属陕西。尉:县府管理治安,缉捕盗贼的官吏。监察御史:御史台的属官,掌分察百僚,巡按郡县,纠视刑狱,整肃朝仪诸事。(11)礼部员外郎:官名,掌管辨别和拟定礼制之事及学校贡举之法。柳宗元得做此官是王叔文、韦执谊等所荐引。(12)用事者:掌权者,指王叔文。例出:按规定遣出。永贞元年(805),宗元被贬为邵州(今湖南邵阳)刺史。(13)例贬:依照"条例"贬官。永州:今湖南省永州市。司马:本是州刺史属下掌管军事的副职,唐时已成为有职无权的冗员。(14)泛滥:文笔汪洋恣肆。停蓄:文笔雄厚凝练。无涯涘(sì):无边际。涯、涘,均是水边。(15)偕出:元和十年(815),八司马同时被召回长安,但又同被迁往更远的地方。柳州:唐置,属岭南道,即今广西柳州市。(16)子:子金,即利息。本:本金。相侔(móu):相等。(17)观察使:又称观察处置使,是中央派往地方掌管监察的官。(18)刘梦得:名禹锡,彭城(今江苏铜山县)人,中山为郡望。王叔文失败后,刘被贬为郎州司马,这次召还入京后又贬播州刺史。(19)"遇有"二句:指当时御史中丞裴度、崔群上疏为刘禹锡陈情一事。连州:唐属岭南道,州治在今广东连州市。(20)诩诩(xǔ):夸大的样子。强:勉强,做作。取下:指采取谦下的态度。(21)为人:助人。顾籍:顾惜。(22)有气力:有权势和力量的人。推挽:推举提携。(23)穷裔:穷困的边远地方。(24)台省:御史台和尚书省。(25)元和:唐宪宗年号。十四年,即819年。(26)万年:在今陕西临潼区东北。先人墓:在万年县之栖凤原。(27)裴行立:绛州稷山人,时任桂管观察使,是宗元的上司。(28)卢遵:宗元舅父之子。(29)涿(zhuō):今河北涿州市。(30)惟:就是。室:幽室,即墓穴。嗣人:子孙后代。

【练习】

1. 解释加点字的意思

逮其父时(　　　)　　率常屈其座人(　　　)

而自肆于山水间(　　　)　　无辞以白其大人(　　　)

2. 以下加点字的用法和意思判断正确的是(　　)

① 免而归者且千人　　② 且万无母子俱往理

③ 材不为世用　　④ 为将相于一时

A. ①②相同　③④相同　　B. ①②相同　③④不同

C. ①②不同　③④相同　　D. ①②不同　③④不同

3. 下列加点的用法相同的两项是(　　)和(　　)

A. 崭然见头角　　　　B. 率常屈其座人

C. 性谨慎,学问不厌　　　　D. 遵从而家焉

4. 将下面这段话翻译成现代汉语

呜呼!士穷乃见节义。今夫平居里巷相慕悦,酒食游戏相徵逐,诩诩强笑语以相取下,握手出肺肝相示,指天日涕泣,誓生死不相背负,真若不信;一旦临小利害,仅如毛发比,反眼若不相识。落陷穽,不一引手救,反挤之,又下石焉者,皆是也。此宜禽兽夷狄所不忍为,而其人自视以为得计。闻子厚之风,亦可以少愧矣。

____

____

____

____

5. 在第②段中,可以看出柳宗元的性格特点为________________

6. 在第④段中,作者主要从________和________两个方面,写出了柳宗元的卓越才能。

7. 在第⑦段中,作者对裴行立、卢遵二人事迹的描写,其主要用意为________

____

8. 清代学者唐介轩评论本文道:"铭之义,虽称美不称恶,然须瑜不掩瑕,乃为征实。吏部(韩愈)与柳州(柳宗元)相契最深,叙其一生,文章第一,次写其政绩、交情,亦极出色。至被黜之故,隐现笔端,正不必曲为之讳,古人之直道乃尔。"试在文中找出作者含蓄地批评柳宗元"被黜之故"之处,并结合这段话思考,作者这样写有什么好处。

____

____

____

【拓展探究】

1. 宋代学者张端义评论本文道："作文之法，先观时节，次看人品，又当玩味其立意。如退之作《柳子厚墓志铭》，自'士穷而见节义'三四十言，皆自道胸中事。"结合这段话思考，第⑤段主要表现了柳宗元怎样的精神品格，"士穷而见节义"一节有哪些深意。

____

____

____

2. 清代学者吴闿生评论本文道："韩柳至交，此文以全力发明子厚之文学风义。其酣恣淋漓、顿挫盘郁处，乃韩公真实本领，而视所为墓铭以雕琢奇诡胜者，反为别调。盖至性至情之所发，而文字之变格也。金石文字（指墓志铭），当以严重简奥为宜。此文偶出变格，固无不可。"结合这段话思考，本文在写作手法上有何艺术特色。

____

____

____

6B　潮州韩文公庙碑

北宋·苏轼

① 匹夫而为百世师，一言而为天下法。是皆有以参天地之化，关盛衰之运，其生也有自来，其逝也有所为。故申、吕自岳降，傅说为列星[(1)]，古今所传，不可诬也。孟子曰："我善养吾浩然之气。"是气也，寓于寻常之中，而塞乎天地之间。卒然遇之，则王公失其贵，晋、楚失其富，良、平失其智，贲、育失其勇，仪、秦失其辩[(2)]。是孰使之然哉？其必有不依形而立，不恃力而行，不待生而存，不随死而亡者矣。故在天为星辰，在地为河岳，幽则为鬼神，而明则复为人。此理之常，无足怪者。

② 自东汉以来，道丧文弊，异端并起，历唐贞观、开元之盛，辅以房、杜、姚、宋而不能救[(3)]。独韩文公起布衣，谈笑而麾之，天下靡然从公，复归于正，盖三百年于此矣。文起八代之衰，而道济天下之溺；忠犯人主之怒，而勇夺三军之帅[(4)]。此岂非参天地，关盛衰，浩然而独存者乎？

③ 盖尝论天人之辨，以谓人无所不至，惟天不容伪。智可以欺王公，不可以欺豚鱼[(5)]；力可以得天下，不可以得匹夫匹妇之心。故公之精诚，能开衡山之云，而不得回宪宗之惑[(6)]；能驯鳄鱼之暴，而不能弭皇甫镈、李逢吉之谤[(7)]；能信于南海之民，庙食百世，而不能使其身一日安于朝廷之上。盖公之能者天也，其所不能者人也。

④ 始潮人未知学，公命进士赵德为之师。自是潮之士，皆笃于文行，延及齐民，至于今，号称易治。信乎孔子之言，"君子学道则爱人，小人学道则易使"也。潮人之事公也，饮食必祭，水旱疾疫，凡有求必祷焉。而庙在刺史公堂之后，民以

出入为艰。前太守欲请诸朝作新庙，不果。元祐五年，朝散郎王君涤来守是邦[8]。凡所以养士治民者，一以公为师。民既悦服，则出令曰："愿新公庙者，听！"民欢趋之，卜地于州城之南七里，期年而庙成。

⑤ 或曰："公去国万里，而谪于潮，不能一岁而归。没而有知，其不眷恋于潮也，审矣。"轼曰："不然！公之神在天下者，如水之在地中，无所往而不在也。而潮州人独信之深，思之至，焄蒿凄怆[9]，若或见之。譬如凿井得泉，而曰水专在是，岂理也哉？"元丰七年，诏拜公昌黎伯，故榜曰："昌黎伯韩文公之庙。"潮人请书其事于石，因作诗以遗之，使歌以祀公。

【题解】 本文选自《苏轼文集》。作于宋哲宗元祐七年(1092)，是作者应潮州知州王涤之请而写。韩文公，即韩愈，谥号为文，世称韩文公。碑原是宫庙院中所立的石头和坟墓上所立的木桩，后来在墓石上刻字，成了碑文，形成了一种文体。一般有序、铭两种，序用散文，铭用韵文。本文作者站在儒家的立场对韩愈的道德文章以及在潮州的政绩大加颂扬，高度概括了韩愈一生的主要成就，具有遒劲雄浑的风格。

【注释】 (1)申、吕：申伯、吕侯，周朝大臣。岳降：指他们是四岳所降生。傅说(yuè)：商朝大臣。传说死后化为星宿。(2)良、平：张良、陈平，西汉谋臣。贲育：孟贲(bēn)、夏育，古代武士。仪、秦：张仪、苏秦，战国辩士。(3)房、杜：房玄龄、杜如晦，贞观年间贤相。姚、宋：姚崇、宋璟，开元年间贤相。(4)八代：东汉、魏、晋、宋、齐、梁、陈、隋。此时骈文盛行，文风衰败。道济天下之溺：谓提倡儒家之道，使天下人不受佛教、道教之害。济：拯救。忠犯人主之怒：唐宪宗迎佛骨入宫，韩愈直谏，几被处死，经大臣营救，贬潮州刺史。勇夺三军之帅：唐穆宗时，镇州兵变，韩愈奉命前去宣抚，说服叛军首领归顺朝廷。(5)豚(tún)鱼：《易·中孚》说："信及豚鱼"，意即只有诚心祭祀，连供品猪鱼都感动，才得吉卦。(6)开衡山之云：韩愈赴潮州中途，谒衡岳庙，因诚心祝祷，天气由阴晦转晴。(7)驯鳄鱼之暴：见本书《祭鳄鱼文》。皇甫镈(bó)、李逢吉：均当时宰相。(8)朝散郎：五品文官。(9)凄怆：祭祀时引起的感情。焄(xūn)：香气。蒿(hāo)：蒸发。

【练习】

1. 解释加点字的意思

是孰使之然哉(　　　　)　　天下靡然从公(　　　　)

皆笃于文行(　　　　)　　一以公为师(　　　　)

2. 以下加点字的用法和意思判断正确的是(　　)

① 是皆有以参天地之化　　② 朝散郎王君涤来守是邦

③ 能信于南海之民，庙食百世　　④ 而不能使其身一日安于朝廷之上

A. ①②相同　③④相同　　B. ①②相同　③④不同

C. ①②不同　③④相同　　D. ①②不同　③④不同

3. 下列加点字不属于通假字的一项(　　)

A. 卒然遇之，则王公失其贵　　B. 谈笑而麾之

C. 潮人之事公也，饮食必祭　　D. 没而有知，其不眷恋于潮也

4. 翻译句子

(1) 其必有不依形而立，不恃力而行，不待生而存，不随死而亡者矣。

____

(2) 文起八代之衰，而道济天下之溺；忠犯人主之怒，而勇夺三军之帅：此岂非参天地，关盛衰，浩然而独存者乎？

____

____

5. 在第①段中，作者对孟子"养气"说的论述，其主要用意是______________

____

6. 在第①段中，作者列举申伯、吕侯等人的事例，其主要用意是______________

____

7. 在第②段中，作者主要从哪几个方面论述了韩愈一生的主要功绩？

8. 在第③段中，作者对“天人之辨”的论述，主要的用意是

【拓展探究】

1. 清代学者过珙评论本文道：“通篇以‘气’字为主，波澜顿挫，如风雨争飞，鱼龙杂糅，而一线相引，一气到底，章法井然不乱。其文笔，亦是浩然之气所结聚者。”你是否同意他对本文文章线索和章法的分析，为什么？

2. 南宋学者朱熹评论本文道：“向尝闻东坡作《韩文公庙碑》，一日思颇得久，忽得两句云：‘匹夫而为百世师，一言而为天下法。’遂扫将去。”后清代学者李扶九将本文的开头评为“起笔不平”之法，你认为本文的开头有何好处？

7A　祭十二郎文

唐・韩愈

① 年月日[(1)]，季父愈闻汝丧之七日，乃能衔哀致诚[(2)]，使建中远具时羞之奠[(3)]，告汝十二郎之灵：

② 呜呼！吾少孤[(4)]，及长，不省所怙[(5)]，惟兄嫂是依。中年，兄殁南方[(6)]，吾与汝俱幼，从嫂归葬河阳[(7)]。既又与汝就食江南[(8)]，零丁孤苦，未尝一日相离也。吾上有三兄[(9)]，皆不幸早世。承先人后者，在孙惟汝，在子惟吾，两世一身，形单影只。嫂尝抚汝指吾而言曰："韩氏两世，惟此而已。"汝时尤小，当不复记忆；吾时虽能记忆，亦未知其言之悲也。

③ 吾年十九，始来京城。其后四年，而归视汝[(10)]。又四年，吾往河阳省坟墓，遇汝从嫂丧来葬[(11)]。又二年，吾佐董丞相于汴州[(12)]，汝来省吾；止一岁，请归取其孥[(13)]；明年，丞相薨[(14)]，吾去汴州，汝不果来。是年，吾佐戎徐州[(15)]，使取汝者始行，吾又罢去[(16)]，汝又不果来。吾念汝从于东[(17)]，东亦客也，不可以久；图久远者，莫如西归，将成家而致汝。呜呼！孰谓汝遽去吾而殁乎！吾与汝俱少年，以为虽暂相别，终当久相与处，故舍汝而旅食京师，以求斗斛之禄[(18)]。诚知其如此，虽万乘之公相，吾不以一日辍汝而就也！

④ 去年孟东野往[(19)]，吾书与汝曰："吾年未四十，而视茫茫，而发苍苍，而齿牙动摇。念诸父与诸兄，皆康强而早世，如吾之衰者，其能久存乎！吾不可去，汝不肯来，恐旦暮死，而汝抱无涯之戚也。"孰谓少者殁而长者存，强者夭而病者全乎！呜呼！其信然邪？其梦邪？其传之非其真邪？信也，吾兄之盛德而夭其嗣乎？汝之纯明而不克蒙其泽乎？少者强者而夭殁，长者衰者而存全乎？未可以

为信也。梦也，传之非其真也？东野之书，耿兰之报[20]，何为而在吾侧也？呜呼！其信然矣！吾兄之盛德而夭其嗣矣！汝之纯明宜业其家者，不克蒙其泽矣！所谓天者诚难测，而神者诚难明矣！所谓理者不可推，而寿者不可知矣！虽然，吾自今年来，苍苍者或化而为白矣，动摇者或脱而落矣。毛血日益衰，志气日益微，几何不从汝而死也！死而有知，其几何离[21]；其无知，悲不几时，而不悲者无穷期矣。汝之子始十岁[22]，吾之子始五岁[23]，少而强者不可保，如此孩提者，又可冀其成立耶？呜呼哀哉！呜呼哀哉！

⑤ 汝去年书云："比得软脚病[24]，往往而剧。"吾曰："是疾也，江南之人，常常有之。"未始以为忧也。呜呼！其竟以此而殒其生乎？抑别有疾而至斯乎？汝之书，六月十七日也。东野云：汝殁以六月二日。耿兰之报无月日。盖东野之使者，不知问家人以月日；如耿兰之报，不知当言月日。东野与吾书，乃问使者，使者妄称以应之耳。其然乎？其不然乎？

⑥ 今吾使建中祭汝，吊汝之孤与汝之乳母。彼有食可守以待终丧[25]，则待终丧而取以来[26]；如不能守以终丧，则遂取以来。其余奴婢，并令守汝丧。吾力能改葬[27]，终葬汝于先人之兆[28]，然后惟其所愿。

⑦ 呜呼！汝病吾不知时，汝殁吾不知日。生不能相养以共居，殁不得抚汝以尽哀。敛不凭其棺[29]，窆不临其穴[30]。吾行负神明，而使汝夭，不孝不慈，而不得与汝相养以生，相守以死。一在天之涯，一在地之角，生而影不与吾形相依，死而魂不与吾梦相接。吾实为之，其又何尤[31]。彼苍者天，曷其有极[32]！自今已往，吾其无意于人世矣。当求数顷之田于伊、颍之上[33]，以待余年，教吾子与汝子，幸其成[34]；长吾女与汝女，待其嫁[35]，如此而已。呜呼！言有穷而情不可终，汝其知也邪？其不知也邪？呜呼哀哉！尚飨[36]。

【题解】 本文选自《韩愈集》。作于唐德宗贞元十九年(803)，作者在长安任监察御史时，为祭他侄子十二郎而写的一篇祭文。韩愈有兄三人，长韩会，仲韩介。十二郎名老成，本是韩介的次子，出嗣韩会为子，在族中排行第十二。韩愈二岁丧父，亦由长兄韩会与嫂抚养成长。从小和十二郎生活在一起，经历患难，因年龄相差无几，虽为叔侄，实同兄弟，彼此感情十分亲密。明代学者茅坤评论本文道："通篇情意刺骨，无限凄切，祭文中千年绝调。"

【注释】 (1)年月日：此为拟稿时原样。《文苑英华》作"贞元十九年五月廿六日"，但祭文中说十二郎在"六月十七日"曾写信给韩愈，"五"字当误。(2)衔哀：心中含着悲哀。(3)建中：人名，当为韩愈家中仆人。时羞：应时的佳肴。羞：同"馐"。(4)少孤：《新唐书·韩愈传》："愈生三岁而孤，随伯兄会贬官岭表。"(5)怙(hù)：《诗·蓼莪》："无父何怙，无母何恃。"后用怙代父，恃代母。失父曰失怙，失母曰失恃。(6)"中年"一句：代宗大历十二年(777)，韩会由起居舍人贬为韶州(今广东韶关)刺史，次年死于任所，年四十三。时韩愈十一岁，随兄在韶州。(7)河阳：今河南孟州市西，韩氏祖坟所在地。(8)就食江南：唐德宗建中二年(781)，北方藩镇李希烈反叛，中原动荡。韩愈随嫂迁居宣州(今安徽宣城)，因韩氏在宣州置有田宅。(9)吾上有三兄：三兄指韩会、韩介，还有一位死时尚幼，未及命名。(10)视：古时探亲，上对下曰视，下对上曰省。贞元二年(786)，韩愈十九岁，由宣州至长安应进士举，至贞元八年春始及第，其间曾回宣州一次。(11)"遇汝"一句：韩愈嫂子郑氏卒于元贞元九年(793)，韩愈有《祭郑夫人文》。贞元十一年，韩愈往河阳祖坟扫墓，与奉其母郑氏灵柩来河阳安葬的十二郎相遇。(12)董丞相：指董晋。贞元十二年(796)，董晋以检校尚书左仆射，同中书门下平章事任宣武军节度使，汴、宋等州观察使，时韩愈在董晋幕中任节度推官。汴州：在今河南开封市。(13)取其孥(nú)：把家眷接来。孥：妻和子的统称。(14)薨(hōng)：古时诸侯或二品以上大官死曰薨。贞元十五年(799)二月，董晋死于汴州任所，韩愈随葬西行。去后第四天，汴州即发生兵变。(15)佐戎徐州：当年秋，韩愈入徐、泗、濠节度使张建封幕任节度推官。佐戎：辅助军务。(16)罢去：贞元十六年，张建封卒，韩愈离开徐州赴洛阳。(17)东：故乡河阳之东的汴州和徐州。(18)斗斛(hú)：唐时十斗为一斛。斗斛之禄：指微薄的俸禄。韩愈离开徐州后，于贞元十七年(801)来长安选官，调四门博士，贞元十九年，迁监察御史。(19)去年：指贞元十八年(802)。孟东野：即孟郊。是年出任溧阳(今属江苏)尉，溧阳去宣州不远，故韩愈托他捎信给宣州的十二郎。(20)耿兰：生平不详，宣州韩氏别业的管家。十二郎死后，孟郊写信告诉韩愈，耿兰也有丧报。(21)其几何离：分离会有多久呢？意谓死后仍可相会。(22)汝之子：十二郎有二子，长韩湘，次韩滂。韩滂出嗣十二郎的哥哥韩百川为子，见韩愈《韩滂墓志铭》。始十岁：当指长子韩湘。(23)"吾之子"一句：指韩愈长子韩昶，贞元十五年(799)韩愈居符离集时所生，小名曰符。(24)软脚病：即脚气病。(25)终丧：守满三年丧期。(26)取以来：指把十二郎的儿子和乳母接来。(27)力能改葬：假设之意，即先暂时就地埋葬。合下句连续可知。(28)兆：葬域，墓地。(29)敛，同"殓"：为死者更衣称小殓，尸体入棺材称大殓。(30)窆(biǎn)：下棺入土。(31)何尤：怨恨谁？(32)彼苍者天，曷其有极：意谓你青苍的上天啊，我的痛苦哪有尽头啊。语本《诗经·唐风·鸨羽》："悠悠苍天，曷其有极。"(33)伊、颍：伊水和颍水，此指故乡。(34)幸其成：韩昶后中穆宗长庆四年进士，韩湘后中长庆三年进士。(35)待其嫁：韩愈三婿，李汉，蒋系，樊宗懿。十二郎之婿，据说是李干，见《韩集》。(36)尚飨：古代祭文结语用词，意为希望死者享用祭品。

【练习】

1. 解释加点字的意思

孰谓汝遽去吾而殁乎(　　　　)　　而汝抱无涯之戚也(　　　　)

汝之纯明而不克蒙其泽乎(　　　　)　　比得软脚病，往往而剧(　　　　)

2. 以下加点字的用法和意思判断正确的是(　　)

① 惟兄嫂是依　　② 韩氏两世，惟此而已

③ 吾年未四十，而视茫茫　　④ 少而强者不可保

A. ①②相同　③④相同　　B. ①②相同　③④不同

C. ①②不同　③④相同　　D. ①②不同　③④不同

3. 下列加点的词语古今义相同的一项是(　　)

A. 汝时尤小,当不复记忆　　B. 死而有知,其几何离

C. 又可冀其成立耶　　D. 比得软脚病,往往而剧

4. 翻译句子

(1) 念诸父与诸兄,皆康强而早世,如吾之衰者,其能久存乎!

____

(2) 呜呼! 其竟以此而殒其生乎? 抑别有疾而至斯乎?

____

5. 在第②段中,作者对韩氏叔侄二人身世的描写,其主要用意是______________________________

____

6. 在第④—⑤段中,作者对自己和十二郎来往两封书信的引用,其主要用意是______________________________

____

7. 清代学者林云铭评论本文道:“祭文中出以情至之语,以兹为最。盖以其一身承世代之单传,可哀一;年少且强而早逝,可哀二;子女俱幼,无以为自立计,可哀三;就死者论之,已不堪道如此,而韩公以不料其死而遽死,可哀四;相依日久,以求禄远离不能送终,可哀五;报者年月不符,不知是何病亡、何日殁,可哀六。在祭者处此,更难为情矣。”你觉得他对本文情感内涵“六可哀”的分析是否恰当,为什么?

____

____

____

8. 清代学者余诚评论本文道:“自始至终,处处俱以自己伴讲。写叔侄之关切,无一语不从至性中流出,几令人不能辨其是文是哭,是墨是血。”试思考在本文中,作者处处“以自己伴讲”,这样写有什么好处?

____

【拓展探究】

1. 清代学者沈德潜评论本文道:“直举胸臆,情至文生,是祭文变体,亦是祭文变调。(祭文诔辞,六朝以来,无不用韵者,此以散文行之,故曰变体。)”结合作者的思想情感思考,作者以散文写祭文的原因有哪些?

2. 宋代学者费衮评论本文道:“退之《祭十二郎文》一篇,大率皆用助语。其最妙处,自‘其信然邪’以下至‘几何不从汝而死也’一段,仅三十句,凡句尾‘邪’字者三,连用‘乎’字者三,连用‘也’字者四,连用‘矣’字者七,几于句句用助辞矣。而反复出没,如怒涛惊湍,变化不测,非妙于文章者,安能及此!”试结合本文主旨,思考在本文中作者大量使用助词,有什么好处?

7B 祭妹文

清·袁枚

① 乾隆丁亥冬，葬三妹素文于上元之羊山[(1)]，而奠以文曰：

② 呜呼！汝生于浙，而葬于斯，离吾乡七百里矣；当时虽觭梦幻想[(2)]，宁知此为归骨所耶？

③ 汝以一念之贞，遇人仳离[(3)]，致孤危托落，虽命之所存，天实为之；然而累汝至此者，未尝非予之过也。予幼从先生授经，汝差肩而坐[(4)]，爱听古人节义事；一旦长成，遽躬蹈之。呜呼！使汝不识《诗》《书》，或未必艰贞若是。

④ 予捉蟋蟀，汝奋臂出其间；岁寒虫僵，同临其穴。今予殓汝葬汝，而当日之情形，憬然赴目[(5)]。予九岁，憩书斋，汝梳双髻，披单缣来，温《缁衣》一章[(6)]；适先生奓户入[(7)]，闻两童子音琅琅然，不觉莞尔，连呼"则则"，此七月望日事也。汝在九原，当分明记之。予弱冠粤行，汝掎裳悲恸[(8)]。逾三年，予披宫锦还家，汝从东厢扶案出，一家瞠视而笑[(9)]，不记语从何起，大概说长安登科、函使报信迟早云尔。凡此琐琐，虽为陈迹，然我一日未死，则一日不能忘。旧事填膺，思之凄梗[(10)]，如影历历，逼取便逝。悔当时不将嫛婗情状[(11)]，罗缕记存；然而汝已不在人间，则虽年光倒流，儿时可再，而亦无与为证印者矣。

⑤ 汝之义绝高氏而归也，堂上阿奶，仗汝扶持；家中文墨，眴汝办治[(12)]。尝谓女流中最少明经义、谙雅故者。汝嫂非不婉嫕[(13)]，而于此微缺然。故自汝归后，虽为汝悲，实为予喜。予又长汝四岁，或人间长者先亡，可将身后托汝；而不谓汝之先予以去也。前年予病，汝终宵刺探，减一分则喜，增一分则忧。后虽小差，犹尚殗殜[(14)]，无所娱遣；汝来床前，为说稗官野史可喜可愕之事，聊资一欢。

呜呼！今而后，吾将再病，教从何处呼汝耶？

⑥ 汝之疾也，予信医言无害，远吊扬州；汝又虑戚吾心，阻人走报；及至绵惙已极[15]，阿奶问："望兄归否？"强应曰："诺。"已予先一日梦汝来诀，心知不祥，飞舟渡江，果予以未时还家，而汝以辰时气绝[16]；四支犹温，一目未瞑，盖犹忍死待予也。呜呼痛哉！早知诀汝，则予岂肯远游？即游，亦尚有几许心中言要汝知闻、共汝筹画也。而今已矣！除吾死外，当无见期。吾又不知何日死，可以见汝；而死后之有知无知，与得见不得见，又卒难明也。然则抱此无涯之憾，天乎人乎！而竟已乎！

⑦ 汝之诗，吾已付梓[17]；汝之女，吾已代嫁；汝之生平，吾已作传；惟汝之窀穸[18]，尚未谋耳。先茔在杭，江广河深，势难归葬，故请母命而宁汝于斯，便祭扫也。其傍，葬汝女阿印；其下两冢：一为阿爷侍者朱氏，一为阿兄侍者陶氏。羊山旷渺，南望原隰，西望栖霞[19]，风雨晨昏，羁魂有伴，当不孤寂。所怜者，吾自戊寅年读汝哭侄诗后，至今无男；两女牙牙，生汝死后，才周晬耳[20]。予虽亲在未敢言老，而齿危发秃，暗里自知；知在人间，尚复几日？阿品远官河南[21]，亦无子女，九族无可继者。汝死我葬，我死谁埋？汝倘有灵，可能告我？

⑧ 呜呼！生前既不可想，身后又不可知；哭汝既不闻汝言，奠汝又不见汝食。纸灰飞扬，朔风野大，阿兄归矣，犹屡屡回头望汝也。呜呼哀哉！呜呼哀哉！

【题解】 本文选自《小仓山房诗文集》。袁枚(1716—1797)字子才，号简斋，别号随园老人，钱塘人。他以诗闻名，创性灵说，多数作品抒发其闲情逸致。又能文，其文别具特色，是描写景物、叙事记人的散文高手。这篇《祭妹文》是我国文学史上哀祭散文的珍品，表现了兄妹之间深挚的情感。袁素文是袁枚的三妹，名机，字素文，别号青琳居士。素文未出生时，其父母曾与高姓指腹为婚，高氏子成人后，却是市井无赖，极多劣迹。高氏提出解除婚约，但袁素文囿于封建礼教，竟执意不肯。婚后，素文备受凌辱，终因不堪肆虐而返居娘家。自此忍辱含垢，年仅四十岁便凄楚谢世。作者的伤痛不单单是因为对胞妹的挚爱，还饱含着对她的同情和怜悯，对邪恶不公的愤懑，对自己未尽职责的无限悔恨，这使得文章包孕了丰富的思想内容，增强了震撼读者的心灵力量。

【注释】 (1)乾隆丁亥：乾隆三十二年(1767)。上元：旧县名，唐上元(唐肃宗年号)二年(761)置，在今南京市。羊山：在今南京市东。(2)觭(qí)梦：奇梦。觭，通“奇”。(3)遇人仳(pǐ)离：指遇到了不好的男人而被离弃。仳离：分离，指妇女被丈夫遗弃。(4)差(cī)肩而坐：谓兄妹并肩坐在一起。(5)憬然赴目：清醒地来到眼前。憬然：醒悟的样子。(6)单缣(jiān)：用缣制成的单层衣衫。缣：双丝织成的细绢。《缁(zī)衣》：《诗经·郑风》篇名。(7)奓(zhà)户：开门。(8)粤(yuè)行：到广东去。袁枚二十一岁时经广东到了广西他叔父袁鸿那里。掎(jǐ)：拉住。(9)披宫锦：指袁枚于乾隆三年考中进士，选授翰林院庶吉士，请假南归省亲事。宫锦：宫廷作坊特制的丝织品。指用这种锦制成的宫袍。瞠(chēng)视而笑：瞪眼看着笑，形容惊喜激动的情状。(10)填膺(yīng)：充满胸怀。凄梗：悲伤凄切，心头像堵塞了一样。(11)婴媲(yī ní)：婴儿，引申为儿时。(12)眴(shùn)：用眼神示意。(13)婉嫕(yì)：温柔和顺。(14)殗殜(yè dié)：病得不太厉害，但还没有痊愈。(15)绵惙(chuò)：病势危险。(16)未时：相当下午一至三时。辰时：相当上午七时至九时。(17)付梓(zǐ)：付印。梓：树名。指印刷书籍用的雕版。(18)窀穸(zhūn xī)：墓穴。(19)原隰(xí)：平广的代地。高平曰原，下湿为隰。栖霞：山名。(20)两女：袁枚的双生女儿。周晬(suī)：周岁。(21)阿品：袁枚的堂弟袁树，小名阿品，由进士任河南正阳县县令。当时也没有子女。

【练习】

1. 解释加点字的意思

一旦长成，遽躬蹈之(　　　　)　　适先生奓户入(　　　　)

已予先一日梦汝来诀(　　　　)　　然则抱此无涯之憾(　　　　)

2. 以下加点字的用法和意思判断正确的是(　　)

① 宁知此为归骨所耶　　② 故请母命而宁汝于斯

③ 而不谓汝之先予以去也　　④ 果予以未时还家

A. ①②相同　③④相同　　B. ①②相同　③④不同

C. ①②不同　③④相同　　D. ①②不同　③④不同

3. 下列加点的词语古今义不相同的一项是(　　)

A. 当时虽觭梦幻想　　B. 或未必艰贞若是

C. 不觉莞尔,连呼"则则"　　D. 汝在九原,当分明记之

4. 翻译句子

(1) 然而汝已不在人间,则虽年光倒流,儿时可再,而亦无与为证印者矣。

____

(2) 羊山旷渺,南望原隰,西望栖霞,风雨晨昏,羁魂有伴,当不孤寂。

____

5. 在第③段中,作者把造成三妹袁素文人生悲剧的责任归到自己身上,其主要原因是

____

6. 在第④段中,作者对兄妹二人儿时生活的追忆,其表达作用是__________

____

7. 在第⑤段中,作者对袁素文回到娘家表示"虽为汝悲,实为予喜",作者"悲"的是______________________________

作者"喜"的是______________________________

8. 在第⑦段中,作者对"齿危发秃"和"九族无可继者"的感慨,其主要用意是______________________________

____

【拓展探究】

1. 阅读下文,回答问题。

女弟素文传(节选)

清·袁枚

① 高渺小[1],偻而斜视,躁戾佻险,非人所为。见书卷,怒,妹自此不作诗;见女工,又怒,妹自此不持针黹[2];索奁具为狎邪费[3],不得,则手掐、足踆、烧灼之毒毕具[4]。姑(婆婆)救之[5],殴姑折齿。输博者钱,将负妹而鬻[6]。妹见耳目是非,告先君[7]。先君大怒,讼之官而绝之。

② 妹归侍母,母体微不适,妹彻夜立,持粥饮,而匕箸进之[8]。又能记稗官杂史、国家治乱、名臣言行、神仙鬼怪可喜可愕者,数称说歌呼,为老人娱,枚入定省[9],闻所未闻,学为之博。自离婚后,长斋,衣不纯彩,不髲剃[10],不闻乐,有病不治,遇风辰花朝,辄背人而泣。如皋人至[11],必出问堂上姑安否,寄赠服食甚谨。前一年,高氏子死,妹亦病,以乾隆二十四年十一月死,年四十。

注释:(1)高:作者的妹婿姓高。(2)针黹(zhǐ):指缝纫、刺绣等针线工作。(3)狎邪:嫖妓之类。(4)足踆(qūn):用脚踢。(5)姑:婆婆。(6)鬻:卖。(7)先君:指袁枚的父亲。(8)匕箸:食具,羹匙和筷子。(9)定省:子女早晚向亲长问安。(10)不髲(bì)剃:不剪发。(11)如皋:今江苏如皋。作者妹妹的婆家所在地。

(1) 在第①段中,作者详细记述妹婿高氏的劣行,其主要用意是__________

____

(2) 在第②段中,可以看出作者的妹妹的品格特点为__________

____

8A　送孟东野序

唐·韩愈

① 大凡物不得其平则鸣：草木之无声，风挠之鸣[(1)]。水之无声，风荡之鸣。其跃也，或激之；其趋也，或梗之；其沸也，或炙之[(2)]。金石之无声[(3)]，或击之鸣。人之于言也亦然，有不得已者而后言。其歌也有思，其哭也有怀，凡出乎口而为声者，其皆有弗平者乎！

② 乐也者，郁于中而泄于外者也，择其善鸣者而假之鸣。金、石、丝、竹、匏、土、革、木八者[(4)]，物之善鸣者也。维天之于时也亦然，择其善鸣者而假之鸣。是故以鸟鸣春，以雷鸣夏，以虫鸣秋，以风鸣冬。四时之相推敚[(5)]，其必有不得其平者乎？

③ 其于人也亦然。人声之精者为言，文辞之于言，又其精也，尤择其善鸣者而假之鸣。其在唐、虞，咎陶、禹，其善鸣者也，而假以鸣，夔弗能以文辞鸣，又自假于《韶》以鸣[(6)]。夏之时，五子以其歌鸣[(7)]。伊尹鸣殷，周公鸣周。凡载于《诗》《书》六艺，皆鸣之善者也。周之衰，孔子之徒鸣之，其声大而远。传曰："天将以夫子为木铎[(8)]。"其弗信矣乎！其末也，庄周以其荒唐之辞鸣。楚，大国也，其亡也以屈原鸣。臧孙辰、孟轲、荀卿[(9)]，以道鸣者也。杨朱、墨翟、管夷吾、晏婴、老聃、申不害、韩非、慎到、田骈、邹衍、尸佼、孙武、张仪、苏秦之属[(10)]，皆以其术鸣。秦之兴，李斯鸣之。汉之时，司马迁、相如、扬雄，最其善鸣者也。其下魏晋氏，鸣者不及于古，然亦未尝绝也。就其善者，其声清以浮，其节数以急，其辞淫以哀，其志弛以肆[(11)]；其为言也，乱杂而无章。将天丑其德莫之顾邪？何为乎不鸣其善鸣者也！

④ 唐之有天下，陈子昂、苏源明、元结、李白、杜甫、李观[12]，皆以其所能鸣。其存而在下者，孟郊东野始以其诗鸣。其高出魏晋，不懈而及于古，其他浸淫乎汉氏矣[13]。从吾游者，李翺、张籍其尤也[14]。三子者之鸣信善矣。抑不知天将和其声，而使鸣国家之盛邪，抑将穷饿其身，思愁其心肠，而使自鸣其不幸邪？三子者之命，则悬乎天矣。其在上也奚以喜，其在下也奚以悲！东野之役于江南也[15]，有若不释然者，故吾道其命于天者以解之。

【题解】 本文选自《韩愈集》。孟郊(751—814)，字东野，湖州武康(今浙江德清县)人。中唐著名诗人。屡试不第，四十六岁中进士，五十岁被授为溧阳县尉。怀才不遇，心情抑郁。在他上任之际(802)，韩愈写此文加以赞扬和宽慰，流露出对朝廷用人不当的感慨和不满。文章运用比兴手法，从物不平则鸣，写到人不平则鸣。历数各个朝代善鸣者时，句式极错综变化之能事，清人刘海峰评为“雄奇创辟，横绝古今”。

【注释】 (1)挠：搅动。(2)激：阻遏水势。梗：塞，指阻塞水流，以增强水势。炙：烤，指烧煮。(3)金石：指乐器。(4)金、石等：古代用这八种质料制成的乐器的总称，也称八音。匏(páo)指笙。(5)推敚(duó)：推移。敚，同“夺”。(6)唐、虞：尧帝国号为唐，舜帝国号为虞。咎(gāo)陶(yáo)：也作咎繇、皋陶。传说为舜帝之臣，主管刑狱之事。夔(kuí)：传说是舜时的乐官。《韶》：舜时乐曲名。(7)五子：夏王太康的五个弟弟。太康耽于游乐而失国，五子作歌告诫。(8)语出《论语·八佾》。木铎：木舌的铃。古代发布政策教令时，先摇木铎以引起人们注意。后遂以木铎比喻宣扬教化的人。(9)臧孙辰：即春秋时鲁国大夫臧文仲。(10)杨朱：字子居，战国时魏人。主张为我、贵己，拔一毛以利天下不为。墨翟(dí)：即墨子，春秋、战国之际鲁国人，墨家学说的创始者，主张兼爱、非攻、尚贤等。其言行主要见于《墨子》。申不害：战国时郑国人。韩昭侯时为相，十五年，国治兵强。其说本于黄老而主刑名。著有《申子》。慎到：战国时赵国人，著有

《慎子》。田骈(pián):战国时齐国人。著《田子》二十五篇,今已佚。邹衍:战国时齐国人,阴阳家的代表人物。尸佼:战国时晋国人。著有《尸子》,《汉书·艺文志》列入杂家。(11)节数(shuò):节奏短促。弛:松弛,引申为颓废。肆:放荡。(12)苏源明:字弱夫,武功人,天宝进士。元结:字次山,河南洛阳人。有《元次山文集》。李观:字元宾,赵州赞皇人。贞元八年(792)与韩愈同登进士第。擅长散文,有《李元宾文集》。(13)浸淫:逐渐渗透。此有接近意。(14)李翱:字习之,陇西成纪人,韩愈的学生和侄女婿。有《李文公集》。张籍:字文昌,吴郡人。善作乐府诗,有《张司业集》。(15)役于江南:指赴溧阳就任县尉。唐代溧阳县(今江苏溧阳市)属江南道。

【练习】

1. 解释加点字的意思

择其善鸣者而假之鸣(　　　　)　　孔子之徒鸣之(　　　　)

李翱、张籍其尤也(　　　　)　　其在上也奚以喜(　　　　)

2. 以下加点字的用法和意思判断正确的是(　　)

① 草木之无声,风挠之鸣　　② 水之无声,风荡之鸣

③ 是故以鸟鸣春,以雷鸣夏　　④ 夏之时,五子以其歌鸣

A. ①②相同　③④相同　　B. ①②相同　③④不同

C. ①②不同　③④相同　　D. ①②不同　③④不同

3. 下列加点的用法不相同其他三项的一项(　　)

A. 郁于中而泄于外者也　　B. 择其善鸣者而假之鸣

C. 其声大而远　　D. 其为言也,乱杂而无章

4. 翻译句子

(1) 其歌也有思,其哭也有怀,凡出乎口而为声者,其皆有弗平者乎!

---

(2) 抑不知天将和其声,而使鸣国家之盛邪,抑将穷饿其身,思愁其心肠,而

使自鸣其不幸邪？

____

5. 在第①段中，作者开篇即点出本文的主旨：“__________________”

6. 在第②段中，作者对音乐和天时的论述，其主要用意是____________

____

7. 在第③段中，可以看出作者认为鸣之善者的主要特征为____________

____

8. 清代学者林云铭评论本文道：“俗眼错认‘不平’二字为不得用扼腕，何啻千里？独不思篇中言皋陶、言禹、言夔、言伊尹、言周公，皆称其鸣之善。其不平处岂亦不得用而然乎？即末段说入东野身上，亦以鸣国家之盛与自鸣其不幸双敲。原未尝料定东野一生，比不得用到底也，安得以‘不平’二字为疑？”你是否同意他对“不平”二字的理解，谈谈你的看法。

____

____

____

【拓展探究】

1. 南宋学者谢枋得评论本文道：“此篇凡六百二十余字，‘鸣’字四十，读者不觉其繁，何也？句法变法凡二十九样，有顿挫、有升降、有起伏、有抑扬，如层峰叠峦，如惊涛怒浪，无一句懈怠，无一字尘埃，愈读愈可喜。”你是否同意他对本文艺术特色的分析，为什么？

____

____

____

2. 清代学者吕留良评论本文道：“（本文）先说‘鸣’，次推出‘善鸣’，立言固有序。至既出‘善鸣’后，即单举一‘鸣’字，而已包‘善’字在其内矣。此序诡谲变化，易致迷眩，特为画出，要使读者了然，则愈叹其诡谲变化为无穷也。”你觉得他对本文行文线索的分析有道理吗？请结合原文谈谈你的看法。

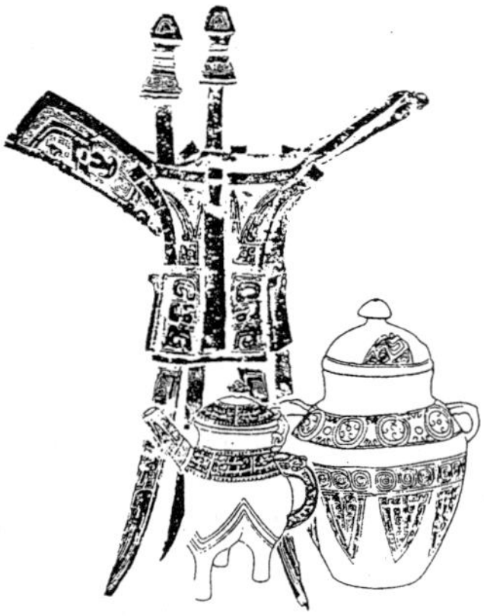

8B 梅圣俞诗集序

北宋·欧阳修

① 予闻世谓诗人少达而多穷，夫岂然哉？盖世所传诗者，多出于古穷人之辞也。凡士之蕴其所有，而不得施于世者，多喜自放于山巅水涯之外，见虫鱼草木风云鸟兽之状类，往往探其奇怪，内有忧思感愤之郁积，其兴于怨刺[(1)]，以道羁臣寡妇之所叹[(2)]，而写人情之难言。盖愈穷则愈工。然则非诗之能穷人，殆穷者而后工也。

② 予友梅圣俞，少以荫补为吏[(3)]，累举进士，辄抑于有司，困于州县，凡十余年。年今五十，犹从辟书[(4)]，为人之佐，郁其所蓄，不得奋见于事业。其家宛陵[(5)]，幼习于诗，自为童子，出语已惊其长老。既长，学乎六经仁义之说，其为文章，简古纯粹，不求苟说于世。世之人徒知其诗而已。

③ 然时无贤愚，语诗者必求之圣俞；圣俞亦自以其不得志者，乐于诗而发之，故其平生所作，于诗尤多。世既知之矣，而未有荐于上者。昔王文康公尝见而叹曰[(6)]："二百年无此作矣！"虽知之深，亦不果荐也。若使其幸得用于朝廷，作为雅、颂[(7)]，以歌咏大宋之功德，荐之清庙[(8)]，而追商、周、鲁颂之作者，岂不伟欤！奈何使其老不得志，而为穷者之诗，乃徒发于虫鱼物类，羁愁感叹之言。世徒喜其工，不知其穷之久而将老也！可不惜哉！

④ 圣俞诗既多，不自收拾。其妻之兄子谢景初，惧其多而易失也，取其自洛阳至于吴兴以来所作[(9)]，次为十卷[(10)]。予尝嗜圣俞诗，而患不能尽得之，遽喜谢氏之能类次也，辄序而藏之。

⑤ 其后十五年，圣俞以疾卒于京师，余既哭而铭之，因索于其家，得其遗稿

千余篇，并旧所藏，掇其尤者六百七十七篇[11]，为一十五卷。呜呼！吾于圣俞诗论之详矣，故不复云。庐陵欧阳修序。

【题解】 本文选自《欧阳修全集》。梅尧臣，字圣俞(1002—1060)。北宋著名诗人。他年轻时应进士不第，中年后才被赐进士出身，先后做过一些小官，在仕途上终身不得志。然而他的诗写得很好，风格深远闲淡。欧阳修认为他是穷而后工。全文叙议结合，饱含了作者对诗人的深厚友谊，表达了作者对诗人一生潦倒的同情。

【注释】 (1)兴于怨刺：见物起兴，表示怨恨和讽刺。(2)羁臣：羁旅之臣，泛指被贬谪在外的臣子。(3)荫补：古代子孙因先世有功勋而推恩得赐官爵为“荫”，官吏有缺额选人充职为“补”。(4)辟书：招聘的文书。(5)宛陵：今安徽宣城。(6)王文康公：王曙，宋仁宗时曾任宰相。(7)雅、颂：指《诗经》中的风、雅、颂，泛指歌功颂德的作品。(8)清庙：泛指皇家宗庙。(9)自洛阳至于吴兴：梅于仁宗天圣九年(1031)在洛阳官河南主簿，庆历二年至四年(1042—1044)在吴兴任湖州监税。(10)次：编次。(11)掇(duō)：拾取。

【练习】

1. 解释加点字的意思

盖愈穷则愈工(　　　　)　　殆穷者而后工也(　　　　)

遽喜谢氏之能类次也(　　　　)　　掇其尤者六百七十七篇(　　　　)

2. 以下加点字的用法和意思判断正确的是(　　)

① 辄抑于有司，困于州县　　② 不得奋见于事业

③ 世之人徒知其诗而已　　④ 世徒喜其工

A. ①②相同　③④相同　　B. ①②相同　③④不同

C. ①②不同　③④相同　　D. ①②不同　③④不同

3. 下列加点词语的用法古今义相同的一项(　　)

A. 多出于古穷人之辞也　　B. 往往探其奇怪

C. 作为雅、颂,以歌咏大宋之功德　　D. 而追商、周、鲁颂之作者

4. 翻译句子

(1) 既长,学乎六经仁义之说,其为文章,简古纯粹,不求苟说于世。

____

(2) 奈何使其老不得志,而为穷者之诗,乃徒发于虫鱼物类,羁愁感叹之言。

____

5. 清代学者林云铭评论本文道:"以'__________'四字作骨,中间先写其穷,次写其诗之工,俱在世人知不知上见之。"根据文义概括成四个字,填写上空。

6. 以下表述和本文的观点最接近的一项是(　　)

A. 惜诵以致愍兮,发愤以抒情。——屈原《楚辞·惜诵》

B.《诗》三百篇,大抵圣贤发愤之所为也。——司马迁《报任安书》

C. 文章憎命达,魑魅喜人过。——杜甫《天末怀李白》

D. 大凡物不得其平则鸣。——韩愈《送孟东野序》

7. 在第②段中,可以看出梅圣俞不得志的主要原因为______________

8. 在第③段中,作者引用王文康公对梅圣俞诗歌的评价,其主要用意是____

____

【拓展探究】

1. 清代学者吴楚材、吴调侯评论本文道:"'穷而后工'四字,是欧公独创之言,实为千古不易之论。通篇写来,低昂顿折,一往情深。'若使其幸得用于朝廷'一段,尤突兀争奇。"结合这段话分析"若使其幸得用于朝廷"一段在文中的表达作用。

____

____

2. 清代学者孙琮评论本文道："此篇妙处，前幅妙在一起（起：开头）写得突兀，又写得勃郁，如朝云出岫，浮浮而上，不知其几千万重也。中幅妙在写得低昂婉转，又写得淋漓满志，如曲终余韵，一唱三叹，不知其几回反复也。得此两处写得出色，便令通篇文字出色，后面只用直叙而已足。"你觉得他对本文艺术特色的分析是否得当，为什么？

9A 答李翊书

唐·韩愈

① 六月二十六日，愈白。李生足下：生之书辞甚高[(1)]，而其问何下而恭也。能如是，谁不欲告生以其道？道德之归也有日矣，况其外之文乎？抑愈所谓望孔子之门墙而不入于其宫者[(2)]，焉足以知是且非邪？虽然，不可不为生言之。

② 生所谓“立言”者[(3)]，是也；生所为者与所期者，甚似而几矣。抑不知生之志：蕲胜于人而取于人邪[(4)]？将蕲至于古之立言者邪？蕲胜于人而取于人，则固胜于人而可取于人矣！将蕲至于古之立言者，则无望其速成，无诱于势利，养其根而俟其实，加其膏而希其光[(5)]。根之茂者其实遂，膏之沃者其光晔[(6)]。仁义之人，其言蔼如也[(7)]。

③ 抑又有难者。愈之所为，不自知其至犹未也；虽然，学之二十余年矣。始者，非三代两汉之书不敢观，非圣人之志不敢存。处若忘，行若遗，俨乎其若思，茫乎其若迷[(8)]。当其取于心而注于手也，惟陈言之务去，戛戛乎其难哉[(9)]！其观于人，不知其非笑之为非笑也。如是者亦有年，犹不改。然后识古书之正伪，与虽正而不至焉者，昭昭然白黑分矣[(10)]，而务去之，乃徐有得也。

④ 当其取于心而注于手也，汩汩然来矣[(11)]。其观于人也，笑之则以为喜，誉之则以为忧，以其犹有人之说者存也[(12)]。如是者亦有年，然后浩乎其沛然矣[(13)]。吾又惧其杂也，迎而距之，平心而察之，其皆醇也，然后肆焉[(14)]。虽然，不可以不养也，行之乎仁义之途，游之乎诗书之源，无迷其途，无绝其源，终吾身而已矣。

⑤ 气，水也；言，浮物也。水大而物之浮者大小毕浮。气之与言犹是也，气盛则言之短长与声之高下者皆宜。虽如是，其敢自谓几于成乎？虽几于成，其用

于人也奚取焉？虽然，待用于人者，其肖于器邪[15]？用与舍属诸人。君子则不然。处心有道，行己有方，用则施诸人，舍则传诸其徒，垂诸文而为后世法。如是者，其亦足乐乎？其无足乐也？

⑥ 有志乎古者希矣，志乎古必遗乎今。吾诚乐而悲之。亟称其人[16]，所以劝之，非敢褒其可褒而贬其可贬也。问于愈者多矣，念生之言不志乎利，聊相为言之。愈白。

【题解】 本文选自《韩愈集》。此文是唐德宗贞元十七年(801)给李翊的复信，是一篇书信体论说文。文中围绕“无望其速成，无诱于势利”，叙述了自己治学为文的经历，提出了“气盛言宜”(内容决定形式)、“务去陈言”(致力于创新)的文学主张，表现了作者排击世俗的勇气和顽强进取的精神。李翊(yì)，时为诸生，向韩愈求教，并望荐引。次年因韩愈推荐，考中进士。

【注释】 (1)书辞：指与作者来往的书信。(2)抑：转折连词，相当于不过、可是。望孔子之门墙而不入于其宫者：运用登堂入室的典故，是作者自谦之词。(3)立言：著书立说，传于后世。(4)蕲，通“祈”。求：希望。取于人：被人取而用之。(5)根、膏比喻道，实、光比喻文。膏：油脂。(6)沃：肥美。晔：明亮。(7)蔼如：温顺和善的样子。(8)处：静处。俨乎：俨然、庄重的样子。茫乎：茫茫然。(9)戛(jiá)戛乎：很吃力、很困难的样子。(10)昭昭然：明白的样子。(11)汩(gǔ)汩然：水流急速的样子，形容文如泉涌。(12)有人之说者：指陈言还未去尽。(13)浩乎：广大的样子。沛然：充盛的样子。(14)醇，通“纯”：纯粹。肆：放纵，尽情发挥，放手去写。(15)肖于器：如同器物。(16)亟：屡次，多次。

【练习】

1. 解释加点字的意思

养其根而俟其实(　　　　)　　　　根之茂者其实遂(　　　　)

其敢自谓几于成乎（　　　　）　　有志乎古者希矣（　　　　）

2. 以下加点字的用法和意思判断正确的是（　　）

① 俨乎其若思，茫乎其若迷　　② 行之乎仁义之途，游之乎诗书之源

③ 用与舍属诸人　　④ 垂诸文而为后世法

A. ①②相同　③④相同　　B. ①②相同　③④不同

C. ①②不同　③④相同　　D. ①②不同　③④不同

3. 下列加点的用法不相同其他三项的一项（　　）

A. 而其问何下而恭也　　B. 则无望其速成，无诱于势利

C. 仁义之人，其言蔼如也　　D. 如是者，其亦足乐乎

4. 翻译句子

（1）抑愈所谓望孔子之门墙而不入于其宫者，焉足以知是且非邪？

______

（2）虽几于成，其用于人也奚取焉？虽然，待用于人者，其肖于器邪？

______

5. 在第①段中，可以看出，作者本文论述的主题是______

6. 在第②段中，作者认为若想达到古代“立言者”的境界，应该注重______

______

7. 在第③、④段中，作者把自己学习和创作文学的经验分为三个阶段，请用你自己的话予以概括______

______

______

8. 在第⑤段中，作者主要运用了______论证方法，其得出的结论是

______

______

【拓展探究】

1. 清代学者吕留良评论本文道:“篇内分作两大段:前段康庄大道,苟欲往焉,轨迹可至。后段则如炼丹之有口诀火候,其得心应手之妙,有难言者。前段端本在立志,后段究竟在养气,从来论文,唯此和盘托出。”你是否同意他对本文主体内容的概括,为什么?

2. 清代学者孙琮评论本文道:“此文之妙全在一个‘转’字。盖转得入文章,便能曲折,转得出文章,便能醒透。……妙在中间,说自己为文甘苦,连用七八个转笔,便令文字有七八个层折。连用七八个层折,便令文字有七八番醒透,真是千曲万折之文,不可连行读过。”试以本文第③—⑤段为例,分析本文的曲折之妙。

9B 答谢师民书

北宋・苏轼

① 近奉违[1]，亟辱问讯[2]，具审起居佳胜，感慰深矣。轼受性刚简，学迂材下，坐废累年[3]，不敢复齿缙绅[4]。自还海北，见平生亲旧，惘然如隔世人，况与左右无一日之雅[5]，而敢求交乎！数赐见临，倾盖如故[6]，幸甚过望，不可言也。

② 所示书教及诗赋杂文[7]，观之熟矣。大略如行云流水，初无定质，但常行于所当行，常止于所不可不止，文理自然，姿态横生。孔子曰："言之不文，行而不远。"又曰："辞达而已矣。"夫言止于达意，即疑若不文，是大不然。求物之妙，如系风捕影，能使事物了然于心者，盖千万人而不一遇也，而况能使了然于口与手者乎？是之谓辞达。辞至于能达，则文不可胜用矣。

③ 扬雄好为艰深之辞[8]，以文浅易之说，若正言之，则人人知之矣。此正所谓雕虫篆刻者[9]，其《太玄》《法言》，皆是类也。而独悔于赋[10]，何哉？终身雕篆，而独变其音节，便谓之经[11]，可乎？屈原作《离骚经》，盖《风》《雅》之再变者，虽与日月争光可也[12]，可以其似赋而谓之雕虫乎[13]？使贾谊见孔子，升堂有余矣[14]；而乃以赋鄙之，至与司马相如同科。雄之陋如此比者甚众。可与知者道，难与俗人言也[15]，因论文偶及之耳。

④ 欧阳文忠公言[16]："文章如精金美玉，市有定价，非人所能以口舌定贵贱也。"纷纷多言，岂能有益于左右，愧悚不已[17]。

⑤ 所需惠力法雨堂字[18]，轼本不善作大字，强作终不佳；又舟中局迫难写，未能如教。然轼方过临江[19]，当往游焉。或僧有所欲记录，当为作数句留院中，慰左右念亲之意[20]。今日至峡山寺[21]，少留即去。愈远，惟万万以时自爱。不宣。

【题解】 本文选自《苏轼文集》。本文作于宋哲宗元符三年(1100),苏轼奉命由海南岛北还,路过广州,得交时任广州推官的谢师民,分别之后,写了这篇文艺书简。文中表达了作者崇尚自然、反对雕琢的文艺主张。写得舒卷自如,笔势流转,是他一生创作经验的宝贵总结,体现了作者风格的总体特点。谢民师,名举廉,江西新干人。与父谢懋、叔父谢岐、弟谢世充均于元丰八年(1085)登进士第,时称"四谢"。

【注释】 (1)近奉违:最近分别。苏轼于宋哲宗元符三年(1100)五月由儋州奉命内调,九月底路过广州,得交谢师民,十一月初离开广州,写信时已抵达清远峡,相别刚八九天,故云"近奉违"。奉:书信中常用的谦词。(2)亟:多次,屡次。辱:谦词,承蒙。(3)坐废累年:苏轼于宋哲宗绍圣元年(1094)被贬至惠州,四年改谪儋州,元符三年始内调,前后长达七年。(4)缙绅:古代官吏把朝笏插(缙)在衣带(绅)里,后称做官的为缙绅。(5)左右:尊敬对方的称呼,表示不敢直接向对方陈述。(6)倾盖如故:一见如故。倾盖:两人相见于途停车交谈,车盖倾斜相靠。(7)书:写给上级的书启。教:写给民众的文告。(8)扬雄:字子云,西汉辞赋家及学者。著有《太玄》《法言》。《汉书·扬雄传》:"(扬雄)欲求文章成名于后世,以为莫大于《易》,故作《太玄》;传莫大于《论语》,故作《法言》。"(9)雕虫篆刻:雕绘虫书,篆写刻符。虫书是笔画像虫形的一种字体,刻符是刻写在符信上的一种字体,皆流行于秦代。语出扬雄《法言·吾子》,原比喻辞赋的修辞技巧,后泛指文学写作的讲究技巧。(10)悔于赋:扬雄晚年悔其早年所作辞赋是"童子雕虫篆刻""壮夫不为"之作。(11)便谓之经:《太玄》全名《太玄经》,《法言》拟《论语》,也属于经一类中。(12)虽与日月争光可也:语出《史记·屈原列传》。(13)似赋:东汉班固称屈原作品为赋。(14)升堂:比喻学问道德已达到相当深度。入室:比喻学问道德已达到极深的造诣。古人以入门、升堂、入室比喻道德学问的三个阶段。扬雄《法言·吾子》:"诗人之赋丽以则,辞人之赋丽以淫。如孔氏之门用赋也,则贾谊升堂、相如入室矣。如其不用何?"司马相如字长卿,西汉著名辞赋家。(15)可与知者道,难与俗人言也:语出司马迁《报任安书》。(16)欧阳文忠公：即欧阳修，宋代文学家。下文出自欧阳修为苏舜钦所写的《苏氏文集序》。(17)悚：恐惧。愧悚不已：古人常用的客套话。(18)惠力：惠力寺，在江西清江县。法雨堂：惠力寺中的殿堂名。(19)临江：临江军。临江在江西清江县，军为宋代行政区域名。(20)念亲：谢民师是新干人，新干属临江军管辖，故云。(21)峡山寺：即广庆寺，在广东清远县清远峡，因江对峙江中，故曰峡山。

【练习】

1. 解释加点字的意思

具审起居佳胜（　　　　）　　坐废累年（　　　　）

不敢复齿缙绅（　　　　）　　以文浅易之说（　　　　）

2. 以下加点字的用法和意思判断正确的是（　　）

① 具审起居佳胜　　② 则文不可胜用矣

③ 是之谓辞达　　④ 其《太玄》《法言》，皆是类也

A. ①②相同　③④相同　　B. ①②相同　③④不同

C. ①②不同　③④相同　　D. ①②不同　③④不同

3. 下列加点词语的意思古今相同的一项（　　）

A. 况与左右无一日之雅　　B. 轼本不善作大字

C. 或僧有所欲记录　　D. 又舟中局迫难写

4. 翻译句子

(1) 大略如行云流水，初无定质，但常行于所当行，常止于所不可不止，文理自然，姿态横生。

____

(2) 求物之妙，如系风捕影，能使事物了然于心者，盖千万人而不一遇也，而况能使了然于口与手者乎？

____

____

5. 从文体上看，本文属于书信，从文中哪些措辞中可以看出这种文体的特点？

____

6. 在第②段中，作者对于文学创作提出了一个基本观点是__________，要做到这一点，作者认为必须做到能使事物“__________”“__________”。

7. 在第③段中，作者认为扬雄把屈原、贾谊和司马相如并列是非常浅陋的见解，其主要用意是______________________________

____

8. 在第④段中，作者援引欧阳修的话，其主要用意是______________________________

____

【拓展探究】

1. 阅读下文（苏轼的《文说》，又名《自评文》），回答问题。

吾文如万斛泉源，不择地而出，在平地滔滔汩汩，虽一日千里无难，及其与山石曲折、随物赋形而不可知也。所可知者，常行于所当行，常止于不可不止，如是而已矣。其他虽吾亦不能知也。

(1) 在这篇短文中，作者对自己文章的评价和他在《答谢师民书》对谢师民文章的评论有何相同之处，请用自己的话概括一下。

____

____

(2) 试任举苏轼的一篇散文为例，阐释苏轼在《文说》中对自己的文章风格的评价。

____

____

____

10A 王观堂先生纪念碑铭

陈寅恪

① 海宁王静安先生自沉后二年，清华研究院同仁咸怀思不能自已。其弟子受先生之陶冶煦育者有年[1]，尤思有以永其念。佥曰[2]：宜铭之贞珉[3]，以昭示于无竟。因以刻石之词命寅恪[4]，数辞不获已，谨举先生之志事，以普告天下后世。其词曰：

② 士之读书治学，盖将以脱心志于俗谛之桎梏[5]，真理因得以发扬。思想而不自由，毋宁死耳。斯古今仁圣同殉之精义，夫岂庸鄙之敢望[6]。先生以一死见其独立自由之意志，非所论于一人之恩怨[7]，一姓之兴亡[8]。

③ 呜呼！树兹石于讲舍，系哀思而不忘。表哲人之奇节，诉真宰之茫茫[9]。来世不可知者也，先生之著述，或有时而不章。先生之学说，或有时而可商。惟此独立之精神，自由之思想，历千万祀[10]，与天壤而同久，共三光而永光[11]。

【题解】 本文选自《金明馆丛稿二编》。王国维（1877—1927）：浙江海宁人，字静安，晚号观堂，谥忠悫。集史学家、文学家、美学家、考古学家、词学家、金石学家和翻译理论家于一身。1927 年 6 月 2 日，投昆明湖自杀，享年 50 岁。著有《人间词话》《宋元戏曲史》等书。

陈寅恪（1890—1969）：江西义宁（今修水）人。祖父陈宝箴，父亲陈三立，合称“陈氏一家”。从十三岁到三十六岁，数度出国求学，先后留学日本、德国、瑞士、法国、美国，通晓多种文字。1925 年归国，与王国维、梁启超、赵元任同为清华国学研究院导师，号称“清华四导师”，被视为“教授当中的教授”。1949 年后，任中山大学教授。陈学识渊博，“表现出对史料有百科全书式的掌握”（法国学者戴密微语）。晚年双目失明，仍坚持著述，二十年间成百万字。“文革”中含恨而逝。终生标举“独立之精神、自由之思想”。著有《隋唐制度渊源论稿》《唐代政治史述论稿》《元白诗笺证稿》《柳如是别传》等书。

本文作于1929年。王国维先生自沉后二年，清华大学为他立碑纪念。作者应学生所请撰写了此文。本文高度赞扬了王国维先生独立自由、发扬真理的精神。

【注释】 (1)弟子：指刘节等人。(2)佥(qiān)：都，皆。(3)贞：贞洁。珉：像玉一样的石头。(4)刻石之词：指碑铭。(5)桎(zhì)梏(gù)：流俗的束缚。(6)庸鄙：庸俗鄙陋的人。(7)一人之恩怨：指王国维与罗振玉之间的个人恩怨。罗是王国维的恩师和儿女亲家，王国维早年留学日本，为罗资助。1923年，王国维由升允举荐，任清逊帝溥仪南书房行走，食五品禄。1924年，冯玉祥发动北京政变，逐溥仪出宫。王引为奇耻大辱，与罗等相约投河殉清，罗等支吾。由此王、罗嫌隙已生。后罗主张溥仪投靠日本，王国维坚决反对，二人矛盾更加激化。(8)一姓之兴亡：指殉清事。(9)真宰：真理。(10)祀(sì)：年。(11)三光：日月星。

【练习】

1. 解释加点字

清华研究院同仁咸怀思不能自已(　　　　)

斯古今仁圣同殉之精义(　　　　)

树兹石于讲舍(　　　　)

或有时而不彰(　　　　)

2. 以下加点字的用法不同于其他三项的一项是(　　)

A. 以昭示于无竟　　　　B. 因以刻石之词命寅恪

C. 以普告天下后世　　　　D. 盖将以脱心志于俗谛之桎梏

3. 翻译下列句子

(1) 士之读书治学，盖将以脱心志于俗谛之桎梏，真理因得以发扬。

____

(2) 惟此独立之精神，自由之思想，历千万祀，与天壤而同久，共三光而永光。

____

4. 从第①段中可以看出，清华大学树立王国维纪念碑的主要目的是______

____

5. 在第②段中，作者认为王国维自沉的原因是______

6. 在第③段中，作者高度赞扬了王国维的“□□□□□，□□□□□”的精神品格。古今中外著名的文人学者，你认为还有谁能当得起这十个字的评价，请举一例分析。

____

____

____

【拓展探究】

1. 在王国维的遗嘱中，有“五十之年，只欠一死；当此世变，义无再辱”之语，“只欠一死”指 1924 年冯玉祥北京政变时自杀未果之事，“当此世变”指 1926 年开始的国共两党合作北伐之事。“义无再辱”典出《三国志·谯周传》：景耀六年冬，魏将邓艾长驱入蜀，“后主使群臣会议，计无所出。或以为蜀之与吴，本为和国，宜可奔吴”，“惟周（谯周）以为：自古已来，无寄他国为天子者也，今若入吴，固当臣服。且政理不殊，则大能吞小，此数之自然也。由此言之，则魏能并吴，吴不能并魏明矣。等为小称臣，孰与为大，再辱之耻，何与一辱？”结合王国维反对溥仪投靠日本之事，思考王国维自杀的真正原因和意义所在。

2. 阅读下文，回答问题。

对科学院的答复

陈寅恪

我的思想，我的主张完全见于我所写的《王观堂先生纪念碑铭》中[(1)]。王国维死后，学生刘节等请我撰文纪念。当时正值国民党统一时，立碑时间有年月可查[(2)]。在当时，清华校长罗家伦，他是二陈(CC)派去的，众所周知。

我当时是清华国学院导师，认为王国维是近世学术界最重要的人物，故撰文来昭示天下后世研究学问的人，特别是研究史学的人。我认为研究学术，最重要的是要具有自由的意志和独立的精神，所以我说："士之读书治学，盖将以脱心志于俗谛之桎梏。""俗谛"在当时即指三民主义而言。必须脱掉俗谛之桎梏，真理才能发扬。受俗谛之桎梏，没有自由思想，没有独立精神，即不能发扬真理，即不能研究学术。学说有错误是可以商量的，我对王国维也是如此。王国维的学说中，也有错的，如关于蒙古的问题，我认为就可以商量。我的学说也有错误，也可以商量。个人之间的争吵，不必芥蒂，我你都应该如此。我写给王国维的文中，中间骂了梁任公，给梁任公看，梁只笑了笑，不以为芥蒂，我对胡适也骂过。但对于独立精神，自由思想，我认为是最重要的，所以我说："唯此独立之精神，自由之思想，历千万祀，与天壤而同久，共三光而永光。"

我认为王国维之死，不关与罗振玉之恩怨，不关清政府之灭亡，其一死乃以见其独立自由之意志。独立精神和自由思想是必须争得的，且须以生死力争，正如碑文所示"思想不自由，毋宁死耳，斯古今仁圣所同殉之精义，夫岂庸鄙之敢望。"一切都是小事，唯此是大事。碑文中所持之宗旨，至今并未改易。

我决不反对现政权，在宣统三年时就在瑞士读过《资本论》原文[(3)]。但我认为不能先存马列主义的见解，再研究学术。我要请的人，要带的徒弟都要有自由思想，独立精神。不是这样，即不是我的学生。你以前看法是否有和我相同，我不知道，但现在不同了，你已不是我学生了。所以周一良也好，王永兴也好，从我之说即是我的学生，否则就不是。将来我要带徒弟，也是如此。

因此，我提出第一条："允许中国史研究所不宗奉马列主义，并不学习政治。"其义就是不要有桎梏，不要先有马列主义的见解，再研究学术，也不要学习政治。不止我一人如此，我要全部的人都如此。我从来不谈政治，与政治决无连涉，和任何党派没有关系。真要调查，也只是这样。

因此，我又提出第二条："请毛公或刘公给一允许证书，以作挡箭牌"。其意是毛公是政治上的最高当局，刘少奇是党的政治上的最高负责人，我认为最高当局也应和我有同样的看法，应从我之说，否则就谈不到学术研究。

至如实际情形，则一动不如一静。我提出的条件，科学院接受也不好，不接受也不好，两难。我在广州很安静，做我的研究工作，无此两难。去北京则有此两难。动也有困难。我自己身体不好，患血压高。太太又病，心脏扩大，昨天还吐血。

你要把我的意见不多也不少的带到科学院。碑文你要带去给郭沫若看。郭沫若在日本曾看到我的王国维诗(4)。碑是否还在，我不清楚。如果做得不好，可以打掉，请郭沫若来做，也许更好。郭沫若是甲骨文专家，是"四堂"之一(5)，也许更懂王国维的学说。那么我就做韩愈，郭沫若就是段文昌(6)。如果有人再做诗，他就做李商隐也很好(7)。我的碑文已经传出去，也不会湮没。

【题解】 1953年，中共中央决定设立历史研究委员会，由陈伯达、郭沫若、范文澜、吴玉章、胡绳、杜国庠、吕振羽、翦伯赞、侯外庐、刘大年及尹达等人组成。毛泽东亲自指定陈伯达担任主任。同年10月，历史研究委员会决定创办刊物《历史研究》，并在中国科学院设立三个历史研究所，拟由郭沫若、陈寅恪、范文澜分别出任一所（上古史研究所）、二所（中古史研究所）及三所（近代史研究所）所长。11月中旬，陈的学生，时为北京大学历史系副教授的汪篯南下广州请陈寅恪北上。陈与汪对话的最终结果，便是12月1日由汪记录的《对科学院的答复》。《陈寅恪的最后二十年》首次将此文公之于世。

【注释】 (1)王国维纪念碑:《清华大学王观堂先生纪念碑铭》,见《金明馆丛稿二编》。(2)立碑时间:蒋天枢《陈寅恪先生编年事辑》:"民国十八年己巳(1929),先生40岁。研究院同学为静安先生竖立纪念碑于校园内工字厅东偏,乞先生为《王观堂先生纪念碑铭》,文中论思想自由之真谛。"此碑由陈寅恪撰文,林志钧书丹,马衡篆额,梁思成设计碑式。末署"中华民国十八年六月三日二周年忌日国立清华大学研究院师生敬立"字样。(3)资本论原文:蒋天枢《陈寅恪先生编年事辑》:"宣统三年辛亥(1911),先生22岁。在德国柏林大学。春,游挪威,有诗记之。秋,至瑞士,入苏黎世大学。"(4)王国维诗:《寒柳堂集》载《寅恪先生诗存》,其中《挽王静安先生》云:"敢将私谊哭斯人,文化神州丧一身。越甲未应公独耻(甲子岁冯兵逼宫,柯罗王约同死而不果。戊辰冯部将韩复榘兵至燕郊,故先生遗书谓'义无再辱',意即指此。遂践约自沉于昆明湖,而柯罗则未死。余诗'越甲未应公独耻'者盖指此。王维老将行'耻令越甲鸣吾君',此句所本。事见刘向《说苑》),湘累宁与俗同尘。吾侪所学关天意,并世相知妒道真。赢得大清乾净水,年年呜咽说灵均。"又有《王观堂先生挽词》,文长不录。两诗均见《寅恪先生诗存》。又有挽联云:"十七年家国久魂销犹余剩水残山留与累臣供一死。五千卷牙签新手触待检玄文奇字谬承遗命倍伤神。"(5)四堂:王观堂(国维)、罗雪堂(振玉)、董彦堂(作宾)、郭鼎堂(沫若)。(6)韩愈、段文昌:韩愈撰《平淮西碑》事,见《旧唐书》本传:"元和十二年八月,宰相裴度为淮西宣慰处置使,兼彰义军节度使,请愈为行军司马,仍赐金紫。淮、蔡平,十二月随度还朝,以功授刑部侍郎,仍诏愈撰《平淮西碑》,其辞多叙裴度事。时先入蔡州擒吴元济,李愬功第一,愬不平之。愬妻出入禁中,因诉碑辞不实,诏令愈文。宪宗命翰林学士段文昌重撰文勒石。"(7)李商隐诗:见清代冯浩《玉溪生诗集笺注》卷一《韩碑》。

【练习】

(1) 通观全文,思考作者拒绝北上出任历史研究所所长的主要原因是什么?

10B 《王观堂先生挽词》序

陈寅恪

① 或问观堂先生所以死之故，应之曰：近人有东西文化之说，其区域分划之当否固不必论，即所谓异同优劣亦姑不具言，然而可以得一假定之义焉。其义曰：

② 凡一种文化，值其衰落之时，为此文化所化之人，必感苦痛。其表现此文化之程量愈宏，则其所受之苦痛亦愈甚。迨既达极深之度，殆非出于自杀，无以求一己之心安而义尽也。吾中国文化之定义，具于《白虎通》三纲六纪之说(1)，其意义为抽象理想最高之境，犹希腊柏拉图所谓 idea 者(2)。若以君臣之纲言之，君为李煜、亦期之以刘秀；以朋友之纪言之，友为郦寄，亦待之以鲍叔(3)。其所殉之道，所成之仁，均为抽象理想之通性，而非具体之一人一事。

③ 夫纲纪本理想抽象之物，然不能不有所依托，以为具体表现之用。其所依托表现者，实为有形之社会制度，而经济制度尤其最要者。故所依托者不变易，则依托者亦得因以保存。吾国古来亦尝有悖三纲、违六纪、无父无君之说(4)，如释迦牟尼外来之教者矣(5)。然佛教流传播演盛昌于中土，而中土历史遗留纲纪之说，曾不因之以动摇者，其说所依托之社会经济制度未尝根本变迁，故犹能借之以为寄命之地也。

④ 近数十年来，自道光之季迄乎今日(6)，社会经济之制度以外族之侵迫，致剧疾之变迁，纲纪之说，无所凭依，不待外来学说之掊击(7)，而已销沉沦丧于不知觉之间。虽有人焉，强聒而力持(8)，亦终归于不可救疗之局。盖今日之赤县神州，值数千年未有之巨劫奇变；劫尽变穷，则经文化精神所凝聚之人，安得不与之共命运而同尽？此观堂先生所以不得不死，遂为天下后世所极哀而深惜者也！

至于流俗恩怨荣辱委琐龌龊之说(9)，皆不足置辩，故亦不之及云。

【题解】 本文选自《陈寅恪诗集》。作于1927年。王国维先生自沉昆明湖后，作为王国维先生的同事和至交，陈寅恪先生写了一首长诗《王观堂先生挽词》，作为纪念。本文是这首长诗的序言。在这篇序言中，作者探讨了王国维先生自沉的根本原因，表达了作者深切的哀痛之情和惋惜之意。

【注释】 (1)《白虎通》：为《白虎通德论》或《白虎通义》的简称。由参加白虎观会议的儒生共同起草，汉章帝选定，班固整理编纂而成。三纲：君臣、父子、夫妇；君为臣纲，父为子纲，夫为妻纲。六纪：即诸父(叔伯父)、兄弟、族人、诸舅、师长、朋友；其准则为敬诸父兄，诸舅有义，族人有序，昆弟有亲，师长有尊，朋友有旧。(2)柏拉图：(约前427—前347)，古希腊哲学家。著有《理想国》，idea：理念。(3)郦寄：郦寄卖友。西汉时期，郦寄与吕禄关系很好。吕后死后，众大臣策划诛灭吕氏。吕禄掌管北军，周勃不能进入，于是同郦寄的父亲商议，让郦寄骗吕禄出游，周勃得以进据北军，乘机杀了吕禄。(4)无父无君：孟轲斥责墨翟、杨朱之语。(5)释迦牟尼：佛教的创始人。(6)道光之季：道光末年。(7)掊(pǒu)击：抨击，打击。(8)强聒(guō)：唠叨不休。(9)流俗恩怨荣辱委琐龌龊之说：指上文中的“一人之恩怨，一姓之兴亡”。

【练习】

1. 解释加点字

其区域分划之当否固不必论(　　　　)　迨既达极深之度(　　　　)

殆非出于自杀(　　　　)　曾不因之以动摇者(　　　　)

2. 以下加点字的用法和意思判断正确的是(　　)

① 然而可以得一假定之义焉　② 虽有人焉

③ 或问观堂先生所以死之故　④ 故犹能借之以为寄命之地也

A. ①②相同　③④相同　　B. ①②相同　③④不同
C. ①②不同　③④相同　　D. ①②不同　③④不同

3. 翻译下列句子

(1) 其所殉之道，所成之仁，均为抽象理想之通性，而非具体之一人一事。

____

(2) 此观堂先生所以不得不死，遂为天下后世所极哀而深惜者也！

____

4. 在第②段中，作者认为中国文化抽象理想的最高境界为______________

5. 在第②段中，作者对“中国文化之定义”的论述，其主要用意是__________

____

6. 在本文中，作者认为王国维自杀的根本原因是______________

____

7. 在第④段中，作者对近数十年来“社会经济之制度”的变迁的论述，其主要用意是

____

8. 本文名为《王观堂先生挽词》一诗的诗序，不谈王国维的学术成就，却着力论述了中国文化的抽象理想的最高境界和具体表现的社会制度，从而探讨了王国维先生的死因。你认为作者这样写有何好处？

____

____

【拓展探究】

1. 阅读下文，回答问题。

挽王静安先生

陈寅恪

敢将私谊哭斯人，文化神州丧一身。

越甲未应公独耻[1]，湘累宁与俗同尘[2]。

吾侪所学关天意，并世相知妒道真。

赢得大清干净水，年年呜咽说灵均[3]。

注：(1)甲子岁冯兵逼宫，柯、罗、王约同死而不果。戊辰冯部将韩复榘兵至燕郊，故先生遗书谓“义无再辱”，意即指此。遂践约自沉于昆明湖，而柯、罗则未死。余诗“越甲未应公独耻”者盖指此。王维《老将行》“耻令越甲鸣吾君”，此句所本。事见刘向《说苑·立节》，“越甲至齐，雍门子狄请死之。齐王曰：‘鼓铎之声未闻，矢石未交，长兵未接，子何务死之为人臣之礼邪？’雍门子狄对曰：‘臣闻之，昔者王田于囿(田，通“畋”：出猎)，左毂鸣，车右请死之，而王曰：“子何为死？”车右对曰：“为其鸣吾君也。”王曰：“左毂鸣者，工师之罪也；子何事之有焉？”车右曰：“臣不见工师之乘，而见其鸣吾君也”。遂刎颈而死，知有之乎？’齐王曰：‘有之。’雍门子狄曰：‘今越甲至，其鸣吾君也，岂左毂之下哉！车右可以死左毂，而臣独不可以死越甲也？’遂刎颈而死。是日，越人引甲而退七十里，曰：‘齐王有臣均如雍门子狄，拟使越社稷不血食(灭国)。’遂引甲归。”后以此典故指为君王而赴死的忠烈节义行为。亦指国遭危难、受敌侵凌的危险情况。(2)湘累：指屈原投湘水而死。(3)灵均：屈原，字灵均。

(1) 在本诗中，作者认为王国维之死，属于“文化神州丧一身”，这和《王观堂先生挽词》中的观点有哪些相似之处？

____

____

(2) 在本诗中，作者把王国维比作屈原，你觉得是否恰当？为什么？

____

____

参考答案及译文

1A　论积贮疏

【练习】

1. 恃：依靠。凡：总共。胡：什么。窃：私下里，私自。

2. D。（①以：连词，表修饰与被修饰关系。②以：介词，表动作行为所凭借的方法。③而：连词，表转折关系。④而：连词，表递进关系。）

3. D。（A.亡，通“无”：没有。B.畜，通“蓄”：积聚。C.泛，通“覂”：覆灭。D.靡：浪费。E.卒，通“猝”：突然。F.罢，通“疲”：疲弱。）

4. (1) 政治的力量还没有完全达到各地，边远地方敢于同皇上对抗的人就一同举兵起来造反了。于是皇上才惊慌不安地谋划对付他们，难道还来得及吗？

(2) 积贮，是国家的命脉。如果粮食多财力充裕，干什么事情会做不成？

5. 生产东西有时节的限制，而消费它却没有限度。

6. 在灾害的不可避免性上连续设问，提出一旦遭遇灾害将会面临严重的社会危机，揭示了旱荒将给人民带来的深重灾难。

7. 积贮。

8. 首段首先从正面对古之治天下重积贮的理论和经验进行了总结，阐明积贮与国计民生的关系。接着分析了当前生产少、消费多、不重视积贮，国家有覆亡可能的危险形势，从反面论证了积贮的重要意义；第二段，就应付自然灾害和战争两个方面，从国家存亡攸关的高度阐明不积贮的危害，进一步论证了积贮的重要；第三段，阐明积贮之利是关系国家富强的根本大计，从正面更深入一层论证了积贮的重要意义。

【译文】

管子说：“粮仓充足，百姓就懂得礼节。”百姓缺吃少穿而可以治理得好的，从古到今，没有听说过这事。古代的人说：“一个男子不耕地，有人就要因此挨饿；一个女子不织布，有人就要因此受冻。”生产东西有时节的限制，而消费它却没有限度，那么社会财富一定会缺乏。古代的人治理国家，考虑得极为细致和周密，所以他们的积贮足以依靠。现在人们弃农经商（不生产而吃粮的人很多），这是国家的大祸患。过度奢侈的风气一天天地滋长，这也是国家的大祸害。这两种大祸害公然盛行，没有人去稍加制止；国家的命运将要覆灭，没有人去挽救；生产的人极少，而消费的人很多，国家的财富怎能不枯竭呢？汉朝从建立以来，快四十年了，公家和个人的积贮还少得令人痛心。错过季节不下雨，百姓就将忧虑不安，年景不好，百姓纳不了税，朝廷就要出卖爵位，百姓就要出卖儿女。这样的事情皇上已经有所耳闻了，哪有治理国家已经危险到这种地步而皇上不震惊的呢？

世上有灾荒，这是自然界常有的现象，夏禹、商汤都曾遭受过。假如不幸有纵横二三千里地方的大旱灾，国家用什么去救济灾区？如果突然边境上有紧急情况，成千上万的军队，国家拿什么去发放粮饷？假若兵灾旱灾交互侵袭，国家财富极其缺乏，胆大力壮的人就聚集歹徒横行抢劫，年老体弱的人就互换子女来吃；政治的力量还没有完全达到各地，边远地方敢于同皇上对抗的人就一同举兵起来造反了。于是皇上才惊慌不安地谋划对付他们，难道还来得及吗？

积贮，是国家的命脉。如果粮食多财力充裕，干什么事情会做不成？凭借它去进攻就能攻取，凭借它去防守就能巩固，凭借它去作战就能战胜。使敌对的人归降，使远方的人顺附，招谁而不来呢？现在如果驱使百姓，让他们归向农业，都附着于本业，使天下的人靠自己的劳动而生活，工商业者和不劳而食的游民都转向田间从事农活，那么积贮就会充足，百姓就能安居乐业了。本来可以做到使国家富足安定，却竟造成了这种令人危惧的局面！我真替陛下痛惜啊！

1B　论贵粟疏

【练习】

1. 具：准备。周：环绕。损：减少。劝：鼓励。

2. D。（①以：连词，表示因果关系，用在表示原因的分句前，译为“因为”。②以：连词，表示目的关系，译为“用来”。③令：名词，法令。④令：动词，命令。）

3. C。（A.食、衣：使动用法，使……吃，使……穿。B.薄、广：使动用法，使……薄，使……广。C.贵、贱：意动用法，以……为贵，以……为贱。D.贵：使动用法，使……贵。）

4. (1) 那么，肚子饿了没饭吃，身上冷了无衣穿，即使是慈母也不能留住她的儿子，国君又怎能保有他的百姓呢？

(2) 赐封爵位，是皇上专有的权力，只要一开口，就可以无穷无尽地封给别人；粮食，是百姓种出来的，生长在土地中而不会缺乏。

5. 土地还有潜力，百姓还有余力，能长谷物的土地还没全部开垦，山林湖沼的资源尚未完全开发，游手好闲之徒还没全都回乡务农。

6. 不耕不织会导致百姓生活贫困，百姓生活贫困了，就会去做邪恶的事，君主必将失去他的百姓；另外，五谷相比玉石，是百姓生活的必需品，却又不会为奸邪之人所图，重五谷轻玉石更有利于君主对社会的统治，减少社会矛盾。

7. 号召天下百姓交粮给政府，纳粮的可以封爵或赎罪。富有的人交粮得官爵，农民交粮得财，以此抬高粮价、减少农民赋税来鼓励百姓务农。

8. 说明无论军备装置多么充分，没有粮食什么都做不成。强调粮食才是军事、治国最需要的资财。当前政策只有重视农业生产的功用，让天下百姓都献纳粮食，才能在军事上真正做到充实边塞。

【译文】

在圣明的君王统治下，百姓不挨饿受冻，这并非是因为君王能亲自种粮食给他们吃，织布匹给他们穿，而是由于他能给人民开辟财源。所以尽管唐尧、夏禹之时有过九年的水灾，商汤之时有过七年的旱灾，但国内没有被遗弃和瘦得不成样子的人，这是因为贮藏积蓄的东西多，事先早已做好了准备。现在全国统一，土地之大，人口之多，不亚于汤、禹之时，又没有连年的水旱灾害，但积蓄却不如汤、禹之时，这是什么道理呢？原因在于土地还有潜力，百姓还有余力，能长谷物的土地还没全部开垦，山林湖沼的资源尚未完全开发，游手好闲之徒还没全都回乡务农。

百姓生活贫困了，就会去做邪恶的事。贫困是由于不富足，不富足是由于不务农，不从事农业就不能在一个地方定居下来，不能定居就会离开乡土，轻视家园，像鸟兽一样四处奔散。这样的话，国家即使有高大的城墙，深险的护城河，严厉的法令，残酷的刑罚，还是不能禁止他们。受冻的人对衣服，不要求轻暖；挨饿的人对于食物，不要求香甜可口；饥寒到了身上，就顾不上廉耻了。人之常情是：一天不吃两顿饭就要挨饿，整年不做衣服穿就会受冻。那么，肚子饿了没饭吃，身上冷了无衣穿，即使是慈母也不能留住她的儿子，国君又怎能保有他的百姓呢？贤明的君主懂得这个道理，所以让人民从事农业生产，减轻他们的赋税，大量贮备粮食，以便充实仓库，防备水旱灾荒，因此也就能够拥有人民。

百姓呢，在于君主用什么办法来管理他们，他们追逐利益就像水往低处流一样，不管东南西北。珠玉金银这些东西，饿了不能当饭吃，冷了不能当衣穿，然而人们还是看重它，这是因为君主需要它的缘故。珠玉金银这些物品，轻便小巧，容易收藏，拿在手里，可以周游全国而无饥寒的威胁。这就会使臣子轻易地背弃他的君主，而百姓也随便地离开家乡，盗贼受到了鼓励，犯法逃亡的人有了便于携带的财物。粟米和布帛的原料生在地里，在一定的季节里成长，收获也需要人力，并非短时间内可以成事。几石重的粮食，一般人拿不动它，也不为奸邪的人所贪图，可是这些东西一天得不到就要挨饿受冻。因此，贤明的君主重视五谷而轻视金玉。

当今的迫切任务，没有比使人民务农更为重要的了。而要想使百姓从事农业，关键在于抬高粮价，抬高粮价的办法，在于让百姓拿粮食来求赏或免罚。现在应该号召天下百姓交粮给政府，纳粮的可以封爵或赎罪；这样，富人就可以得到爵位，农民就可以得到钱财，粮食就不会囤积而得到流通。那些能交纳粮食得到爵位的，都是富有产业的人。从富有的人那里得到货物来供政府用，那么贫苦百姓所担负的赋税就可以减轻，这就叫作拿富有的去补不足的，法令一颁布百姓就能够得益。依顺百姓心愿，有三个好处：一是君主需要的东西充足，二是百姓的赋税减少，三是鼓励从事农业生产。

按现行法令，民间能输送一匹战马的，就可以免去三个人的兵役。战马是国家战备所用，所以可以使人免除兵役。神农氏曾教导说：“有七八丈高的石砌城墙，有百步之宽贮满沸水的护城河，上百万全副武装的兵士，然而没有粮食，那是守不住的。”这样看来，粮食是君王最需要的资财，是国家最根本的政务。现在让百姓交粮买爵，封到五大夫以上，才免除一个人的兵役，这与一匹战马的功用相比差得太远了。赐封爵位，是皇上专有的权力，只要一开口，就可以无穷无尽地封给别人。粮食，是百姓种出来的，生长在土地中而不会缺乏。能够封爵与赎罪，是人们十分向往的。假如叫天下百姓都献纳粮食，用于边塞，以此换取爵位或赎罪，那么不用三年，边地粮食必定会多起来。

2A 报任安书

【练习】

1. 勉：鼓励。称：扬名。厥：乃。稽：查考。

2. D。（①为：动词，写。②为：介词，向、对。③乃：连词，于是。④乃：副词，却、竟然。）

3. C。（A.摩，通“磨”：摩擦。B.失，通“佚”：遗失。C.被：遭遇。D.亡，通“无”：失去。）

4. (1) 如今我很不幸，早早地失去双亲，又没有兄弟互相爱护，独身一人，孤立于世，少卿你看我对妻室儿女又怎样呢？

(2) 我因为多嘴说了几句话而遭遇这场大祸，更被乡里之人、朋友羞辱和嘲笑，污辱了祖宗，又有什么颜面再到父母的坟墓上去祭扫呢？

5. 遗憾自己内心尚有还未达成的志愿，如果平平庸庸地死了，文章就不能在后世显露。

6. 以“圣贤发愤之所为作”来交代自己之所以要作文的原因以及激愤的心情，体现了作者对统治者的清醒认识以及对社会的不满。

7. 想研究自然现象和人类社会之间的关系，贯通古往今来变化的脉络，成就一家的言论，也以此来抵偿自己所受的侮辱，让后人能够公正地看待自己。

8. 希望他能够在皇帝身边推贤进士，设法援助自己，以免去死刑。

【译文】

人之常情，没有谁不贪生怕死的，都挂念父母，顾虑妻室儿女。至于那些激愤于正义公理的人当然不是这样，这里有迫不得已的情况。如今我很不幸，早早地失去双亲，又没有兄弟互相爱护，独身一人，孤立于世，少卿你看我对妻室儿女又怎样呢？况且一个勇敢的人不一定要为名节去死，怯懦的人如果仰慕大义，什么地方不可以勉励自己去死节呢？我虽然怯懦软弱，想苟活在人世，但也稍微懂得区分弃生就死的界限，哪会自甘沉溺于牢狱生活而忍受屈辱呢？再说奴隶婢妾尚且能够下决心自杀，何况像我到了这样不得已的地步！我之所以忍受着屈辱苟且活下来，陷在污浊的监狱之中却不肯死，是遗憾我内心的志愿有未达到的，如果平平庸庸地死了，文章就不能在后世显露。

古时候虽富贵但名字磨灭不传的人，多得数不清，只有那些卓异而不平常的人才在世上著称。西伯姬昌被拘禁而扩写《周易》；孔子受困窘而作《春秋》；屈原被放逐，才写了《离骚》；左丘明失去视力，才有《国语》；孙膑被截去膝盖骨，《兵法》才撰写出来；吕不韦被贬谪蜀地，后世才流传着《吕氏春秋》；韩非被囚禁在秦国，写出《说难》《孤愤》；《诗》三百篇，大都是一些圣贤们抒发愤慨而写作的。这些人都是(因为)感情有压抑郁结不解的地方，不能实现其理想，所以记述过去的事迹，让将来的人了解他的志向。就像左丘明没有了视力，孙膑断了双脚，终生不能被人重用，便退隐著书立说来抒发他们的怨愤，想到活下来从事著作来表现自己的思想。

我私下里也自不量力，用我那不高明的文辞，收集天下散失的历史传闻，粗略地考订其真实性，综述其事实的本末，推究其成败盛衰的道理，上自黄帝，下至于当今，写成十篇表，十二篇本纪，八篇书，三十篇世家，七十篇列传，一共一百三十篇，也是想研究自然现象和人类社会之间的关系，贯通古往今来变化的脉络，成为一家的言论。刚开始草创还没有成书，恰恰遭遇到这场灾祸，我痛惜这部书不能完成，因此受到最残酷的刑罚也没有怨怒之色。我确实想完成这本书，把它藏在名山之中，再传给跟自己志同道合的人，再让它广传于天下。那么，我便抵偿了以前所受的侮辱，即使受再多的侮辱，难道会后悔吗？然而，这些只能向有见识的人诉说，却很难向世俗之人讲清楚啊！

再说，戴罪被侮辱的处境是很不容易安生的，地位卑贱的人，往往被人诽谤和议论。我因为多嘴说了几句话而遭遇这场大祸，更被乡里之人、朋友羞辱和嘲笑，污辱了祖宗，又有什么颜面再到父母的坟墓上去祭扫呢？即使是到百代之后，这污垢和耻辱会更加深重啊！因此在肺腑中肠子里每日多次回转，在家中心神不定，好像失去了什么东西一样；出门则不知道往哪儿走。每当想到这件耻辱的事，冷汗没有不从脊背上冒出来而沾湿衣襟的。我已经成了宦官，怎么能够自己引退，深深地在山林岩穴隐居呢？所以只得随俗浮沉，跟着形势上下，以表现我的狂放和迷惑不明。如今少卿竟教导我要推贤进士，岂不是与我自己的内心愿望相违背吗？现今我虽然想自我雕饰一番，用美好的言辞来为自己开脱，这也没有好处，因为世俗之人是不会相信的，只会使我自讨侮辱啊。简单地说，人要到死后的日子，然后是非才能够论定。书信是不能完全表达心意的，因而只是略微陈述我愚执、浅陋的意见罢了。恭敬地拜两次。

2B 报孙会宗书

【练习】

1. 卒：最终。文：掩饰。说，通“悦”：高兴。雅：平素。

2. B。（①其：第一人称代词，我的。②其：第一人称代词，我的。③为：动词，担任。④为：介词，表示被动。）

3. A。（A.足下：对同辈、朋友的敬称。B.遗忘：被缺失的、遗漏的贤者，古今异义。C.口语：毁谤，古今异义。D.妻子：妻子、儿子，古今异义。）

4. (1) 在这个时候，自己觉得合族抄斩也不足以抵偿罪责，哪里想得到竟能保住脑袋，再去奉祀祖先的坟墓呢？

(2) 所以信仰不同的人，互相之间没有什么好商量的。现在你还怎能用卿大夫的要求来责备我呢！

5. 对友人孙会宗提出的谏诫不服，写信回复。

6. 杨恽被废退后，不仅没有表现得更为谦虚低调，反而以财自娱，快活地忘掉了自己的过错。

7. 向孙会宗说明自己现在是急于求利，担心贫困的平民，讥讽自己与求仁义的朝廷之道、士大夫之制相悖，所以不希望别人再用士大夫的制度来责备要求他。

8. 将两位受君王礼遇的隐居贤士与自己做类比，一来讥讽君王没有礼待贤士，二来是为自己狂放不羁的行为辩解。

【译文】

我才能低下、行为卑污，外部表现和内在品质都未修养到家，幸而靠着先辈留下的功绩才得以充任宫中侍从官。又遭遇到非常事变，因而被封为侯爵，但始终未能称职，结果遭了灾祸。你哀怜我的愚昧，特地来信教导我不够检点的地方，恳切的情意甚为深厚。但我私下却怪你没有深入思考事情的本末，而轻率地表达了一般世俗眼光的偏见。直说我浅陋的看法吧，那好像与你来信的宗旨唱反调，在掩饰自己的过错；沉默而不说吧，又恐怕违背了孔子提倡每人应当直说自己志向的原则。因此我才敢简略地谈谈我的愚见，希望你能细看一下。

我家正当兴盛的时候，做大官乘坐朱轮车的有十人，我也备位在九卿之列，爵封通侯，总管宫内的侍从官，参与国家大政。我竟不能在这样的时候有所建树，来宣扬皇帝的德政，又不能与同僚齐心协力，辅佐朝廷，补救缺失，已经受到窃据高位白食俸禄的指责很久了。我贪恋禄位和权势，不能自动退职，终于遭到意外的变故，平白地被人告发，本人被囚禁在宫殿北面的楼观内，妻子儿女全关押在监狱里。在这个时候，自己觉得合族抄斩也不足以抵偿罪责，哪里想得到竟能保住脑袋，再去奉祀祖先的坟墓呢？我俯伏在地想着圣主的恩德真是无法计量。君子的身心沉浸在道义之中，快乐得忘记忧愁；小人保全了性命，快活得忘掉了自身的罪过。因此亲自率领妻子儿女，竭尽全力耕田种粮，植桑养蚕，灌溉果园，经营产业，用来向官府交纳赋税，想不到又因为这样做而被人指责和非议。

人的感情所不能限制的事情，圣人也不加以禁止。所以即使是最尊贵的君王和最亲近的父亲，为他们送终服丧，至多三年也有结束的时候。我得罪以来，已经三年了。种田人家劳作辛苦，一年中遇上伏日、腊日的祭祀，就烧煮羊肉烤炙羊羔，斟上一壶酒自我慰劳一番。我的老家本在秦地，因此我善于秦地的乐器。妻子是赵地的女子，平素擅长弹瑟。奴婢中也有几个会唱歌的。喝酒以后耳根发热，昂首面对苍天，信手敲击瓦缶，按着节拍呜呜呼唱。歌词是："在南山上种田辛勤，荆棘野草多得没法除清。种下了一顷地的豆子，只收到一片无用的豆茎。人生还是及时行乐吧，等享富贵谁知要到什么时辰！"碰上这样的日子，我兴奋得两袖甩得高高低低，两脚使劲蹬地而任意起舞，的确是纵情玩乐而不加节制，但我不懂这有什么过错。我幸而还有积余的俸禄，正经营着贱买贵卖的生意，追求那十分之一的薄利。这是君子不屑只有商人才干的事情，备受轻视耻辱，我却亲自去做了。地位卑贱的人，是众人诽谤的对象，我常因此不寒而栗。即使是素来了解我的人，尚且随风而倒讥刺我，哪里还会有人来称颂我呢？董仲舒不是说过吗："急急忙忙地求仁求义，常担心不能用仁义感化百姓，这是卿大夫的心意。急急忙忙地求财求利，常担心贫困匮乏，这是平民百姓的事情。"所以信仰不同的人，互相之间没有什么好商量的。现在你还怎能用卿大夫的要求来责备我呢！

西河魏地，是魏文侯兴起的地方，那里有段干木、田子方留下来的风尚，他们二位都具有高尚的节操，懂得什么时候该辞官不做、什么时候该出来做官。近来你离开了故乡，到了安定郡。安定郡位于山谷中间，是昆夷的故乡，那里的人多是贪婪卑鄙，难道是当地的风俗习惯改变了你的品性吗？在今天我才看清了你的志节！如今正当兴旺的汉朝处于鼎盛的时期，望你努力，不多谈了。

3A　谕巴蜀檄

【练习】

1. 吊：吊恤。靡：没有。荷：扛、背。让：责备。

2. D。（①为：动词，成为。②为：介词，表示被动。③而：连词，表示修饰。④而：连词，表示转折。）

3. A、C。（A.劳：使动用法，使……劳苦。B.乡，通“向”。C.忧患：使动用法，使……惊惧忧虑。D.爵：名词作动词，授予爵位。）

4. (1) 难道他们喜欢死讨厌生，不是中国籍的人，与巴蜀的人不是同一个皇上吗？

(2) 然而这不只是应征人的罪过，父兄教育没有率先垂范，子弟遵循教导就不会严谨，就缺少好品德和耻辱感；而且当地社会风气也不纯朴诚实。

5. 用对外征讨的声威来向百姓保证虽被征招却无隐患，以此来震动和安抚被征招之人，为皇帝“通西南夷”的本意辩解。

6. 向百姓解释唐蒙“发军兴制”是擅作主张，并非朝廷本意，以此开导百姓，安抚被征招之人的恐慌。

7. 要求巴蜀之人向边境之人学习，理解、支持朝廷关于“通西南夷”行动的命令，尽自己作为百姓的义务。

8. 一来，向巴蜀百姓解释唐蒙“发军兴制”的错误行为并非朝廷本意，借此安定人心；二来，要求巴蜀吏民理解并贯彻皇帝关于“通西南夷”的命令。

【译文】

告知巴郡、蜀郡太守：周边少数民族不顺从朝廷搞对立，却没有受到军事打击已经很长时间了，还时常侵犯边境，使官吏劳苦。当今皇上登位，体恤安慰天下百姓，团结稳定中原内地，然后发动并派出军队到北方征讨匈奴。匈奴王恐惧，拱手屈服，下跪求和。康居等西方属国，即使需要中介语言翻译才能沟通，也请求来朝廷庆贺，毕恭毕敬地跪拜进献贡礼。于是转移军队东征，致使闽越王被弟弟杀掉；又乘势向右攻下南越，南越王派太子来朝廷作人质。南方西方各少数民族的君长不断效力进贡，不敢懈怠，伸长脖子踮起脚跟，人人仰慕倾心，竞相争先归顺，都想被使唤；只因路途遥远，山川阻隔很严重，不能亲自来朝拜。

不顺从的已被讨伐，然而表现好的还没奖赏，所以派中郎将唐蒙去礼节性访问西南各少数民族君长。在巴郡、蜀郡征招士兵各五百名，只是去搬运作为礼品的财物和保卫使者以防意外，并没有军事行动和投入战斗的忧患。现在听说他却启用了军事法则，使青年惊惧，老人忧虑；州县又擅自派人去转运粮食和缴纳物。这些都不是皇上的旨意。另一方面，应征的人有的逃跑，有的自杀，这表明他们缺乏做普通百姓的品德。

边境地方的人，一听说烽火燃起，就都拿上弓箭骑马奔赴，或扛着武器跑来，汗水不断线淌流，还唯恐落后。他们顶着刀口，冒着飞箭，义无反顾，还主动献计献策，计策也神速见效，人人心怀愤怒，如报个人仇恨。难道他们喜欢死讨厌生，不是中国籍的人，与巴蜀的人不同一个皇上吗？是他们考虑得深远，因而乐意尽老百姓的义务。因此有人立了功，得到封官职、授爵位的凭证，生前当公侯，住豪宅，死后留美名扬后世，传封地给儿孙。他们做事很忠实敬业，然后才能当官享受安乐，名声永远流传，功勋显著，永不磨灭。因此贤人君子肝脑涂原野，膏血润野草也不逃避。

现在干点儿搬运礼品到南方的差事，就自杀或逃跑被杀，人死了又无好名声，被称为最蠢的人，还影响到父母也受羞耻，被天下人嘲笑。人的胸怀见识相差岂不是太远了吗？然而这不只是应征人的罪过，父兄教育没有率先垂范，子弟遵循教导就不会严谨，就缺少好品德和耻辱感；而且当地社会风气也不纯朴诚实，那些人被处罚、杀头，不也是应该的吗？

当今皇上忧虑使者唐蒙和郡县官吏像上述那样，担心不成器的愚民又是如此，所以派亲信使者把征招士兵的事明确告诉百姓，顺便用自杀逃跑是对朝廷不忠的罪名来斥责他们，用没教育好的过失来责怪乡村小吏。现在正值农忙时期，不想轻易召集人众，给农民添麻烦，已经亲自会见附近县的人，还担心远处高山深谷的人不能普遍知晓。这檄文一到，赶紧下发各县，让百姓都知道皇上的心意，希望不要疏忽。

3B　讨武曌檄

【练习】

1. 洎：及、到。工：善于。狎：亲近。荷：背负。

2. D。（①以：连词，表示目的关系，可译为“来”。②以：介词，表示行为动作发生所凭借的方法，可译为“凭”。③以：介词，表示凭借身份。④以：介词，提宾作用，相当于“把”。）

3. D。（A.更衣：宫女。B.失望：失去民心。C.爪牙：武将。D.徘徊：喻犹豫不决。）

4. (1) 宋微子为故国的覆灭而悲哀，确实是有他的原因的；桓谭为失去爵禄而流泪，难道是毫无道理的吗！

(2) 请看明白今天的世界，到底是哪家的天下。这道檄文颁布到各州郡，让大家都知晓。

5. 一、人非和顺；二、以不光彩手段获太宗宠幸；三、不顾伦常，勾引太子乱伦；四、后宫争宠、争风吃醋；五、狐媚惑主；六、凶残成性；七、亲近奸佞，残害忠良；八、杀戮兄姐，谋杀君王，毒死母亲；九、图谋帝位；十、废弃皇子，委权亲信。

6. 感叹王佐之臣已被杀尽，讥刺现有朝臣中再无霍光、刘章那样能辅佐幼主，安定朝政之人，借此说明李唐社稷危在旦夕。为下段写兴兵讨武、匡扶唐室刻不容缓，做了有力铺垫。

7. 将自己的心情与宋微子、桓君山所面临的亡国之痛类比，感叹武曌的存在导致社稷危在旦夕，所以自己必须顺应天下失望的情绪愤然而起，兴兵讨武以安定大唐江山。

8. 对在朝诸君示以大义，提醒他们皆厚蒙国恩重托，不论宗室异姓，讨逆义不容辞。

【译文】

那个非法把持朝政的武氏，不是一个温和善良之辈，而且出身卑下。当初是太宗皇帝的姬妾，曾因更衣的机会而得以侍奉左右。到后来，不顾伦常与太子关系暧昧。隐瞒先帝曾对她的宠幸，谋求取得在宫中专宠的地位。选入宫里的妃嫔美女都遭到她的嫉妒，一个都不放过；她偏偏善于卖弄风情，像狐狸精那样迷住了皇上。终于穿着华丽的礼服，登上皇后的宝座，把君王推到乱伦的丑恶境地。加上一副毒蛇般的心肠，凶残成性，亲近奸佞，残害忠良，杀戮兄姐，谋杀君王，毒死母亲。这种人为天神凡人所痛恨，为天地所不容。她还包藏祸心，图谋夺取帝位。皇上的爱子，被幽禁在冷宫里；而她的亲属党羽，却委派以重要的职位。呜呼！霍光这样忠贞的重臣，再也不出现；刘章那样强悍的宗室也已消亡了。“燕啄皇孙”歌谣的出现，人们知道汉朝的皇统将要穷尽；孽龙的口水流淌在帝王的宫廷里，标志着夏后氏王朝快要衰亡。

我李敬业是大唐的老臣下，是王公贵族的长子，奉行的是先帝留下的训示，承受着本朝的优厚恩典。宋微子为故国的覆灭而悲哀，确实是有他的原因的；桓谭为失去爵禄而流泪，难道是毫无道理的吗！因此我愤然而起来干一番事业，目的是为了安定大唐的江山。依随着天下的失望情绪，顺应着举国推仰的心愿，于是高举正义之旗，发誓要消除害人的妖物。南至偏远的百越，北到中原的三河，铁骑成群，战车相连。海陵的粟米多得发酵变红，仓库里的储存真是无穷无尽；大江之滨旌旗飘扬，光复大唐的伟大功业还会是遥远的吗！战马在北风中嘶鸣，宝剑之气直冲向天上的星斗。战士的怒吼使得山岳崩塌，云天变色。拿这来对付敌人，有什么敌人不能打垮；拿这来攻击城市，有什么城市不能占领！

诸位或者是世代蒙受国家的封爵，或者是皇室的姻亲，或者是负有重任的将军，或者是接受先帝遗命的大臣。先帝的话音好像还在耳边，你们的忠诚怎能忘却？先帝的坟土尚未干透，我们的幼主却不知被贬到哪里去了！如果能转变当前的祸难成为福祉，好好地送走死去的旧主和服侍当今的皇上，共同建立匡救王室的功勋，不至于废弃先皇的遗命，那么各种封爵赏赐，一定如同泰山黄河那般牢固长久。如果留恋目前的既得利益，在关键时刻犹疑不决，看不清事先的征兆，就一定会招致严厉的惩罚。请看明白今天的世界，到底是哪家的天下。这道檄文颁布到各州郡，让大家都知晓。

4A　前出师表

【练习】

1. 俱：全、都。简，同“拣”：挑选。举：推举。慢：怠慢、疏忽。

2. B。（①诚：副词，确实、实在。②诚：副词，确实、实在。③所以：连词，表示因果关系，……的原因，用于下句，由因及果。④所以：用来……的。）

3. C。（A.妄自菲薄：不知轻重，看轻自己。B.作奸犯科：奸诈狡猾而违反国法。C.卑鄙：低微而鄙陋。D.谨慎：细心慎重。）

4. (1) 然而侍卫大臣在皇宫内毫不懈怠，忠诚有志的将士在战场上舍生忘死，这都是追念先帝对他们的特殊待遇，想要报答给陛下。

(2) 我本来是个平民，亲自在南阳种地，只希望在乱世里苟且保全性命，不奢望在诸侯中扬名显达。

5. 亲贤臣，远小人。

6. 望后主能不忘先帝遗志，以汉桓帝、汉灵帝为戒，吸取后汉倾颓的教训，做到亲贤臣、远小人。

7. 通过自己追随先帝披肝沥胆、以身许国的经历，让后主刘禅知道创业的艰难，诲诫他立志完成先帝未竟的大业。

8. 以十三处“先帝”将“报先帝”“忠陛下”的思想贯穿全文，处处不忘先帝“遗德”“遗诏”，处处为后主着想，诲诫他成就先帝未竟的“兴复汉室”的大业。

【译文】

先帝开创统一天下的大业没有完成一半，竟中途去世。如今天下一分为三，蜀汉处境艰难，这实在是形势危急、存亡难料的关键时期啊。然而侍卫大臣在皇宫内毫不懈怠，忠诚有志的将士在战场上舍生忘死，这都是追念先帝对他们的特殊待遇，想要报答给陛下。陛下的确应该扩大圣明的听闻，来发扬光大先帝遗留下来的美德，振奋有抱负的人们的志气，不应随便看轻自己，说话不恰当，以致堵塞臣子忠言劝谏的道路。皇宫中和丞相府中的人，都是国家的官员；奖惩他们的功过好坏，不应该因在宫中或在府中而不同。如果有做奸邪事情、触犯科条法令，或尽忠做善事的人，都应该交给主管的官员评定他们的奖惩，来显示陛下公正严明的治理，而不应当偏袒、有私心，使朝廷内外刑赏的法令不同。

侍中郭攸之、费祎、侍郎董允等人，这些都是善良诚实的人，他们的志向和心思都忠诚无二，所以先帝把他们选拔出来给予陛下。我认为宫廷中的事情，无论大小，都拿来跟他们商量，然后再实行，就一定能够弥补缺点和疏漏之处，得到更多的成效。将军向宠，性格品行善良端正，通晓军事，在从前试用的时候，先帝称赞他有才能，所以大家商量推举他做中部督。我认为军营中的事情，都拿来和他商量，就一定能够使军中团结和睦，好的差的各得其所。

亲近贤臣，疏远小人，这是汉朝前期之所以能够兴隆昌盛的原因；亲近小人，疏远贤臣，这是汉朝后期衰败的原因。先帝在世时，每次和我谈论这些事情，没有一次不对桓、灵二帝的昏庸感到痛心遗憾的。侍中、尚书、长史、参军，这些人都是忠贞优秀、以死报国的大臣，希望陛下亲近他们，信任他们，这样汉室的兴隆就指日可待了。

我本来是个平民，亲自在南阳种地，只希望在乱世里苟且保全性命，不奢望在诸侯中扬名显达。先帝不认为我身份低微，见识浅陋，降低身份，委屈自己，三次到草庐来拜访我，向我询问当时的大事，我因此有所感而情绪激动，就答应为先帝奔走效劳。后来又遇上挫折，在军事上失败的时候我接受了重任，在危难紧迫的关头接受命令，至今已有二十一年了。先帝知道我办事谨慎，所以临终的时候，把国家大事托付给我。

我接受任命以来，早晚忧虑叹息，担心托付给我的大事做得没有成效，而有损于先帝的英明，所以五月渡过泸水，深入到不长庄稼的荒凉地方。现在南方的叛乱已经平定，武器装备已经充足，应该勉励并率领三军北上平定中原。我希望竭尽我有限的才能，去铲除那些奸邪凶恶的敌人，复兴汉室，迁回旧都洛阳。这是我报答先帝、忠于陛下的职责。至于处理事务酌情酌理，有所兴革，进尽忠言，那是郭攸之、费祎、董允等人的责任了。

希望陛下把讨伐曹魏兴复汉室的任务交付给我，如果不能实现，就(请)治我的罪，来告慰先帝在天之灵。如果没有发扬圣德的忠言，就应当责罚郭攸之、费祎、董允等人的怠慢失职，揭示他们的过失；陛下也应该自行谋划，征询治国的良策，识别、采纳正确的言论，深切追念先帝的遗命。(如果您能这么做，那)我就感恩戴德感激不尽了。现在我将要远离陛下，面对这份奏表，禁不住流泪不止，不知道再该说些什么。

4B 陈情表

【练习】

1. 鲜：少。吊：安慰。寻：不久。笃：病重。

2. D。（①以：介词，表示动作行为发生的原因，“因为”。②以：介词，表示动作行为发生所凭借的手段，“凭”。③于：介词，表示比较的对象。④于：介词，表示动作行为涉及的对象，“对”。）

3. C。（A.成立：成人自立。B.沐浴：蒙受，受润泽。C.逼迫：紧紧地催促。D.告诉：向上申诉。）

4. (1) 像我这样出身微贱地位卑下的人，担当侍奉太子的职务，这实在不是我杀身捐躯所能报答朝廷的。

(2) 只是因为祖母刘氏寿命即将终了，气息微弱，生命垂危，早上不能想到晚上怎样。

5. 以幼年的不幸遭遇来说明自己从小与祖母相依为命的特殊感情，以使武帝化严为慈，化对立态度的逞威为同一立场的体恤。

6. 热切称颂朝廷“以孝治天下”的治国理念，表达自己对朝廷知遇之恩的感谢，同时也借此为自己“愿乞终养”的态度设置根据。

7. 坦率而又机警地把自己的历史问题、人生态度以及从政思想来一个彻底交代，撇去“矜名节”、不肯事二主的嫌疑，以此打消武帝对其不能马上出来做官的疑虑。

8. 首先，李密在此文中所表现的孝情层次丰富。作者首先叙述自己与祖母特殊的关系与命运，透露出对祖母的感谢、怜惜，但作者没有就此开始大肆渲染这种祖孙之情，而是转而交代自己一方面对朝廷的怜恤感恩戴德，一方面却又必须要照顾“人命危浅，朝不虑夕”的祖母的矛盾狼狈处境。言辞恳切，令人不忍。末端在表明自己为官的态度之后再一次抒发了对祖母的孝情。作者以多层次的情感将对祖母的孝情缓缓道来，比起喷涌而出的感情而更让人觉得真实、动人。其次，此文叙述委婉，辞意恳切，语言上简洁生动，富有感染力，所以才会打动晋武帝。

【译文】

臣子李密陈言：我因命不好，小时候遭遇不幸，刚出生六个月，我慈爱的父亲就不幸去世了。经过了四年，舅父逼母亲改嫁。我的祖母刘氏，怜悯我从小丧父，便亲自对我加以抚养。臣小的时候经常生病，九岁时还不会行走。孤独无靠，一直到成人自立。既没有叔叔伯伯，又没什么兄弟，门庭衰微而福分浅薄，很晚才有儿子。在外面没有比较亲近的亲戚，在家里又没有照应门户的童仆。生活孤单没有依靠，每天只有自己的身体和影子相互安慰。但祖母又早被疾病缠绕，常年卧床不起，我侍奉她吃饭喝药，从来就没有停止侍奉而离开她。

到了晋朝建立，我蒙受着清明的政治教化。前任太守逵，考察后推举臣下为孝廉，后任刺史荣又推举臣下为优秀人才。臣下因为供奉赡养祖母的事无人承担，辞谢不接受任命。朝廷又特地下了诏书，任命我为郎中，不久又蒙受国家恩命，任命我为太子洗马。像我这样出身微贱地位卑下的人，担当侍奉太子的职务，这实在不是我杀身捐躯所能报答朝廷的。我将以上苦衷上表报告，加以推辞不去就职。但是诏书急切严峻，责备我逃避命令，有意拖延，态度傲慢。郡县长官催促我立刻上路；州官登门督促，比流星坠落还要急迫。我很想遵从皇上的旨意赴京就职，但祖母刘氏的病却一天比一天重；想要姑且顺从自己的私情，但报告申诉不被允许。我是进退两难，十分狼狈。

我俯伏思量晋朝是用孝道来治理天下的，凡是年老而德高的旧臣，尚且还受到怜悯养育，何况我的孤苦程度更为严重呢。况且我年轻的时候曾经做过蜀汉的官，担任过郎官职务，本来就希望做官显达，并不顾惜名声节操。现在我是一个低贱的亡国俘虏，十分卑微浅陋，受到过分提拔，恩宠优厚，怎敢犹豫不决而有非分的企求呢？只是因为祖母刘氏寿命即将终了，气息微弱，生命垂危，早上不能想到晚上怎样。臣下我如果没有祖母，就没有今天的样子；祖母如果没有我的照料，也无法度过她的余生。我们祖孙二人，互相依靠而维持生命，因此我的内心不愿废止奉养，远离祖母。

臣下我现在的年龄四十四岁了，祖母现在的年龄九十六岁了，臣下我在陛下面前尽忠尽节的日子还长着呢，而在祖母刘氏面前尽孝尽心的日子已经不多了。我怀着乌鸦反哺的私情，乞求能够准许我完成对祖母养老送终的心愿。我的辛酸苦楚，并不仅仅被蜀地的百姓及益州、梁州的长官所目睹、内心明白，连天地神明也都看得清清楚楚。希望陛下能怜悯我愚昧诚心，请允许我完成臣下一点小小的心愿，使祖母刘氏能够侥幸地保全她的余生。我活着应当杀身报效朝廷，死了也要结草衔环来报答陛下的恩情。臣下我怀着牛马一样不胜恐惧的心情，恭敬地呈上此表来使陛下知道这件事。

5A　兰亭集序

【练习】

1. 咸：都。诸：之于。曾：竟然。喻：明白。

2. B。(①所以：用来……的。②所以：用来……的。③一：动词，看作一样。④一：形容词，同一，一样。)

3. B、C。(A.之：助词，用在定语与中心语之间，表示修饰与被修饰的关系，相当于“的”。B.之：助词，用在主谓之间取消句子独立性，通常不译。C.之：助词，用在主谓之间取消句子独立性，通常不译。D.之：到……去，往。)

4. (1) 仰首观览到宇宙的浩大，俯瞰观察大地上众多的万物，用来舒展眼力，开阔胸怀，足够来极尽视听的欢娱，实在很快乐。

(2) 过去所喜欢的东西，转瞬间，已经成为旧迹，尚且不能不因为它引发心中的感触，况且寿命长短，听凭造化，最后归结于消灭。

5. 兰亭景美，富有诗情画意，在此群贤齐聚，临流赋诗，适逢天朗气清，令人心旷神怡。此时此地良辰美景，使“仰观”“俯察”“游目骋怀”“视听之娱”可以全然摆脱世俗的苦恼，令作者得以直抒胸臆。

6. 由聚会之乐联想到“不知老之将至”的乐而忘忧之悲，又由“欣于其所遇”的乐引出“情随事迁”的忧，发出“修短随化，终期于尽”（人生短暂，盛事不常）的慨叹，因此而觉出生死的悲伤。

7. 后人看待今人，就像今人看待前人一样，过去的人事转瞬即逝，前人所寄托的感情很难引发后来者真正的感触。作者联想到自己的体验也同样如此，想到自己的感情也许不能为后人所识，于是感到可悲。

8. 记录当时的人事和诗篇，给后人阅读，希望后人能够真正地体会、感受到这次的集会中人在诗歌中蕴含的情怀。

【译文】

永和九年，时在癸丑之年，三月上旬，我们会集在会稽郡山阴城的兰亭，为了做禊事。众多贤才都汇聚到这里，年龄大的小的都聚集在这里。兰亭这个地方有高峻的山峰，茂盛的树林，高高的竹子。又有清澈湍急的溪流，辉映环绕在亭子的四周，我们引溪水作为流觞的曲水，排列坐在曲水旁边，虽然没有演奏音乐的盛况，但喝点酒，作点诗，也足够来畅快叙述幽深内藏的感情了。这一天，天气晴朗，空气清新，和风温暖，仰首观览到宇宙的浩大，俯瞰观察大地上众多的万物，用来舒展眼力，开阔胸怀，足够来极尽视听的欢娱，实在很快乐。

人与人相互交往，很快便度过一生。有的人在室内畅谈自己的胸怀抱负；有的人就着自己所爱好的事物，寄托情怀，放纵无羁地生活。虽然各有各的爱好，安静与躁动各不相同，但当他们对所接触的事物感到高兴时，一时感到自得。感到高兴和满足，竟然不知道衰老将要到来。等到对得到或喜爱的东西已经厌倦，感情随着事物的变化而变化，感慨随之产生。过去所喜欢的东西，转瞬间，已经成为旧迹，尚且不能不因为它引发心中的感触，况且寿命长短，听凭造化，最后归结于消灭。古人说：“死生毕竟是件大事啊。”怎么能不让人悲痛呢？

每当看到前人所发感慨的原因，其缘由像一张符契那样相和，总难免要在读前人文章时叹息哀伤，不能明白于心。本来知道把生死等同的说法是不真实的，把长寿和短命等同起来的说法是妄造的。后人看待今人，也就像今人看待前人，可悲呀。所以一个一个记下当时与会的人，录下他们所做的诗篇。纵使时代变了，事情不同了，但触发人们情怀的原因，他们的思想情趣是一样的。后世的读者，也将对这次集会的诗文有所感慨。

5B　滕王阁序

【练习】

1. 躬：自己。具：具备。舛：不顺。竭：竭尽。

2. C。（①尽：动词，完尽。②尽：副词，全部。③穷：动词，穷尽。④穷：动词，穷尽。）

3. B、C。（A.襟、带：名词意动用法，以……为襟、以……为带。B.雾、星：名词作状语，像雾、像星星。C.上：名词作状语，向上。D.目：名词作动词，望。）

4. (1) 傍晚渔舟中传出的歌声，响彻彭蠡湖滨，雁群感到寒意而发出的惊叫，鸣声到衡阳之浦为止。

(2) 年纪虽然老了，但志气应当更加旺盛，怎能在白头时改变心情？境遇虽然困苦，但节操应当更加坚定，决不能抛弃自己的凌云壮志。

5. 近、远；雄壮秀丽，华美巧构，富有诗情画意。

6. 天高地迥，觉宇宙之无穷；兴尽悲来，识盈虚之有数。

7. 隐喻自己命运坎坷，怀才不遇，对自己为沛王府修撰而受排斥和因作《檄英王鸡》而被高宗逐出的遭遇怀有隐隐的愤懑之情。

8. 例：作者运用骈文特有的铺陈描写方法，将真实情感与充实的内容自然地融入工整匀称、错综多变的四六对偶句中。其中，“落霞与孤鹜齐飞，秋水共长天一色”“关山难越，谁悲失路之人？萍水相逢，尽是他乡之客”等句更是字字绝妙，句句传神，读来如饮醇酒，久而弥笃。

【译文】

这里以往是汉代的豫章郡城，如今是洪州的都督府，天上的方位属于翼、轸两星宿的分野，地上的位置连接着衡山和庐山。以三江为衣襟，以五湖为衣带，控制着楚地，连接着瓯越。物的精华是上天的珍宝，宝剑的光芒直冲上牛、斗二星之间。因为大地有灵气，所以英杰辈出，陈蕃专为徐孺设下几榻。雄伟的大洲像雾一般涌起，博学的人才，像繁星一样地活跃。城池坐落在夷夏交界的地方，主人与宾客，集中了东南地区的英俊之才。都督阎公，享有崇高的名望，远道来到洪州坐镇，宇文州牧，是美德的楷模，赴任途中特地在此暂留。正逢十日休假的日子，杰出的友人云集，高贵的宾客，也都不远千里来到这里聚会。文坛领袖孟学士所作文章的气势像腾起的蛟龙，飞舞的彩凤，王将军的兵器库里，藏有像紫电剑、青霜剑这样锋利的宝剑。由于父亲在交趾做县令，我在探亲途中经过这个著名的地方。我年幼无知，竟有幸亲身参加了这次盛大的宴会。

时当九月，季秋时节。积水消尽，潭水清澈，天空凝结着淡淡的云烟，暮霭中山峦呈现一片紫色。在高高的山路上驾着马车，在崇山峻岭中访求风景。来到滕王阁前的沙洲，发现了滕王所修的滕王阁。这里山峦重叠，青翠的山峰耸入云霄。凌空的楼阁，红色的阁道犹如飞翔在天空，从阁上看不到地面。白鹤，野鸭停息的小洲，极尽岛屿的迂曲回环之势，雅浩的宫殿，跟起伏的山峦配合有致。

推开雕花的阁门，俯视彩饰的屋脊，山峰平原尽收眼底，湖川曲折令人惊讶。遍地是里巷宅舍，许多钟鸣鼎食的富贵人家。舸舰塞满了渡口，尽是雕上了青雀黄龙花纹的大船。正值雨过天晴，虹消云散，阳光朗煦，落霞与野鸭一起飞翔，秋水和长天连成一片。傍晚渔舟中传出的歌声，响彻彭蠡湖滨，雁群感到寒意而发出的惊叫，鸣声到衡阳之浦为止。

放眼远望，胸襟刚感到舒畅，超逸的兴致立即兴起，排箫的音响引来的徐徐清风，柔缓的歌声吸引住飘动的白云。像睢园竹林的聚会，这里善饮的人，酒量超过彭泽县令陶渊明，像邺水赞咏莲花，这里诗人的文采，胜过临川内史谢灵运。（音乐与饮食，文章和言语）这四种美好的事物都已经齐备，（贤主、嘉宾）这两个难得的条件也凑合在一起了，向天空中极目远眺，在假日里尽情欢娱。苍天高远，大地辽阔，令人感到宇宙的无穷无尽。欢乐逝去，悲哀袭来，我知道了事物的兴衰成败是有定数的。西望长安，东指绍兴，南方的陆地已到尽头，大海深不可测，北方的北斗星多么遥远，天柱高不可攀。关山重重难以越过，有谁同情不得志的人？萍水偶尔相逢，大家都是异乡之客。怀念着君王的宫门，但却不被召见，什么时候才能够去侍奉君王呢？

呵,各人的时机不同,人生的命运多有不顺。冯唐容易衰老,李广难得封侯。使贾谊遭受委屈,贬于长沙,并不是没有圣明的君主,使梁鸿逃匿到齐鲁海滨,难道不是政治昌明的时代?只不过由于君子能了解时机,通达的人知道自己的命运罢了。年纪虽然老了,但志气应当更加旺盛,怎能在白头时改变心情?境遇虽然困苦,但节操应当更加坚定,决不能抛弃自己的凌云壮志。即使喝了贪泉的水,心境依然清爽廉洁;即使身处于干涸的车辙中,胸怀依然开朗愉快。北海虽然十分遥远,乘着旋风还是能够达到,早晨虽然已经过去,而珍惜黄昏却为时不晚。孟尝心地高洁,但白白地怀抱着报国的热情,阮籍为人放纵不羁,我们怎能学他那种穷途的哭泣!

我地位卑微,只是一个书生。虽然和终军一样年已二十一,却无处去请缨杀敌。我羡慕宗悫那种"乘长风破万里浪"的英雄气概,也有投笔从戎的志向。如今我抛弃了一生的功名,不远万里去朝夕侍奉父亲。虽然称不上谢家的"宝树",但是能和贤德之士相交往。不久我将见到父亲,聆听他的教诲。今天我侥幸地奉陪各位长者,高兴地登上龙门。假如碰不上杨得意那样引荐的人,就只有抚拍着自己的文章而自我叹惜。既然已经遇到了钟子期,就弹奏一曲《流水》又有什么羞愧呢?

呵!名胜之地不能常存,盛大的宴会难以再逢。兰亭宴集已为陈迹,石崇的梓泽也变成了废墟。承蒙这个宴会的恩赐,让我临别时作了这一篇序文,至于登高作赋,这只有指望在座诸公了。我只是冒昧地尽我微薄的心意,作了短短的引言。在座诸位都按各自分到的韵字赋诗,我已写成了四韵八句。请在座诸位施展潘岳、陆机一样的才笔,各自谱写瑰丽的诗篇吧!

6A　柳子厚墓志铭

【练习】

1. 逮:等到。率:往往。肆:放肆。白:告诉。

2. D。(①且:副词,将近。②且:连词,况且。③为:介词,表示被动。④为:动词,担任。)

3. A、C。(A.见,通"现":显现。B.屈:使动用法,使……屈服。C.厌,通"餍":满足。D.家:名词作动词,定居。)

4. 呜呼!士人到了穷境时,才看得出他的节操和义气!一些人,平日街坊居处互相仰慕讨好,一些吃喝玩乐来往频繁,夸夸其谈,强作笑脸,互相表示愿居对方之下,手握手做出掏肝挖肺之状给对方看,指着天日流泪,发誓不论生死谁都不背弃朋友,简直像真的一样可信。一旦遇到小小的利害冲突,仅仅像头发丝般细小,便翻脸不认人,朋友落入陷阱,也不伸一下手去救,反而借机推挤他,再往下扔石头,到处都是这样的人啊!这应该是连那些禽兽和野蛮人都不忍心干的,而那些人却自以为得计。他们听到子厚的高尚风节,也应该觉得有点惭愧了!

5. 精敏通达,俊杰廉悍。

6. 为政、为师。

7. 以二人对子厚后事安排和家属抚恤的尽心尽力,表现他们生死不变的友情,从侧面烘托子厚在世时对朋友的重情重义。

8. 文中韩愈以"不自贵重顾及,谓功业可立就,故自废退"一句含蓄地批评柳宗元被黜之故。虽然墓志铭通常只扬美，不言恶，但韩愈与柳宗元之间乃君子之交，并不讳言彼此缺失。韩愈此言，既是批评，也是惋惜，为子厚早年参加王叔文集团，企图改革政治，最后受此牵连而屡屡受挫感到可惜。

【译文】

子厚，名叫宗元。七世祖柳庆，做过北魏的侍中，被封为济阴公。高伯祖柳奭，做过唐朝的宰相，同褚遂良、韩瑗都得罪了武后，在高宗时被处死。父亲叫柳镇，为了侍奉母亲，放弃了太常博士的官位，请求到江南做县令。后来因为他不肯向权贵献媚，丢了御史的官职。直到那位权贵死了，才又被任命为侍御史。人们都说他刚毅正直，与他交往的都是当时名人。

子厚少年时就很精明聪敏，没有不明白通晓的事。赶上他父亲在世时，他虽然很年轻，但已经成才，能够考取为进士，突出地显露出才华，大家都说柳家有能扬名显姓的后人了。后来又通过博学宏词科的考试，被授为集贤殿的官职。他才能出众，方正勇敢，发表议论时能引证今古事例为依据，精通经史诸子典籍，议论时才华横溢，滔滔不绝，常常使在座的人折服。因此名声轰动，一时之间人们都敬慕而希望与他交往。那些公卿贵人争着想让他成为自己的门生，异口同声地推荐赞誉他。

贞元十九年，子厚由蓝田县尉调任监察御史。顺宗即位，又升为礼部员外郎。逢遇当权人获罪，他也被按例贬出京城当刺史，还未到任，又被依例贬为永州司马。身处清闲之地，自己更加刻苦为学，专心诵读，写作诗文，文笔汪洋恣肆，雄厚凝练，像无边的海水那样精深博大。而他自己则纵情于山水之间。

元和年间，他曾经与同案人一起奉召回到京师，又一起被遣出做刺史，子厚分在柳州。到任之后，他慨叹道："这里难道不值得做出政绩吗？"于是按照当地的风俗，为柳州制订了教谕和禁令，全州百姓都顺从并信赖他。当地习惯于用儿女做抵押向人借钱，约定如果不能按时赎回，等到利息与本金相等时，债主就把人质没收做奴婢。子厚为此替借债人想方设法，都让他们把子女赎了回来；那些特别穷困没有能力赎回的，就让债主记下子女当佣工的工钱，到应得的工钱足够抵销债务时，就让债主归还被抵押的人质。观察使把这个办法推广到别的州县，到一年后，免除奴婢身份回家的将近一千人。衡山、湘水以南准备考进士的人，就把子厚当作老师，那些经过子厚亲自讲授和指点的人所写的文章，全都可以看得出是合乎规范的。

他被召回京师又再次被遣出做刺史时，中山人刘梦得禹锡也在被遣之列，应当去播州。子厚流着泪说："播州不是一般人能住的地方，况且梦得有老母在堂，我不忍心看到梦得处境困窘，他没有办法把这事告诉他的老母；况且绝没有母子一同前往的道理。"（子厚）向朝廷请求，并准备呈递奏章，情愿拿柳州换播州，表示即使因此再度获罪，死也无憾。正遇上有人把梦得的情况告知了皇上，梦得因此改任连州刺史。呜呼！士人到了穷境时，才看得出他的节操和义气！一些人，平日街坊居处互相仰慕讨好，一些吃喝玩乐来往频繁，夸夸其谈，强作笑脸，互相表示愿居对方之下，手握手做出掏肝挖肺之状给对方看，指着天日流泪，发誓不论生死谁都不背弃朋友，简直像真的一样可信。一旦遇到小小的利害冲突，仅仅像头发丝般细小，便翻脸不认人，朋友落入陷阱，也不伸一下手去救，反而借机推挤他，再往下扔石头，到处都是这样的人啊！这应该是连那些禽兽和野蛮人都不忍心干的，而那些人却自以为得计。他们听到子厚的高尚风节，也应该觉得有点惭愧了！

子厚从前年轻时，勇于帮助别人，不看重和爱惜自己，认为功名事业可以一蹴而就，所以受到牵连而被贬斥。贬谪后，又没有熟识而有力量有地位的人推荐与引进，所以最后死在荒僻的边远之地，才干不能为世间所用，抱负不能在当时施展。如果子厚当时在御史台、尚书省做官时，能谨慎约束自己，像在司马时、刺史时那样，也自然不会被贬官了；贬官后，如果有人能够推举他，将一定会再次被任用，不至穷困潦倒。然而若是子厚被贬斥的时间不久，穷困的处境未达到极点，虽然能够在官场中出人头地，但他的文学辞章一定不能这样地下功夫，以至于像今天这样一定流传后世，这是毫无疑问的。即使让子厚实现他的愿望，一度官至将相，拿那个换这个，何者为得，何者为失？一定有能辨别它的人。

子厚在元和十四年十一月初八去世，终年四十七岁；在十五年七月初十安葬在万年县他祖先墓地的旁边。子厚有两个儿子：大的叫周六，才四岁；小的叫周七，是子厚去世后才出生的。两个女儿，都还小。他的灵柩能够回乡安葬，费用都是观察使河东人裴行立先生付出的。行立先生为人有气节，重信用，与子厚是朋友，子厚对他也很尽心尽力，最后竟仰赖他的力量办理了后事。把子厚安葬到万年县墓地的，是他的表弟卢遵。卢遵是涿州人，性情谨慎，做学问永不满足；自从子厚被贬斥之后，卢遵就跟随他和他家住在一起，直到他去世也没有离开；既送子厚归葬，又准备安排料理子厚的家属，可以称得上是有始有终的人了。铭文说："这是子厚的幽室，既牢固又安适，对子厚的子孙会有好处。"

6B 潮州韩文公庙碑

【练习】

1. 孰：什么。靡：随风倒下的样子。笃：坚定。一：一概。

2. B。（①是：代词，这。②是：代词，这个。③于：介词，介绍动作行为发生的主动者，译为"被"。④于：介词，介绍动作行为发生的处所，译为"在"。）

3. C。（A.卒，通"猝"：突然。B.麾，通"挥"：指挥。C.事：侍奉、服侍。D.没，通"殁"：死。）

4. (1) 那必定有不依靠形体就能站立，不依靠力量就能行走，不等待出生就能存在，不跟随死就能消灭的东西。

(2) 古文运动兴起八个朝代之久的文风的衰败，他的道德挽救了天下人的沉迷不悟，他的忠心冒犯了皇帝的恼怒，以勇气夺取了三军的统帅。这难道不是顶天立地，关系到兴盛衰亡的命运，浩然正气独自存在的人吗？

5. 引出韩愈是拥有这种正气之人，突出其高大形象，以顺势展开对其道德的评述。

6. 以他们二人死后变为列星的古代传说来说明这类伟人降生到这世上来是有目的的，从这世上逝去后也能有所作为。为下文论述浩然之气作了充分的铺垫，蓄足了气势。

7. 主要从"文、道、忠、勇"四个方面来论述韩愈的道德文章和为人行事。

8. 区分天意和人为，前者是公理和法律，后者是人为之事。凡属天意者，韩愈都能取得成功；凡属人为者，韩愈全遭失败。如此，不仅与上文所述浩然之气相呼应，歌颂了韩愈的忠诚和正直，更强调了韩愈受到贬谪、遭遇诽谤，全是君昏臣奸人为的黑暗政治行为所造成的，寄寓着对韩愈在政治上屡遭陷害打击的愤懑在内。

【译文】

一个平常人能成为世世代代的榜样，一句话能被天下人效法。这都是由于他有顶天立地的造化，关系到事物兴盛衰亡的命运。他的产生是有所来历的，他的去世是有所作为的。所以，申伯、吕侯从山岳降生，传说死后化为列星，从古至今传说的事，是不可捏造的。孟子说："我善于修养我的正气。"这种正气寓于寻常之中，充满在天地之间，突然遇到它，王公会失去他们的显贵，晋国、楚国会失去他们的富有，张良、陈平会失去他们的才智，孟贲、夏育会失去他们的勇敢，张仪、苏秦会失去他们的辩才。这是谁使他们这样的呢？那必定有不依靠形体就能站立，不依靠力量就能行走，不等待出生就能存在，不跟随死就能消灭的东西。所以，它在天上是星辰，在地上是河山，在幽暗的地方是鬼神，而在明亮的地方又是人。这是道理上的正常现象，没有什么值得奇怪的。

自东汉以来，道德丧失，文风败坏，异端邪说一起兴起，经历了唐代贞观、开元的兴盛时期，房玄龄、杜如晦、姚崇、宋璟这些宰相辅佐，都不能挽救。唯独韩文公崛起于平民，谈笑着指挥古文运动，天下人没有不跟从他，道德和文风又回到正道，大概到现在有三百年了。古文运动兴起八个朝代之久的文风的衰败，他的道德挽救了天下人的沉迷不悟，他的忠心冒犯了皇帝的恼怒，以勇气夺取了三军的统帅。这难道不是顶天立地，关系到兴盛衰亡的命运，浩然正气独自存在的人吗？

有人曾经议论过天和人的分别，以为人是什么事都能做的，只有天不容许人作假。智慧可以欺骗王公，却不可以欺骗小猪和鱼；实力可以得到天下，却不可以得到平常的男人和平常的妇女的心。所以，韩公的一片真诚，能够拨开衡山的乌云，却不能挽回唐宪宗的迷惑；能够驯服鳄鱼的凶暴，却不能消除皇甫鎛、李逢吉的诽谤；能够在南海的人民中得到信任，建庙祭祀，世代相传，却不能使自己在朝廷上有一天的安身。大概由于韩公能感动的是天，他不能感动的是人啊！

起初潮州人不知道学习，韩公命进士赵德做他们的老师。从此以后，潮州的读书人，都专心学习文章和品行，影响到一般平民，直到现在，潮州号称容易治理的地方。孔子的话是可证实的："君子学习了儒道就能够爱护人民，小人学习了儒道就能够容易使唤。"潮州人侍奉韩公，饮食必去祭祀，水灾旱灾瘟疫，凡是有要求，必定到那里祈祷。可是庙在刺史公堂的后面，人民认为出入艰难。前任太守想把这个情况向朝廷反映，建座新庙，没有结果。元祐五年，朝散郎王君涤来此地做官。凡是教育读书人、治理人民的措施，完全以韩公作为老师。人民已经心悦诚服，他就发出命令说："愿意新建韩文公新庙的，听便！"人民欢喜地奔向庙地，在潮州城的南方七里选择了一块地方，一年就把庙建成了。

有人说："韩公离开京城，万里迢迢，贬谪在潮州，不足一年就回去了。韩公死后如果有知觉，那他也不会依恋于潮州的，这道理是明白的啊！"我回答说："不是这样。韩公的神灵存在于天下，宛如水存在于地中，没有什么地方不存在。然而潮州人唯独信仰他这样的深沉，思念他到极点，祭祀时香烟缭绕，凄凉悲切，好像看见韩公一样。譬如，开凿水井得到了泉水，就说水专门在这里，难道合理吗？”元丰元年，皇帝诏封韩公为昌黎伯，所以庙门的额上题为“昌黎伯韩文公之庙”。潮州人请我书写此事刻在石碑上，我就作了一首诗赠送给他们，让他们歌唱来祭祀韩公。

7A　祭十二郎文

【练习】

1. 遽：突然。戚：悲伤。克：能。比：近来。

2. B。（①惟：副词，只。②惟：副词，只。③而：连词，表示转折关系。④而：连词，表示并列关系。）

3. A。（A.记忆：记得。B.几何：多少。C.成立：成年自立。D.往往：时常。）

4. (1) 想起各位父兄，都在健康强壮的盛年早早去世，像我这样衰弱的人，难道还能长活在世上吗？

(2) 唉，谁知竟然会因此而丧了命呢？还是由于别的病而导致这样的不幸呢？

5. 强调二人“两世一身，形单影只”的凄苦身世，名为叔侄，实为兄弟的手足之情。一来，突出家族凋零之感，更衬再失十二郎的切肤之痛；二来，也表现出了对嫂嫂的无限感恩。

6. 以来往书信所带来的真实感来反衬作者痛失手足至亲所带来的不真实感，这种突如其来的切肤之痛让他一时难以接受，情绪震荡。

7. 分析得正确。全文正是围绕着这六“哀”来寄托自己的痛悼之情。第二段主要表现作者一身承受世代单传的家族凋零之哀；第三段表现相依日久，本以为日后会有更多机会重新生活在一起，却不想十二郎突然离世之哀；第四、五段以往来书信突出自己竟不知十二郎何时病，何时殁，为何突然病故的遗憾；第六段则是表明自己因职务的不便不能马上回去为十二郎送终的痛苦。最后一段又将种种哀情逐一总结，言语中饱含责备、失悔、哀惜、慨叹，句句出自肺腑，使悲伤的情感达到高潮。

8. 作者用这种与死者促膝谈心的形式，呼“汝”唤“你”，边诉边泣，吞吐呜咽，交织着悔恨、悲痛、自责等种种感情，似在生者和死者之间作无穷无尽的长谈。全文于是形成了一种行云流水般的语言气势和令人如闻咳謦的感情氛围。这一切全都发自肺腑，因而具有震撼人心的力量。

【译文】

某年、某月、某日，叔父韩愈在听说你去世后的第七天，才得以含着哀痛向你表达诚意，并派建中在远方备办了应时的鲜美食品作为祭品，告慰你十二郎的灵位：

唉，我自幼丧父，等到大了，不知道父亲是什么模样，只有依靠兄嫂抚养。哥哥正当中年时就因与犯罪的宰相关系密切而受牵连被贬为韶州刺史，次年死于贬所。我和你都还小，跟随嫂嫂把灵柩送回河阳老家安葬。随后又和你到江南谋生，孤苦伶仃，也未曾一天分开过。我上面本来有三个哥哥，都不幸早死。继承先父的后代，在孙子辈里只有你，在儿子辈里只有我。韩家子孙两代各剩一人，孤孤单单。嫂子曾经抚摸着你的头对我说：“韩氏两代，就只有你们两个了！”那时你比我更小，当然记不得了；我当时虽然能够记事，但也还不能体会她话中的悲凉啊！

我十九岁时，初次来到京城参加考试。四年以后，才回去看你。又过了四年，我去河阳凭吊祖先的坟墓，碰上你护送嫂嫂的灵柩来安葬。又过了两年，我在汴州辅佐董丞相，你来探望我，留下住了一年，你请求回去接妻子儿女。第二年，董丞相去世，我离开汴州，你没能来成。这一年，我在徐州辅佐军务，派去接你的人刚动身，我就被免职，你又没来成。我想，你跟我在东边的汴州、徐州，也是客居，不可能久住；从长远考虑，还不如我回到家乡，等在那里安下家再接你来。唉！谁能料到你竟突然离我而死呢？当初，我和你都年轻，总以为虽然暂时分别，终究会长久在一起的。因此我离开你而旅居长安，以寻求微薄的俸禄。假如真的知道会这样，即使让我做高官厚禄的公卿宰相，我也不愿因此离开你一天而去赴任啊！

去年，孟东野到你那里去时，我写给你的信中说："我年纪还不到四十岁，但视力模糊，头发花白，牙齿松动。想起各位父兄，都在健康强壮的盛年早早去世，像我这样衰弱的人，难道还能长活在世上吗？我不能离开职守，你又不肯来，恐怕我早晚一死，你就会有无穷无尽的忧伤。"谁能料到年轻的却先死了，而年老的反而还活着，强壮的早早死去，而衰弱的反而还活在人间呢？唉！是真的这样呢？还是在做梦呢？还是这传来的消息不可靠呢？如果是真的，那么我哥哥有那么美好的品德反而早早地绝后了呢？你那么纯正聪明反而不能承受他的恩泽呢？难道年轻强壮的反而要早早死去，年老衰弱的却应活在世上吗？实在不敢把它当作真的啊！如果是梦，传来的噩耗不是真的，可是东野的来信，耿兰的报丧，却又为什么在我身边呢？啊！大概是真的了！我哥哥有美好的品德竟然早早地失去后代，你纯正聪明，本来是应该继承家业的，现在却不能承受你父亲的恩泽了。这正是所谓苍天确实难以揣测，而神意实在难以知道了！也就是所谓天理不可推求，而寿命的长短无法预知啊！虽然这样，我从今年以来，花白的头发，全要变白了，松动的牙齿，也像要脱落了，身体越来越衰弱，精神也越来越差了，过不了多久就要随你死去了。如果死后有知，那么我们又能分离多久呢？如果我死后无知，那么我也不能悲痛多少时间了，而死后不悲痛的时间却是无穷无尽的。你的儿子才十岁，我的儿子才五岁，年轻强壮的尚不能保全，像这么大的孩子，又怎么能希望他们成人立业呢？啊，悲痛啊，真是悲痛！

你去年来信说："近来得了软脚病，时常疼得厉害。"我说："这种病，江南人常常得。"没有当作值得忧虑的事。唉，谁知竟然会因此而丧了命呢？还是由于别的病而导致这样的不幸呢？你的信是六月十七日写的。东野说你是六月二日死的，耿兰报丧时没有说日期。大概是东野的使者不知道向你的家人问明日期，而耿兰报丧竟不知道应该告诉日期？还是东野给我写信时，才去问使者，使者胡乱说个日期应付呢？是这样呢？还是不是这样呢？

现在我派建中来祭奠你，安慰你的孩子和你的乳母。他们有粮食能够守丧到丧期终了，等到丧期结束后再把他们接来；如果不能守到丧期终了，我就马上接来。剩下的奴婢，叫他们一起守丧。如果我有能力迁葬，最后一定把你安葬在祖坟旁，这样以后，才算了却我的心愿。

唉，你患病我不知道时间，你去世我不知道日子，活着的时候不能住在一起互相照顾，死的时候没有抚尸痛哭，入殓时没在棺前守灵，下棺入葬时又没有亲临你的墓穴。我的行为辜负了神明，才使你这么早死去，我对上不孝，对下不慈，既不能与你相互照顾着生活，又不能和你一块死去。一个在天涯，一个在地角。你活着的时候不能和我形影相依，死后魂灵也不在我的梦中显现，这都是我造成的灾难，又能抱怨谁呢？天哪，我的悲痛哪里有尽头呢？从今以后，我已经没有心思奔忙在世上了！还是回到老家去置办几顷地，度过我的余年。教养我的儿子和你的儿子，希望他们成才；抚养我的女儿和你的女儿，等到她们出嫁，（我的心愿）如此而已。唉！话有说完的时候，而哀痛之情却不能终止，你知道呢？还是不知道呢？悲哀啊！希望享用祭品吧！

7B 祭妹文

【练习】

1. 躬：亲自。适：恰好。诀：诀别。涯：边际。

2. D。（①宁：副词，难道。②宁：动词，安葬。③以：连词，表示递进关系，可译为“而”。④以：介词，介绍动作行为发生的时间。）

3. D。（A.幻想：虚而不实的思想。B.艰贞：处境艰危而守正不移。C.莞尔：微笑。D.分明：清楚明白状。）

4. (1) 然而你已不在人间了，那么即使年光可以倒流回去，儿童时代可以重新来过，也没有人来为它们对照证实的了。

(2) 羊山空旷辽阔，朝南是一片宽广的平地，西望面向着栖霞山；风风雨雨，清晨黄昏，你这个羁留在异乡的精魂有了伴侣，当不至于感到孤独寂寞。

5. 妹妹儿时跟随自己读书，爱听古人重节义的故事，逐渐深囿封建礼教之中而不得自拔。

6. 体现妹妹性情的温厚善良，温馨生动的往日情景历历在目，对比如今更显物换星移、昨是今非，让人潸然泪下。

7. 妹妹因固守封建礼教，执意嫁给品行恶劣的高家之子，最终被逼入孤苦落魄的境地；妹妹得以逃离苦海，并能在家中照顾老母，治办文墨。

8. 以生者的凄切哀伤、日渐衰老之境与家族凋零之感突出对妹妹的思念、内疚、痛惜、无可奈何之感。

【译文】

乾隆三十二年冬，葬三妹素文在上元的羊山上，并作这篇文章来致祭：

唉！你生在浙江，却葬在此地，远离我们的故乡七百里了；当时你即使做梦、幻想，也怎会知道这里竟是你的埋骨所在呢？

你因为坚守从一而终的贞节观念，嫁了一个品德败坏的丈夫而被遗弃，以致陷在孤苦落魄的境地，虽然这是命中注定，是上天的安排，然而连累你到这种地步，也未尝不是我的过错。我幼年时跟从老师诵读四书五经，你同我并肩坐在一起，爱听那些古人的节义故事；一旦长大成人，你立即亲身来实践。唉！要是你不懂得经书，也许未必会像这样苦守贞节。

我捉蟋蟀，你紧跟我捋袖伸臂，抢着捕捉；寒冬蟋蟀死了，你又同我一起挖穴埋葬它们。今天我收殓你的尸体，给你安葬，而当年的种种情景，却一一清晰地呈现在眼前。我九岁时，在书房里休息，你梳着两个发髻，披了一件细绢单衣进来，共同温习《诗经》中的《缁衣》一章；刚好老师开门进来，听到两个孩子琅琅的读书声，不禁微笑起来，连声“啧啧”称赞。这是七月十五日的事情。你在九泉之下，一定还清楚地记得。我二十岁去广西，你牵住我的衣裳，悲伤痛哭。过了三年，我考中进士，衣锦还乡，你从东厢房扶着长桌出来，一家人瞪着眼相视而笑，记不得当时话是从哪里说起，大概是说了些在京城考进士的经过情况以及报信人来得早、晚等等吧。所有这些琐碎的事情，虽然已经成为过去，但只要我一天不死，就一天也不能忘却。往事堆积在我的胸中，想起来，心头悲切得像被堵塞似的。它们像影子一样似乎非常清晰，但真要靠近它抓住它，却又不见了。我后悔当时没有把这些儿时的情状，一条一条详细地记录下来；然而你已不在人间了，那么即使年光可以倒流回去，儿童时代可以重新来过，也没有人来为它们对照证实的了。

你与高家断绝关系后回到娘家，堂上老母，依仗你照料扶持；家中的文书事务，期待你去办理。我曾经以为妇女中很少明白经书的意义、熟识古代文物典故的人。你嫂嫂并非不够温柔和顺，但在这方面稍有不足。所以自从你回家后，虽然我为你而悲伤，对我自己来说却很高兴。我又比你年长四岁，或许像世间通常那样年长的先死，那就可以将身后之事托付给你；却没有想到你比我先离开人世！前些年我生了病，你整夜都在打听、探望病情，减轻一分就高兴，加重一分就担忧。后来虽然我的病情稍有好转，但仍半卧半起，感到没有什么好取乐消遣；你来到我的床前，讲一些稗官野史中使人好笑和使人惊奇的故事，给我带来一些欢乐。唉！自今以后，我如果再有病痛，教我从哪里去呼唤你呢？

你的病，我相信医生的话以为不要紧，所以才远游去扬州。你又怕我心中忧虑，不让别人来给我报信。直到病已垂危时，母亲问你：“希望哥哥回来吗？”你才勉强答应说：“好。”就在你死前一日，我已梦见你来诀别，心知这是不吉祥的，急忙飞舟渡江赶回家。果然，我于未时到家，而你已在辰时停止了呼吸，四肢尚有余温，一只眼睛还未闭紧，大概你还在忍受着临死的痛苦等待我回来吧。唉！痛心啊！早知要和你诀别，那我怎么肯离家远游呢？即使出外，也还有多少心里话要让你知道、同你一起商量安排啊！如今完了，除非我死，否则就没有相见的日期。可我又不知道哪一天死，才可以见到你；而死后究竟有知觉还是没有知觉，以及能相见还是不能相见，终究是难以明白的啊！如果如此，那么我将终身抱着这无穷的遗恨，天啊！人啊！竟然这样完了吗！

你的诗，我已经付印了；你的女儿，我已替你嫁了出去；你的生平，我已写了传记；只有你的墓穴，还没有安排好。我家祖先的坟墓在杭州，但是江广河深，势难将你归葬到祖坟，所以请示母亲的意见而把你安葬在这里，以便于祭奠扫墓。在你的墓傍，葬着你的女儿阿印，在下面还有两个坟墓，一个是父亲的侍妾朱氏，一个是我的侍妾陶氏。羊山空旷辽阔，朝南是一片宽广的平地，西望面向着栖霞山；风风雨雨，清晨黄昏，你这个羁留在异乡的精魂有了伴侣，当不至于感到孤独寂寞。可怜的是，我自从戊寅年读了你写的哭侄诗后，至今没有儿子；两个牙牙学语的女儿，在你死后出生，才只有一周岁。我虽因母亲健全而不敢说自己老，但齿牙摇动，头发已秃，自己心里知道，在这人世间尚能活几天？阿品弟远在河南为官，也没有子女，我家九族之内没有可以传宗接代的人。你死有我安葬，我死后由谁来埋葬呢？你如果死后有灵的话，能不能告诉我？

唉！生前的事既不堪想，死后的事又不可知；哭你既听不到你回话，祭你又看不到你来享食。纸钱的灰烬飞扬着，北风在旷野里显得更猛，我回去了，但又连连回过头来看你。唉，真悲痛啊！唉，真悲痛啊！

8A 送孟东野序

【练习】

1. 假：借。徒：门徒。尤：突出。奚：什么。

2. C。（①之：助词，主谓之间取消句子独立性。②之：第三人称代词，“它”。③以：介词，介绍行为动作发生所凭借的工具。④以：介词，介绍行为动作发生所凭借的工具。）

3. B。（A.而：连词，表示并列关系。B.而：连词，承接关系。C.而：连词，表示并列关系。D.而：连词，表示并列关系。）

4.（1）他们歌唱是有了思念的感情，他们痛哭是有所怀念。凡是从口中发出来成为声音的，大概都是有不平的原因吧！

（2）但是不知道上天要使他们的声音和谐，而使他们为国家的兴盛发出声音呢？还是要使他们穷困饥饿、心情悲伤愁苦，让他们为自己的不幸发出声音呢？

5. 大凡物不得其平则鸣。

6. 列举自然界现象论证“不平则鸣”、上天借善鸣者发声，表现音乐和四季推移，为下文“人也亦然”打下论证基础。

7. 拥有高尚德行的名人雅士善于运用文辞发时代之声，其影响力大而长远。

8. 同意。“不平”在为世所用时，则“鸣”国家之盛，为世所疾时则“自鸣其不幸”，可见其“不平”不单指一己的不幸不遇，更包含了所有不可抑制的感情和思想。韩愈借此寄托了对孟郊努力为文的希望、鼓励和启发。

【译文】

大概各种东西不能处于平静就会发出声音。草木本来是没有声响的，风吹动它，它就发出声响。水本来是没有声响的，风激荡它，它就发出声响。水浪跳跃，是有东西在阻遏水势，水流快速，是有东西阻塞了它。水沸腾了，是有东西在烧它。钟、磬一类乐器本来是没有声音的，有人敲击它就会发出声响。人在言论上也是这样，有了不可抑制的感情然后才表达出来，他们歌唱是有了思念的感情，他们痛哭是有所怀念。凡是从口中发出来成为声音的，大概都是有不平的原因吧！

音乐，是由在心里郁结的情感然后向外发泄出来的，它常常借用那些发音最好的东西来发出声音。金、石、丝、竹、匏、土、革、木八种乐器，是各种器物中发音最好的。自然界对于时令的变化也是这样，选择那些发音最好的东西借以发出声音。所以用鸟声表示春天，用雷声表示夏天，用虫声表示秋天，用风声表示冬天，四季的推移变化，那必定是有不得平静的原因吧！

对于人来说也是这样。人的声音的精华是语言，文辞对于语言来说，又是其中的精华，尤其要选择善于用文辞发音的人，来借他们发音。在唐尧、虞舜时代，咎陶、夏禹是最善于用文辞发音的，就借他们来发出时代的声音。夔不能用文辞发音，自己就借着《韶》乐来发音。夏朝时，太康的五个弟弟用他们的歌来发音。伊尹为商朝发出了声音，周公为周朝发出了声音。凡是记载在《诗经》《尚书》等六经上的文辞，都是文辞中发音发得最好的。周朝衰落时，孔子一班人发出了声音，他们的声音宏大而且传得长远。《论语》说："上天要让孔子成为宣扬教化的人。"难道不是真的吗？周朝末期，庄周用他广大无边的文辞来发出声音。楚，是一个大国，到了灭亡时屈原用楚辞来发出声音。臧孙辰、孟轲、荀卿用儒道学说来发出声音。杨朱、墨翟、管夷吾、晏婴、老聃、申不害、韩非、慎到、田骈、邹衍、尸佼、孙武、张仪、苏秦一类人，都用他们各自的学说来发出声音。秦朝兴起时，李斯用文辞来发出声音。汉朝时，司马迁、司马相如、扬雄等是最善于用文辞发出声音的。这以下到魏、晋两朝，用文辞发出声音的人都赶不上古代，但也从来没有中断过。就其中好的来说，他们用文辞发出的声音清丽而浮华，节奏频繁而急促，语言放荡而哀婉，思想松弛而放纵，他们作的文章，杂乱而没有法度。这大概是上天认为他们德行不好而不肯照顾他们吧！为什么不让发音最好的人来发出声音呢？

唐朝得到天下以后，陈子昂、苏源明、元结、李白、杜甫、李观，都是用他们的才能、用文辞来发出声音的。那些活在世上晚于他们的人中间，孟郊开始用他的诗来发出声音。他的诗超过魏晋的作品，其中精妙的已经赶得上古代作品，其他作品也逐渐接近汉朝作品的水平了。同我一起交游的人中，李翱和张籍是其中突出的。这三个人用文辞发出声音的确是很好的，但是不知道上天要使他们的声音和谐，而使他们为国家的兴盛发出声音呢？还是要使他们穷困饥饿、心情悲伤愁苦，让他们为自己的不幸发出声音呢？这三个人的命运，就决定于上天了。他们身居高位，有什么可高兴呢，身居下位，又有什么可悲哀呢！东野这次到江南去任职，好像心里放不开似的，所以我讲了命运由上天决定的道理来安慰他。

8B　梅圣俞诗集序

【练习】

1. 工：工巧。殆：大概。遽：就。尤：突出。

2. C。（①于：介词，介绍动作行为的主动者，译为"被"。②于：介词，介绍动作行为涉及的对象。③徒：副词，只。④徒：副词，只。）

3. D。（A.穷人：不得志的人。B.奇怪：不寻常的人或事物。C.作为：创制。D.作者：从事文章撰述或艺术创作的人。）

4. (1) 等到长大，学习了六经仁义的学问，他写出的文章简古纯正，不希求苟且取悦于世人，因此世人只知道他会写诗罢了。

(2) 可惜他到老也不得志，只能写困厄者的诗歌，白白地在虫鱼之类上抒发穷苦愁闷的感叹。

5. 穷而后工。

6. C。

7. 考进士总是遭遇主考部门的压制。

8. 感叹世人只知称颂梅公的诗，但他的才学始终不能为世所用，就连王文康公也不曾向皇帝推荐他。对其怀才不遇表示深切同情的同时也感叹世人的不知爱惜人才。

【译文】

我听到世人常说：诗人仕途畅达的少，困厄的多。难道真是这样吗？大概是由于世上所流传的诗歌，多出于古代困厄之士的笔下吧。大凡胸藏才智而又不能充分施展于世的士人，大都喜爱到山头水边去放浪形骸，看见虫鱼草木风云鸟兽等事物，往往探究它们的奇特怪异之处，内心有着忧愁感慨愤激的郁积，这些情感化为诗兴，即寄托在怨恨讽刺之中，道出了逐臣寡妇的慨叹，而写出了人所难于言传的感受来。大概越困厄就越能写得工巧。如此说来，并非写诗使人穷困潦倒，大概是穷困潦倒后才能写出好诗来。

我的朋友梅圣俞，年轻时由于荫袭补为下级官吏，屡次考进士，总是遭到主考部门的压制，在地方上困厄了十多年。年已五十了，还要靠别人下聘书，去当人家的办事员。郁积着自己的才能智慧，不能在事业上充分地表现出来。他家乡在宛陵，幼年时就学习诗歌，从他还是个孩童时起，写出诗句来就已使得父老长辈惊异了。等到长大，学习了六经仁义的学问，他写出的文章简古纯正，不希求苟且取悦于世人，因此世人只知道他会写诗罢了。

然而当时人不论贤愚，谈论诗歌必然会向圣俞请教。圣俞也把自己不得志的地方，喜欢通过诗歌来发泄，因此他平时所写的东西，其中诗歌就特别多。社会上已经知道他了，却没有人向朝廷推荐他。从前王文康公曾看到他的诗作，慨叹地说："二百年没有这样的作品了！"虽然对他了解很深，可还是没有加以推荐。假使他有幸得到朝廷的任用，写出如《诗经》中雅、颂那样的作品，来歌颂大宋的功业恩德，献给宗庙，使他类似于商颂、周颂、鲁颂等作者，难道不是很壮伟的吗？可惜他到老也不得志，只能写困厄者的诗歌，白白地在虫鱼之类上抒发穷苦愁闷的感叹。社会上只喜爱他诗歌的工巧，却不知道他困厄已久将要老死了，这难道不值得叹息吗？

圣俞的诗很多，自己却不收拾整理。他的内侄谢景初担心它太多容易散失，选取他从洛阳到吴兴这段时间的作品，编为十卷。我曾经酷爱圣俞的诗作，担心不能全部得到它，十分高兴谢氏能为它分类编排，就为之作序并保存起来。

从那以后过了十五年，圣俞因病在京师去世，我已痛哭着为他写好了墓志铭，便向他家索求，得到他的遗稿一千多篇，连同先前所保存的，选取其中特别好的共六百七十七篇，分为十五卷。啊，我对圣俞的诗歌已经评论得很多了，所以不再重复。庐陵欧阳修序。

9A　答李翊书

【练习】

1. 俟：等待。遂：顺利成长。几：接近。希：少。

2. C。（①乎：词缀，用于形容词之后。②乎：介词，相当于"于"。③诸：兼词，用于句中，相当于"之于"。④诸：兼词，用于句中，相当于"之于"。）

3. D。[A.其：第三人称代词，"他"。B.其：第三人称代词，"他"（成为古代立言者一样的人）。C.其：第三人称代词，"他的"（仁义之人）。D.其：固定句式，表示反问的语气。]

4. (1) 不过我只是所谓望见孔子的门墙而并未登堂入室的人，怎么足以能辨别是或非呢？

(2) 即使接近成功了，被人用时，别人能得到什么呢？尽管如此，等待被人采用的见解，难道就像器具一样吗？

5. 何以立言为文。

6. 不要被狭隘的功利所驱遣，而要像为树养根，给灯加油那样，去加强道德修养。

7. 第一阶段，学文起步须正，当习先秦两汉诗文迈入正途；为文需冥思苦想，务求去除陈词滥调，坚持自己的主张。第二阶段，主见已写，心思朗彻，能够去伪存正，不为毁誉所动。第三阶段，此时作文如长江大河滔滔而至，但仍需平心静气，对所欲言者一一加以体察以留醇去杂，并且不断加强自身道德修养。

8. 类比；以“气”即气势来主导文章，则句式长短、声调高下便能自然合宜，而气之盛大与否，又取决于作者的道德修养。

【译文】

六月二十六日，韩愈言，李生足下：你来信的文辞立意很高，而那提问的态度是多么谦卑和恭敬呀。能够这样，谁不愿把把立言之道告诉你呢？儒家的仁义道德归属于你指日可待，何况乎表述道德的文呢？不过我只是所谓望见孔子的门墙而并未登堂入室的人，怎么足以能辨别是或非呢？虽然如此，还是不能不跟你谈谈自己对这个问题的看法：

你所说的要著书立说的看法，是正确的，你所做的和你所期望的，很相似并很接近了。只是不知道你的“立言”之志，是希望胜过别人而被人所取用呢，还是希望达到古代立言的人的境界呢？希望胜过别人而被人取用，那你本已胜过别人并且可以被人取用了。如果期望达到古代立言的人的境界，那就不要希望它能够很快实现，不要被势利所引诱，要像培养树木的根而等待它的果实，像给灯加油而等它放出光芒。根长得旺盛果实就能预期成熟，灯油充足灯光就明亮，仁义之人，他的文辞必然和气可亲。

不过还是有困难之处，我所做到的，自己也不知道达到(古代立言者的境界)还是没有？虽然如此，我学习古文已有二十多年了。开始的时候，不是夏商周三代西东两汉的书就不敢看，不合乎圣人意志的就不敢存留心中，静处的时候像忘掉了什么，行走时好像遗失了什么，矜持的样子像在思考，茫茫然像是着了迷。当把心里所想的用手写出的时候，想要把那些陈旧的言辞去掉，这是很艰难的呀！把文章拿给别人看时，不把别人的非难和讥笑放在心上。像这种情况也有不少年，我还是不改(自己的主张)。这样之后才能识别古书中道理的真与假，以及那些虽然正确但还不够完善的内容，清清楚楚黑白分明了，务必去除那些不正确和不完善的，这才慢慢有了心得。

当把心里所想的用手写出来的时候，文思就像泉水一样涌流出来了。再拿这些文章给别人看时，非笑它我就高兴，称赞它我就担忧，因为文章里还存有时人的意思和看法。像这样又有些年，然后才真是像大水浩荡一样(文思奔涌)了。我又担心文章中还有杂而不纯的地方，于是从相反方向对文章提出诘难、挑剔，平心静气地考察它，直到辞义都纯正了，然后才放手去写。虽然如此，还是不能不加深自己的修养。在仁义的道路上行进，在《诗》《书》的源泉里游弋，不要迷失道路，不要断绝源头，终我一生都这样做而已。

文章的气势，就像水；语言，就像浮在水上的东西；水势大，那么凡是能漂浮的大小东西都能浮起来。文章的气势和语言的关系也是这样，气势充足，那么语言的长短与声音的扬抑就都会适当。虽然这样，难道就敢说自己的文章接近成功了吗！即使接近成功了，被人用时，别人能得到什么呢？尽管如此，等待被人采用的见解，难道就像器具一样吗？用或不用都取决于别人。君子就不这样，思考问题本着仁义原则，自己行事有一定规范，被任用就在人们中推行道，不被用就把道传给弟子，把道借文章流传下去为后世效法。像这样，是值得高兴呢，还是不值得高兴呢？

有志于学习古代立言者的人很少了。有志学习古人的人，必为今人所弃，我实在为有志于古的人高兴，也为他悲伤，我一再称赞那些有志学习古人的人，只是为了勉励他们，并非敢（随意）表扬那些可以表扬、批评那些可以批评的人。向我问道的人有很多了，想到你的意图不在于功利，所以姑且对你讲这些话。韩愈言。

9B 答谢师民书

【练习】

1. 具：全，都。坐：因为。齿：提及。文：掩饰。

2. C。（①胜：形容词，好。②胜：动词，胜过。③是：代词，这。④是：代词，这。）

3. C。（A.左右：不直称对方，而称其执事者，表示尊敬。B.大字：毛笔写的大汉字。C.记录：把发生的事记下来。D.局迫：狭窄。）

4. (1) 大致都像行动着的云和流动着的水一样，本来没有固定的形式，常常是应该流动时就流动，不能不停止时就停止，文章条理自如，姿态多变而不受拘束。

(2) 要探求事物的微妙所在，就像拴住风捉住影那样困难，能使所写的事物在心里彻底明白，大概在千万人中未必能找到一个，更何况在口说时和手写时也能表达得很明白呢！

5. 如文章开头的“亟辱问讯，具审起居佳胜，感慰深矣”，结尾的“愈远，惟万万以时自爱”等都属于书信中客套寒暄的部分。

6. 文章要如行云流水，初无定质，但常行于所当行，常止于所不可不止，文理自然，姿态横生；“了然于心”“了然于口于手”。

7. 罗列屈原、贾谊、司马相如等作家，作为扬雄的反证，论其优劣，以明“辞达”的深刻内涵。苏轼认为的“辞达”“自然”是指把对客观事物本质的充分把握与求得准确精当地表达相结合的“自然”。

8. 说明文章如金石美玉，自有客观定价，并不因为个人好恶评价而影响其价值。一来，与前面扬雄评价辞赋一段相呼应；二来，也能看出苏轼对文理自然而又姿态横生的佳作价值的肯定。

【译文】

苏轼启：近来分别后，多次承蒙你写信问候我，详知你日常生活很好，深感安慰。我生性刚直、待人不周到，所学不合时宜、能力见识低下，因而遭贬多年，不敢再自居于达官贵人的行列。自从渡海北还，见到平生的亲戚故旧，不知为什么都像隔世人那样生疏，何况与你没有一天的交往，而怎么敢希求彼此结为朋友呢？几次蒙你亲来我处，交谈间情意亲切如同旧友一样，欣幸已极使人出乎意料，这简直是无法用言语来形容的。

你给我看的信和诗赋杂文，我阅读得很熟了。大致都像行动着的云和流动着的水一样，本来没有固定的形式，常常是应该流动时就流动，不能不停止时就停止，文章条理自如，姿态多变而不受拘束。孔子说："语言缺乏文采即使能流传也不能流传很远。"又说："文辞以能表达出意思即可。"那么文辞仅仅在于表达出意思，就似乎不需讲究文采了，完全不是这样。要探求事物的微妙所在，就像拴住风捉住影那样困难，能使所写的事物在心里彻底明白，大概在千万人中未必能找到一个，更何况在口说时和手写时也能表达得很明白呢！做到这样才可说是文辞能表达出意思。既然文辞能将自己意思清楚地加以表达，那也一定是富于文采的。

扬雄好用艰深的语言，掩饰本来是很浅近的道理，如果直说出来，是人人都懂得的。这种作文方法正如他所说的是雕虫篆刻(只注意雕琢字句)，他的《太玄》《法言》都属于这一类。扬雄唯独后悔作赋，是为什么呢？他一生讲求雕琢字句，《太玄》《法言》和赋相比较只是在音节上略有改变，便称为经，可以吗？屈原作《离骚经》，是变风、变雅的发展，虽与日月竞放光彩也是应该的，难道可以因其文体与赋相近似而说它是雕虫小技吗？如果贾谊能见到孔子，他的学行可以超过"升堂"而达到"入室"的境地：扬雄竟然因贾谊作过赋便鄙视他，甚至把他同司马相如一样看待。扬雄见识浅陋像这类的例子很多，这一点只可与明白事理的人谈谈，很难同一般人讲清楚的，这里因论述文章偶然说到这个问题。

欧阳修说，好的文章如纯金美玉，市上价钱是有规定的，不是人们靠口说就能定出它的贵贱。我的话很拉杂，对你哪能有益处，非常惭愧恐惧。

你要我为惠力寺法雨堂写"法雨"两字，我本不善于写大字，勉强写毕竟写不好，加之船上地点狭窄不好写，故未能照你的嘱咐办理。然而我正好要经过临江，当往游惠力寺。或许惠力寺的僧人想让我写点什么。一定写上几句题留院中，以安慰你思亲的心意。今天到达峡山寺，稍作停留就离去。彼此相距越来越远，千万希望你随时爱护自己的身体，其余不一一细说。

10A　王观堂先生纪念碑铭

【练习】

1. 咸：都。斯：这。兹：这。彰：显著。

2. B。(A.以：连词，表示目的关系，相当于"用来"。B.以：介词，起提宾作用，相当于"把"。C.以：连词，表示目的作用，相当于"用来"。D.以：介词，表示目的关系，相当于"用来"。)

3. (1) 士之读书治学，其目的正是为了使自己脱离世俗观念的束缚，真理也正因此而才能够得以发扬光大。

(2) 只有这独立之精神，自由之思想，即使经过千百万年，也会与天地一样长久，和日月星一样永远闪光。

4. 王先生的弟子们怀念老师，希望通过纪念碑的形式使后人了解并继承先生的意志。

5. 思想不能自由表达，自由意志不为世所容。

6. 独立之精神、自由之思想；陈寅恪、鲁迅、胡适、李白等，言之成理即可。

【译文】

海宁市王静安先生自沉于颐和园昆明湖两年后，清华国学研究院的同事都对他怀念不已。他的弟子受到王先生的教诲熏陶有些年头了，尤其想要做点什么以永远纪念先生。大家一致赞成：适宜在美石上刻文，用以展示给后世的人看。所以，大家推荐陈寅恪撰写碑铭文章，寅恪推辞了几次也不能罢休，所以恭谨地承继先生的遗志，将这个志向告知天下人和后世人。他的词文如下：

士之读书治学，其目的正是为了使自己脱离世俗观念的束缚，真理也正因此而才能够得以发扬光大。思想不自由，则不如去死，这是古今圣贤共同追求的理想，那些平庸鄙琐的人哪里能理解得了呢。先生以一死来彰显他独立自由的理想，并不是如人们所说，是为了个人的恩怨，国家的灭亡。

唉，立块石头在这学校，表达一些哀思，让人们记住他。以表彰哲人之奇节，彰显真理的无穷光辉。将来的事情难于预测，先生之著述，其影响可能会随时代之不同变化，先生之学说，将来也可能有需要修正的地方。只有这独立之精神，自由之思想，即使经过千百万年，也会与天地一样长久，和日月星一样永远闪光。

10B 《王观堂先生挽词》序

【练习】

1. 固：当然。迨：等到。殆：大概。曾：竟然。

2. D。（①焉：助词，用于句末，表示陈述语气，相当于“了”“呢”，通常不译。②焉：兼词，于之。③故：名词，原因。④故：连词，所以。）

3. （1）王先生所殉之道，所成就的崇高事业，均是这种抽象理想的共通之处，而不是为了具体的一个人、一件事。

（2）这就是观堂先生不得不自杀的原因了，于是而引起了天下后世之人的哀痛与惋惜！

4. 三纲六纪之说。

5. 为了下文能够详细地展开对中国文化所依托之物，依托中国文化之人的论述，以引出观堂先生自杀的根本原因。

6. 观堂先生是中国文化精神凝聚而成的人。千年以来未曾根本动摇过的中国文化的依托物——社会经济制度在近代因外族入侵而发生巨变，中国文化因而土崩瓦解。先生失去了依托之物，故殉道自杀。

7. 解释正是社会经济制度这一千年文化赖以存活的依托之物发生了深刻巨变，导致了依托文化而生之人的殉道，点出了观堂先生自杀的根本原因。

8. 首先，这样写直接回应了社会上关于观堂先生究竟为何而死的种种猜测，解释了先生之死的根本原因。其次，行文中借由“经文化精神所凝聚之人”“迨既达极深之度，殆非出于自杀，无以求一己之心安而义尽也”等句从侧面反映先生的学识底蕴，比直接讨论其学术成就而更能见先生与文化间羁绊之深。

【译文】

有人问王观堂先生之所以会自杀的原因，我回答他说：近人有东西文化的说法，这一说法的区域划分是否妥当当然不必讨论，其所谓文化间的异同优劣也姑且不用都做讨论，然而却可以得出一条假定的道理来。这个道理是这样的：

但凡一种文化，在它逐渐衰落的时候，被这种文化影响感化的人必然会感受到痛苦。他们自身表现出这种文化的程度越深，则其所受到的苦痛也就越为强烈。等到这种程度已经极深了的时候，大概不是自杀的话，不能求得一己的心安而尽完自己应尽的义务。我们中国文化的定义，都体现在《白虎通》的三纲六纪之说中了，其意义是抽象理想的最高境界，犹如希腊柏拉图所说的“idea”。以君臣之纲来说的话，君王是李煜，却期待他是刘秀；以朋友之纪来说的话，朋友是郦寄，却把他看作鲍叔。王先生所殉之道，所成就的崇高事业，均是这种抽象理想的共通之处，而不是为了具体的一个人、一件事。

纲纪本是理想抽象的东西，但却不能不有所寄托，以作具体表现之用。它所依托而表现的东西，实际上是有形的社会制度，而经济制度是其中最为重要的制度。纲纪所依托的东西不改变，那么依托纲纪的也就因此而得以保存。我们国家古代以来也曾有背离三纲，违反六纪，无父无君的理论，比如释迦牟尼一样的外来教派。然而佛教在中土的流传演绎非常昌盛，而中土历史遗留下来的纲纪之说竟然没有因此而动摇，它所依托的社会经济制度，没有根本上的变迁，所以那些依托纲纪的人仍能借此作为寄命之地。

近数十年来，从道光末年到现在，社会经济制度因为外族的侵略而导致了剧烈的变化，纲纪之说，没有可以依靠的东西了，还没等来外来学说的打击，已经自己在不知不觉当中消沉沦丧了。虽然有人在这里唠叨不休勉力维持，也终究到了不可救药的局面。大概今日的中国大地，正面临数千年来不曾有过的剧烈浩劫与变迁；浩劫终于导致贫瘠，那些凝聚了中国文化精神的人怎么能不与之共命运而一同消亡呢？这就是观堂先生不得不自杀的原因了，于是而引起了天下后世之人的哀痛与惋惜！至于那些关于先生之死的流俗恩怨荣辱委琐龌龊的说法，都不足以放在这里一一争论，所以就不提了。

高考文言文复习指要

第一节　文言实词

【知识谱系】

- 文言实词的积累和理解
  - 分辨古今异义
  - 区分单音词和双音词
  - 注意通假现象
  - 掌握一词多义
  - 了解词类活用
    - 名词活用为动词
    - 名词活用为状语
    - 形容词活用为动词
    - 动词活用为使动

【知识原理】

文言中实词数量很大，但中学阶段要求掌握的常用实词和次常用实词数量并不大。根据课程标准的要求，高中生应掌握300个左右的常用实词，它包括高中阶段要求掌握的160个常见实词和初中积累、高中需巩固的140个常用实词。学习文言实词，要在随文阅读的过程中不断理解和积累，同时要重点关注以下几个方面的内容。

一、分辨古今异义

文言实词，有的与现代汉语意义完全相同，有的完全不同。这两类词都可以不去管它，重点应放在古今既有联系又有区别的实词上。所谓"古今异义"，就是指文言词语或短语的意义和用法与现代汉语中书写相同的词语之间的意思不同的现象。

二、区分单音词和双音词

文言以单音词居多,汉语以双音词居多。阅读和理解文言文时,不要把两个连用的单音词误解为现代汉语中的双音词,如“率妻子邑人来此绝境”(《桃花源记》)句中的“妻子”(意为“妻子和儿女”),“璧有瑕,请指示王”(《廉颇蔺相如列传》)句中的“指示”(意为“指给……看”),“而陋者乃以斧斤考击而求之,自以为得其实”(《石钟山记》)句中的“其实”意为“它的实际情况”,“事情的真相”)。这类词语在现代汉语中均为一个双音节词,而在文言文中则必须分开来理解。

三、注意通假现象

古代汉语常有通假字。一是音同或音近通假,如“愿伯具言臣之不敢倍德也”(《鸿门宴》),“具”通“俱”。其他如“反”通“返”,“直”通“值”,“蚤”通“早”,“被”通“披”,“裁”通“才”,“禽”通“擒”等;二是形近通假,如“拜送书于庭”(《廉颇蔺相如列传》),“庭”通“廷”。其他如“说”通“悦”,“谕”通“喻”,“豪”通“毫”,“有”通“又”等。因此,理解时不要误把通假字作为本字。

需要说明的是:①所谓“音同或音近”,是指古音。古音与今音差别很大,有的字现在看不出来了,如“浩浩乎如冯虚御风”(《前赤壁赋》)一句中的“冯”通“凭”,是“乘”的意思。从今音看,两个字的声、韵均不相同;②在中学阶段,把古今字也看作通假字,如“至莫夜月明”(《石钟山记》)中的“莫”通(同)“暮”。实际上,“莫”字本来就是傍晚的意思,后来“莫”字被借去表示其他意思,又另造一个“暮”字表示傍晚的意思。也就是说,“莫”是古字,“暮”是今字。

四、掌握一词多义

一词多义,在文言中是常见的语言现象,应根据具体语境作辨别。对某些常见义项的掌握不能只是靠死记硬背,而是要在文言的阅读中结合具体例句来理解、识记、归纳,做到词不离句,如“举世混浊而我独清”中的“举”是“全”的意思

（与“独”相对），“南取汉中，西举巴蜀，东割膏腴之地”中的“举”，根据前后文，应解释为“攻取”。

一个词不管义项有多少，一旦用在一个具体语句中，则只能有一种确定的意义。一个词在句中意思的判定可以用如下方法。

1. 选义代入

这是最基本的方法，即把已知义项代入句子，根据上下语境判定合适义项。如：“天将以酬长厚者，遂使抚臣、令尹、并受促织恩荫。闻之：‘一人飞升，仙及鸡犬。’信夫！”（《促织》），根据上下语境，文末的“信”字应是“的确，确实”的意思，而不能解释为“相信”。

2. 适当引申

古汉语的一词多义，本来很多是引申出来的。实际的灵活运用中，有一些词的实际意义词典上根本没有，而是由语境临时赋予的新义。但新义一般都是在该词的某个意义上引申出的，如“焚百家之言”（《过秦论》）中的“言”，若按照辞典解释为“言论、学说”，显然不够贴切，所以这里要引申一下，可解释为“（记载言论的）著作”。

3. 互文释义

古文中常有一些结构相同或相似的句子和短语，其相同位置上的词语意义往往具有相向、相近或相对、相反的关系。这种特殊现象叫作“互文对举”。因此，遇到这种互文对举的句子，可借已知词的意义判定未知词的意义。如“因利乘便，宰割天下，分裂山河”（《过秦论》）中的“乘”，可能会令人费解。但是，如果知道“因利乘便”具有互文对举的特点，那么词语可以对照着解释：“利”与“便”相对应且同义，“因”与“乘”也应同义，那么“因”字解释为“凭借”，“乘”字也应解释为“凭借”。

五、推断词类活用

古代汉语中，有些实词在特定的语境中，临时具有某种语法功能，并且改变了词性，有的还改变了读音，这种用法就叫作词类活用。词类活用多为名词、动词、形容词的活用，数词、代词有时也可以活用，所以，词类活用又叫作“实词活用”。

词类活用是文言中重要的特殊现象，因此必须了解并学会推断。一般来讲，高中阶段应掌握下面几种词类活用。

1. 名词活用为动词

名词活用为动词的主要类型有：(1)活用为一般动词。活用后，这个词不再是人或事物的名称，而是表示与这人或事物相关的某种动作。如“范增数目项王”(《鸿门宴》)中的“目”表示范增的动作——“以眼睛示意”或“使眼色”。(2)活用为使动词。活用后，这个词表示使某事物发生某种变化，可译为“使(让)某事物……”。如“以夭梅病梅为业以求钱也”(《病梅馆记》)中的“病”，意思是“使……成病态”，“把……弄成病态”。(3)活用为意动词。活用后，这个词表示人主观上认为某事物是怎样的，可译为“认为某事物……”，“以某事物为……”，“把某事物当作……”等。如“驼业种树”(《种树郭橐驼传》)中的“业”，意思是“以……为业”。

2. 名词活用为状语

在现代汉语中，名词一般是不能做状语的。但是，在文言文中，名词直接作状语的现象很常见。其活用的语境是“名词＋动词”。这里，名词不是作主语，而是作状语。如：“东犬西吠”(《项脊轩志》)。

名词活用为状语的类型大致有：(1)表状态，可译为“像……一样(似的)”。如“羽化而登仙”(《前赤壁赋》)。(2)表态度，可译为“像(对待)……一样(似的)”。如“吾得兄事之”(《鸿门宴》)。(3)表处所，可译为“在……”。如“相如廷斥之”(《廉颇蔺相如列传》)。(4)表时间，可译为“每……”，“在……”等。如“宫中尚促织之戏，岁征民间”(《促织》)。(5)表工具，可译为“用(拿)……”等。如“余自齐安舟行适临汝”(《石钟山记》)。(6)表方向，可译为“向……”。如“南取汉中，西举巴蜀”(《过秦论》)。

3. 形容词活用为动词

形容词活用为动词的主要类型有：(1)活用为使动。活用后，这个词表示使某事物具备某种性状，可译为“使(让)某事……”。如“而高其直，亦无售者”(《促织》)中的“高”,意思是“使……高”,可译为“抬高”。(2)活用为意动。活用后,这个词表示主观上认为某事物具备某种性状,可译为“认为某事物……”。如“成以其小,劣之”(《促织》)中的“劣”,意思是“以……为劣”,可意译为“认为……不好”等。(3)活用为一般动词。如“今我睹子之难穷也”(《秋水》)中的“穷”,意思是“走到尽头”。

4. 动词活用为使动

不及物动词带了宾语后大多活用为使动,意思是“使某人或事物产生某种动作行为”。如“项伯杀人,臣活之”(《鸿门宴》)中的“活”,意思是“使之活”,可译为“救了他”“使他活了下来”。

高中阶段要求掌握的160个常见文言实词:

哀爱安按案　拔白败拜报　暴备被倍悲　北背奔本彼
逼辟蔽毕便　遍表并伯薄　泊博步裁苍　操草策曾差
尝长超朝陈　称诚出除辞　驰冲传垂次　刺促错处达
殆怠旦独笃　度断夺发法　反放非分奉　服伏复盖苟
鼓固寡国过　恨厚患或疾　即既将解结　矜竟景就绝
堪克困怜弥　靡莫能内逆　迫期奇迁劝　却如若稍色
甚审识适是　书数疏率私　遂涕图徒王　望微闻恶悉
系相谢幸延　阳要宜狱再　造贼振直志　治置诸族左

初中积累、高中需巩固的140个常用文言实词:

昂傲包比鄙　兵病察彻乘　从当道得定　伐犯方负赋
更故顾观归　好号还会惠　及极济计加　假间简见交
竭尽进居举　具俱聚决类　临虑论漫灭　明名命谋难
平戚启强请　穷求取去全　任入塞善少　舍涉生胜师
施实食使释　恃属说顺素　汤通痛退亡　为务徙狭鲜
向效信行形　兴修徐许寻　业遗贻夷异　易诣益阴引
盈余逾缘远　云责章知止　致质众专周　走足卒作坐

【知识例解】

一、古今异义例解

(一) 词义扩大

1. 把

[古义] 动词。握住,端着。

① 手把文书口称敕,回车叱牛牵向北。(《卖炭翁》)

② 把酒临风,其喜洋洋者矣。(《岳阳楼记》)

[今义] ①握住。②把持。③介词。将。④量词。

2. 股

[古义] 名词。大腿。

两股战战,几欲先走。(《口技》)

[今义] ①大腿。②事物的一部分。③量词。

3. 竟

[古义] ①动词。完毕,结束。②副词。终于,最后。

① 秦王竟酒,终不能加胜于赵。

② 或竟成痼疾。(《狱中杂记》)

[今义] ①完毕。②终于。③居然。④全。

4. 履

[古义] ①动词。践踏,踩。②名词。鞋子。

① 足之所履。(《庖丁解牛》)

② 郑人有欲买履者。(《郑人买履》)

[今义] ①践踏,踩。②鞋子。③脚步。④实践。

5. 再

[古义] 数词。两次,第二次。

一鼓作气,再而衰,三而竭。(《曹刿论战》)

[今义] ①又一次,再一次,多次。②继续,还有。

（二）词义缩小

1. 夫

［古义］ ①名词。成年男子。②丈夫。③夫子，对老师的称呼。④指从事体力劳动或奴役的人。⑤读 fú，文言句首发语词、句中助词和句末语气助词。⑥读 fú，指示代词。这，那等。

① 一夫不耕，或受之饥。（《论积贮疏》）

② 夫起大呼，妇亦起大呼。（《口技》）

③ 夫子何命焉为？（《公输》）

④ 渔夫、夫役。

⑤ 今若焉，悲夫。（《黔之驴》）

⑥ 是叶公好龙也，好夫似龙而非龙者也。（《叶公好龙》）

［今义］ 丈夫。

2. 购

［古义］ ①动词。悬赏。②动词。购买。

① 穷饿无聊，追购又急。（《〈指南录〉后序》）

② 于购三百盆皆病者。（《病梅馆记》）

［今义］ 指购买物品。

3. 或

［古义］ ①不定代词。有人，有的。②副词。也许。③有时，间或。

① 或以为死，或以为亡。（《陈涉世家》）

② 予尝求古仁人之心，或异二者之为。（《岳阳楼记》）

③ 而或长烟一空。（《岳阳楼记》）

［今义］ ①选择连词。或者。②副词。也许。

4. 君

［古义］ 名词。①封建帝王，一国之王。②对有地位的人的尊称。③对人的敬称。④君子，指有才德的人。

① 古者以天下为主，君为客。（《原君》）

② 今君与廉颇同列。（《廉颇蔺相如列传》）

③ 诸君而有意，瞻予马首可也。（《冯婉贞》）

④ 君子曰：学不可以已。（《劝学》）

［今义］ 对人的敬称。

5. 劝

［古义］ 动词。①鼓励。②劝说。

① 一曰主用足，二曰民赋少，三曰劝农功。（《论贵粟疏》）

② 肃劝权召瑜还。（《赤壁之战》）

［今义］ 规劝

6. 狱

［古义］ ①名词。监牢。②名词。官司，诉讼案。

① 狱中成法，质明启钥。（《狱中杂记》）

② 小大之狱，虽不能察，必以情。（《曹刿论战》）

［今义］ 监牢。

（三）词义转移

1. 科

［古义］ ①名词。法律条文。②名词。科举制取士的规格和年份。③动词。征税，判刑，摊派。④戏曲术语。多指元杂剧剧本中关于角色表演动作的用语。

① 若有作奸犯科及为忠善者。（《出师表》）

② 登科。

③ 里胥猾黠，假此科敛丁口。（《促织》）

④ 卜儿哭上科。（《窦娥冤》）

［今义］ ①课程或业务的分类。②机关企业分职办事的部门。③生物分类的等级之一。

2. 熙

[古义]　同“嬉”，开玩笑。

王笑曰：“圣人非所与熙也，寡人反取病焉。”（《晏子使楚》）

[今义]　光明。熙熙、和乐的样子。

3. 爷

[古义]　名词。父亲。

阿爷无大儿，木兰无长兄。（《木兰诗》）

[今义]　祖父，常重叠使用。

4. 窃

[古义]　私下，私意，“我”的谦词。

窃以为与君实游处相好之日久。（《答司马谏议书》）

[今义]　偷窃。

（四）古今异义的双音词释例

1. 中心

[古义]　心里。

中心藏之，何日忘之？（《叶公好龙》）

[今义]　①文章的主旨。②主要场合或指挥机构。③事物的重心。

2. 中间

[古义]　中，当中；间，夹杂着。

中间力拉崩倒之声。（《口技》）

[今义]　当中。

3. 束手

[古义]　投降。

近者奉辞伐罪，旄麾南指，刘琮束手。（《赤壁之战》）

[今义]　没办法。

4. 指示

[古义] 指给人看。

壁有瑕,请指示王。(《廉颇蔺相如列传》)

[今义] 为指导工作而发出的口头或书面意见。

5. 行为

[古义] 行,品行;为,做。

吾社之行为士先者,为之声义。(《五人墓碑记》)

[今义] 举动。

6. 父兄

[古义] 有时偏指兄。

我有亲父兄,性行暴如雷。(《孔雀东南飞》)

[今义] 父亲和长兄,泛指家长。

7. 赤子

[古义] ①百姓。②初生婴儿。

① 皆我东南赤子膏血也。(《方腊起义》)

② 赤子之心。(《孟子·离篓》)

[今义] 小孩子。

8. 以为

[古义] 以,把;为,当作。

虎见之,庞然大物也,以为神。(《黔之驴》)

[今义] 认为。

9. 可以

[古义] 可,可以,能够;以,凭。

忠之属也,可以一战。(《曹刿论战》)

[今义] 能够。

10. 从而

[古义]　从，跟随。

生乎吾前，其闻道也固先乎吾，吾从（之）而师之。（《师说》）

[今义]　连词。

11. 至于

[古义]　终于达到。

至于颠覆，理固宜然。（《六国论》）

[今义]　表示另提一事的连词。

12. 初一

[古义]　刚刚开始。

初一交战，操军不利。（《赤壁之战》）

[今义]　农历每月的第一天。

13. 祖父

[古义]　祖辈和父辈。

思厥先祖父，暴霜露，斩荆棘，以有尺寸之地。（《六国论》）

[今义]　父亲的父亲。

14. 会计

[古义]　会，聚会；计，商议。

号令召三老、豪杰与皆一会计事。（《陈涉起义》）

[今义]　管理财务计算的人。

15. 不必

[古义]　不一定。

是故弟子不必不如师，师不必贤于弟子。（《师说》）

[今义]　用不着；不需要。

16. 作文

[古义]　写文章。

属予作文以记之。(《岳阳楼记》)

[今义] 语文中进行的写作训练。

17. 以往

[古义] 而往……

召有司案图,指从此以往十五都予赵。(《廉颇蔺相如列传》)

[今义] 从前。

18. 感激

[古义] 感,感动;激,奋激。

由是感激,遂许先帝以驱驰。(《出师表》)

[今义] 深深地感谢。

19. 因

[古义] 趁此。

不如因而厚遇之,使归赵。(《廉颇蔺相如列传》)

[今义] 表示结果的连词。

20. 具体

[古义] 具,具备;体,形体。

亦雁荡具体而微者。(《雁荡山》)

[今义] 明确,不抽象,细致。

21. 智力

[古义] 智,智谋;力,力量。

且燕赵处秦革灭殆尽之际,可谓智力孤危,战败而亡,诚不得已。(《六国论》)

[今义] 理解事物的能力。

22. 前进

[古义] 前,走上前去;进,奉献。

相如前进缶,因跪请秦王。(《廉颇蔺相如列传》)

［今义］　向前行进，思想进步。

23. 或者

［古义］　有的人，有些人。

或者曰：夏商周汉封建而延，秦郡邑而促。（《封建论》）

［今义］　选择连词或副词。

24. 即使

［古义］　即，就，让，叫。

即使吏卒共抱大巫妪投之河中。（《西门豹治邺》）

［今义］　表假设性让步关系的连词。

25. 弟兄

［古义］　有时偏指兄。

我有亲父母，逼迫兼弟兄。（《孔雀东南飞》）

［今义］　①同辈之间。②旧时军队称士兵。

26. 亲戚

［古义］　指父亲兄弟，统指家里亲人。

臣所以去亲戚而事君者，徒慕君之高义也。（《史记·廉颇蔺相如列传》）

［今义］　旁系亲属。

27. 妻子

［古义］　妻子和子女。

子布、元表诸人各顾妻子……（《赤壁之战》）

［今义］　指夫妻双方的女方。

28. 中国

［古义］　中原地区。

若能以吴越之众与中国抗衡，不如早与之绝。（《赤壁之战》）

［今义］　中华人民共和国。

29. 非常

[古义]　意外事故(名词)。

所以遣将守关者,备他盗之出入与非常也。(《鸿门宴》)

[今义]　很、大(副词)。

30. 所以

[古义]　①缘故(名词)。②表示原因的虚词。③用来,靠它来,表凭借。

① 余叩所以。(《狱中杂记》)

② 臣所以去亲戚而事君者,徒慕君之高义也。(《廉颇蔺相如列传》)

③ 师者,所以传道、受业、解惑也。(《师说》)

[今义]　表因果关系的关联词。

31. 绝境

[古义]　与外界隔绝之地。

先世避秦时乱,率妻子邑人来此绝境,不复出焉。(《桃花源记》)

[今义]　没有出路的境地。

32. 无论

[古义]　不要说。

问今是何世,乃不知有汉,无论魏晋。(《桃花源记》)

[今义]　表条件关系的关联词。

33. 用心

[古义]　思想意识的活动(中性)。

蚓无爪牙之利,筋骨之强,上食埃土,下饮黄泉,用心一也。(《劝学》)

[今义]　读书用功或对事肯动脑筋(褒义)。

34. 稍稍

[古义]　渐渐地、慢慢地。

宾客意少舒,稍稍正坐。(《口技》)

[今义]　稍微。

35. 更衣

[古义]　上厕所。

权起更衣，肃追于宇下。(《赤壁之战》)

[今义]　换衣服。

36. 无日

[古义]　不久。

事急而不断，祸至无日矣！(《赤壁之战》)

[今义]　不如还有多少时候，很久。

37. 殷勤

[古义]　关切，问候。

肃奉权旨，论天下事势，致殷勤之意。(《赤壁之战》)

[今义]　热情，周到。

38. 唧唧

[古义]　①织布机声。②叹息声。

① 唧唧复唧唧，木兰当户织。(《木兰诗》)

② 我闻琵琶已叹息，又闻此语重唧唧。(《琵琶行》)

[今义]　低声交谈，也指虫的叫声。

39. 豪杰

[古义]　①有声望、地位的人。②英雄人物。

① 号令召三老、豪杰与皆来会计事。(《陈涉起义》)

② 山东豪杰遂并起……(《过秦论》)

[今义]　才能出众的人。

40. 往往

[古义]　处处。

旦日卒中往往语……(《陈涉起义》)

[今义]　常常。

41. 何苦

[古义]　怕什么，怎怕。

而山不知加增，何苦而不平！(《愚公移山》)

[今义]　不值得做，犯不着。

42. 肉食

[古义]　指掌权的大官。

肉食者谋之，又何间焉！(《曹刿论战》)

[今义]　肉类食物。

43. 鱼肉

[古义]　鱼和肉，意为被欺凌的对象(名词)。

如今人方为刀俎，我为鱼肉。(《鸿门宴》)

[今义]　鱼的肉。

44. 卑鄙

[古义]　卑，出身低微；鄙，为人粗野。常用作谦词。

先帝不以臣卑鄙，猥自枉屈，三顾臣于草庐之中。(《出师表》)

[今义]　品质恶劣。

45. 不过

[古义]　不超过。

今以实校之，彼所将中国人，不过十五六万，且已久疲。(《赤壁之战》)

[今义]　转折连词。

46. 其实

[古义]　①它的果实。②那实际情况。

① 叶徒相似，其实味不同。(《晏子使楚》)

② 操虽托名汉相，其实汉贼也。(《赤壁之战》)

[今义]　实际上(副词)。

47. 春秋

[古义] ①年龄。②一年。③书名。

① 天子春秋鼎盛。(《治安策》)

② 蟪蛄不知春秋。(《庄子·逍遥游》)

③ 孔子成《春秋》而乱臣贼子惧。(《孟子·滕文公》)

[今义] ①春季、秋季。②时代名称。

48. 垄断

[古义] 山川阻隔。

自此冀之南、汉之阴,无垄断焉。(《愚公移山》)

[今义] 把持独占。

49. 美人

[古义] 歌伎,宫妃。

秦王大喜,传以示美人及左右。(《廉颇蔺相如列传》)

[今义] 美貌女子。

50. 左右

[古义] 侍卫人员。

左右欲刃相如。(《廉颇蔺相如列传》)

[今义] ①大致范围(方位词)。②控制(动词)。

51. 结束

[古义] 结扎束缚,整装。

婉贞于是率诸少年结束而出。(《冯婉贞》)

[今义] 事情做完一个过程的完结。

52. 约束

[古义] 盟约。

秦自缪公以来二十余君,未尝有坚明约束者也。(《廉颇蔺相如列传》)

[今义] 限制。

53. 大风

[古义] 麻风病。

可以已大风。(《捕蛇者说》)

[今义] 大的风。

54. 一切

[古义] 一律,任何。

岂可一切拘以定月哉。(《梦溪笔谈》)

[今义] 所有的。

55. 宣言

[古义] 公开扬言。

宣言曰:“我见相如,必辱之。”(《廉颇相如列传》)

[今义] 表示政见的公告。

56. 烈士

[古义] 烈,有节操有抱负;士,一般指男子。

烈士暮年,壮心不已。(《龟虽寿》)

[今义] 为革命而牺牲的人。

57. 牺牲

[古义] 作祭祀用的猪、牛、羊。

牺牲玉帛,弗敢加也。(《曹刿论战》)

[今义] 为正义而死。

58. 交通

[古义] ①勾结。②互相遮盖。

① 因其富厚,交通王侯。(《论贵粟疏》)

② 枝枝相覆盖,叶叶相交通。(《孔雀东南飞》)

[今义] 来往和运输。

59. 扶老

[古义]　拐杖。

策扶老以流憩。(《归去来辞》)

[今义]　扶着老人。

60. 秋天

[古义]　秋季的天空。

秋天漠漠向昏黑。(《茅屋为秋风所破歌》)

[今义]　秋季。

61. 可恨

[古义]　痛惜、遗憾。

用人不当其才,闻贤不试以事,良可恨也。(《马钧传》)

[今义]　令人憎恨。

62. 留意

[古义]　考虑,担心。

先生可留意矣。(《中山狼传》)

[今义]　当心,注意。

63. 举手

[古义]　①动手。②告别时的动作。

① 先生举手出狼。(《中山狼传》)

② 举手长劳劳,二情同依依。(《孔雀东南飞》)

[今义]　表赞同,或要求发言时的动作。

64. 老子

[古义]　老年人。

遥望老子杖藜而来。(《中山狼传》)

[今义]　①父亲。②自我的粗俗称谓。

65. 鞠躬

［古义］ ①弯着身子。②恭敬地，谨慎地。

① 我鞠躬不敢息。（《中山狼传》）

② 鞠躬尽瘁，死而后已。（《后出师表》）

［今义］ 行礼。

66. 小生

［古义］ 年轻人。

隶而从者，崔氏二小生：曰恕己，曰奉壹。（《小石潭记》）

［今义］ 古典戏剧中的一种角色。

67. 虽然

［古义］ 虽，尽管；然，如此，尽管如此，虽说如此。

王曰："善哉！虽然，公输盘为我造云梯，必取宋。"（《公输》）

［今义］ 用于让步复句的关联词。

68. 一毛

［古义］ ①一根小草。②一根汗毛。

① 以残年余力，曾不能毁山之一毛，其如土石何！（《愚公移山》）

② 拔一毛而利天下不为也。（《孟子·尽心》）

［今义］ 一角钱。

69. 怠慢

［古义］ 松懈，轻视。

怠慢忘身，祸灾乃作。（《劝学》）

［今义］ 冷淡，待人不够殷勤。

70. 口舌

［古义］ 口和舌，指说话。

国事如此，予不得爱身，意北亦尚可以口舌动也。（《〈指南录〉后序》）

［今义］ 由说话引起的是非、争吵。

71. 不好

［古义］ 不美。

是女子不好，烦大巫妪为人报河伯，得更求好女，后日送之。（《西门豹治邺》）

［今义］ 坏。

72. 丈人

［古义］ ①老年人。②长辈。

① 愿丈人一言而生。（《中山狼传》）

② 汉天子，我丈人行也。（《苏武传》）

［今义］ 岳父。

73. 风流

［古义］ ①杰出、英俊。②繁华的景象。③学问才华，雍容的风度。

① 大江东去，浪淘尽，千古风流人物。（《念奴娇·赤壁怀古》）

② 风流总被雨打风吹去。（《永遇乐·京口北固亭怀古》）

③ 摇落深知宋玉悲，风流儒雅亦吾师。（杜甫《咏怀古迹》）

［今义］ 生活浪漫放荡；男女关系不正当。

74. 操持

［古义］ 拿着。

杖汉节牧羊，卧起操持，节旄尽落……（《苏武传》）

［今义］ 料理、筹划。

75. 开张

［古义］ 广泛。

诚宜开张圣听，以光先帝遗德。（《出师表》）

［今义］ 店铺开业。

76. 学者

［古义］ 求学的人；读书人。

古之学者必有师。（《师说》）

[今义]　有专门学问的人。

77. 妖怪

[古义]　奇怪的现象；反常的现象。

故水旱不能使之饥，寒暑不能使之疾，妖怪不能使之凶。（《天论》）

[今义]　迷信、传说中的怪物。

78. 有意

[古义]　①愿意。②有某种打算。

① 先生不羞，乃有意欲为文收责于薛乎？（《冯谖客孟尝君》）

② 将军岂有意？（《隆中对》）

[今义]　故意，居心。

79. 地方

[古义]　①当地的事。②土地方圆。③大地的形状是方的。

① 在外监司牧宇，亦皆贪鄙成风，不以地方为意。（《方腊起义》）

② 江东虽小，地方千里。（《项羽本纪》）

③ 天圆地方。（《淮南子·天文训》）

[今义]　①泛指空间的一部分。②民间。③地区。

80. 山东

[古义]　①战国时指秦国崤山、函谷关以东之楚、赵、韩、魏、燕、齐六国。②两汉时指太行山以东地区。

① 山东豪俊并起，而亡秦族矣。（《过秦论》）

② 晋兵行下山东。（《史记·晋世家》）

[今义]　山东省。

81. 不避

[古义]　不亚于、不次于。

今海内为一，土地人民之众，不避汤禹。（《论贵粟疏》）

[今义]　不躲开。

82. 人情

［古义］　人间的普遍情况。

人情一日不再食则饥，终岁不制衣则寒。（《论贵粟疏》）

［今义］　应酬送礼，情面、情谊。

83. 把握

［古义］　手掌内。

其为物轻身易藏，在于把握，可以周海内而无饥寒之患。（《论贵粟疏》）

［今义］　抓住，成功的可靠性。

84. 县官

［古义］　朝廷。

今募天下入粟县官，得以拜爵，得以除罪。（《论贵粟疏》）

［今义］　县长，县级领导。

85. 致意

［古义］　表达心意。

其存君举国而欲反复之，一篇之中，三致意焉。（《屈原列传》）

［今义］　表示问候。

86. 反复

［古义］　①扭转形势。②书信往返。

① 其存君兴国而欲反复之，一篇之中，三致意焉。（《屈原列传》）

② 重念蒙君实视遇厚，于反复不宜卤莽，故今具道所以。（《答司马谏议书》）

［今义］　重复。

87. 从容

［古义］　①文采华丽，言辞华丽。②举动。

① 然皆祖屈原之从容辞令，终莫敢直谏。（《屈原列传》）

② 从容中道。（《中庸》）

［今义］　不慌张。

88. 慷慨

[古义] 理直气壮，意气激昂。

初至北营，抗辞慷慨，上下颇惊动。(《〈指南录〉后序》)

[今义] 大方。

89. 便宜

[古义] 有利和应该做的事。

释之既朝毕，因前言便宜事。(《史记·张释之列传》)

[今义] 物品价格低。

90. 无赖

[古义] ①胡作非为。②活泼好玩。

① 王子晞不尚书，领行营节度使，寓军邠州，纵士卒无赖。(《段太尉逸事状》)

② 最喜小儿无赖，溪头卧剥莲蓬。(辛弃疾《清平乐》)

[今义] 流氓，刁钻、泼辣、无理取闹。

91. 故事

[古义] 先例，旧事。

苟以天下之大，而从六国破亡之故事，是又在六国下矣。(《六国论》)

[今义] 真实的或虚构的有人物、有情节的事情。

92. 南面

[古义] 面南而坐，即称帝。

不然，擅齐之强，得一士焉，宜可以南面而制秦。(《读孟尝君传》)

[今义] 南边。

93. 老大

[古义] 年龄大。

门前冷落鞍马稀，老大嫁作商人妇。(《琵琶行》)

[今义] 长兄，长子，船老大。

94. 可怜

[古义] ①可爱。②值得同情。

① 可怜体无比，阿母为汝求。(《孔雀东南飞》)

② 可怜身上衣正单，心忧炭贱愿天寒。(《卖炭翁》)

[今义]　值得怜悯。

95. 小子

[古义]　小子(贬义)。

[今义]　①北方人称男孩。②对青年人的鄙称。

96. 逢迎

[古义]　迎接。

新妇识马声，蹑履相逢迎。(《孔雀东南飞》)

[今义]　奉承、拍马。

97. 斗争

[古义]　吵闹，打架。

群鸡正乱叫，客至鸡斗争。(《羌村三首》)

[今义]　泛指对抗行为。

98. 同志

[古义]　志同道合的人。

同志者或不远千里而致。(《甘薯疏序》)

[今义]　革命群众的互称。

99. 活人

[古义]　养活人。

丽土之毛足以活人者，多矣。(同上)

[今义]　活着的人。

100. 于是

[古义]　在这件事(上)。

吾祖死于是，吾父死于是。(《捕蛇者说》)

[今义]　承接连词。

二、常用通假字例解

通假字与本字	例　句	出　处
“坐”通“座”	先自度其坐，而置之其左	《郑人买履》
“反”同“返”	反归去之	《郑人买履》
“阙”同“缺”	两岸连山，略无阙处	《三峡》
“伏”通“服”	人皆伏其精练	《梦天寺木塔》
“负”通“伏”	于是燕王负斧质，之阙下谢罪	《文三壬传》
“说”通“悦”	学而时习之，不亦说乎？	《论语》
“止”通“只”	担中肉尽，止有剩骨	《狼》
“强”通“僵”	昂首观之，项之为强	《童趣》
“邱”通“丘”	以土砾凸着为邱	《童趣》
“女”同“汝”	诲女知之乎？	《论语》
“陇”通“垄”	小麦覆陇黄	《观刈麦》
“为”同“谓”	孰为汝多知乎？	《两小儿辩日》
“帖”通“贴”	对镜贴花黄	《木兰诗》
“火”通“伙”	出门看伙伴	《木兰诗》
“熙”通“嬉”	圣人非所与熙人，寡人反取病焉	《晏子使楚》
“曾”通“层”	荡胸生曾云，决眦入归鸟	《望岳》
“祇”通“只”	故虽有名马，祇辱于奴隶人之手	《马说》
“食”通“饲”	食马者不知其能千里而食也	《马说》
“见”通“现”	刀美不外见	《马说》
“邪”通“耶”	其真无马邪，其真不知马也	《马说》
“板”通“版”	活板	《活板》
“已”通“以”	已后典籍皆为板本	《活板》
“诎”通“屈”	卧右膝，诎右臂支船	《核舟记》
“衡”通“横”	左手倚一衡木	《核舟记》
“简”通“拣”	盖简核桃修狭者为之	《核舟记》

续表

通假字与本字	例 句	出 处
“攀”通“扳”	右手攀右趾	《核舟记》
“裁”通“才”	裁如星点	《山市》
“支”通“肢”	至舍，四支僵劲不能动	《送东阳马生序》
“被”通“披”	同舍生皆被绮绣	《送东阳马生序》
“夷”通“怡”	言和而色夷	《送东阳马生序》
“尔”通“耳”	非死则徙尔	《捕蛇者说》
“畔”通“叛”	寡助之至，亲戚畔之	《得道多助，失道寡助》
“唱”通“倡”	为天下唱，宜多应者	《陈涉世家》
“以”通“已”	固以怪之矣	《陈涉世家》
“指”通“旨”	卜者知其指意	《陈涉世家》
“转”通“啭”	蝉则千转无穷，猿则百叫无绝	《与朱元思书》
“属”通“嘱”	属予作文以记之	《岳阳楼记》
“具”通“俱”	百废具兴	《岳阳楼记》
“辟”通“避”	患有所不辟也	《孟子——鱼我所欲也》
“得”通“德”	所识穷乏者得我与？	《孟子——鱼我所欲也》
“惠”通“慧”	甚矣，汝之不惠	《愚公移山》
“亡”通“无”	河曲智叟亡以应	《愚公移山》
“已”通“矣”	无能为也已	《烛之武退秦师》
“共”通“供”	共其乏困，君亦无所害	《烛之武退秦师》
“知”通“智”	失其所与，不知	《烛之武退秦师》
“句”通“勾”	句践之地，南至于句无	《勾践灭吴》
“帅”通“率”	将帅二三子夫妇以蕃	《勾践灭吴》
“取”通“娶”	令壮者无取老妇	《勾践灭吴》
“免”通“娩”	将免者以告，公令医守之	《勾践灭吴》
“政”通“征”	当室者死，三年释其政	《勾践灭吴》
“摩厉”通“磨砺”	而摩厉之于义	《勾践灭吴》

续表

通假字与本字	例　　句	出　　处
"有"通"又"	衣水犀之甲亿有三千	《勾践灭吴》
"孰"同"熟"	徐公来,孰视之	《邹忌讽齐王纳谏》
"耆"通"嗜"	日三四里,少益嗜食	《触龙说赵太后》
"反"同"返"	必勿使反	《触龙说赵太后》
"希"同"稀"	鼓瑟希,铿尔,舍瑟而作	《子路、曾皙、冉有、公西华侍坐》
"莫"同"暮"	莫春者,春服既成	《子路、曾皙、冉有、公西华侍坐》
"无"通"毋"	则无望民之多于邻国也	《寡人之于国也》
"颁"同"斑"	颁白者不负戴于道路也	《寡人之于国也》
"涂"同"途"	涂有饿莩而不知发	《寡人之于国也》
"生"通"性"	君子生非异也,善假于物也	《劝学》
"辩"同"辨"	两涘渚崖之间,不辩牛马	《秋水》
"从"通"纵"	合从缔交,相与为一	《过秦论》
"景"同"影"	赢粮而景从	《过秦论》
"距"通"拒"	距关	《鸿门宴》
"内"通"纳"	毋内诸侯	《鸿门宴》
"要"同"邀"	张良出,要项伯	《鸿门宴》
"倍"通"背"	愿伯具言臣之不敢倍德也	《鸿门宴》
"蚤"通"早"	旦日不可不蚤自来谢项王	《鸿门宴》
"趣"通"趋"	趣舍万殊	《兰亭集序》
"由"通"犹"	后之视今,亦由今之视昔	《兰亭集序》
"而"通"尔"	早缫而绪	《种树郭橐驼传》
"振"通"震"	振之以威怒	《谏太宗十思疏》
"俨"通"严"	俨骖騑于上路	《滕王阁序》
"销"通"消"	云销雨霁,彩彻区明	《滕王阁序》
"机"通"几"	所赖君子见机,达人知命	《滕王阁序》
"受"通"授"	师者,所以传道受业解惑也	《师说》

续表

通假字与本字	例句	出处
“不”通“否”	或师焉，或否焉	《师说》
“厌”通“餍”	暴秦之欲无厌	《六国论》
“当”通“倘”	当与秦相较，或未易量	《六国论》
“父”通“甫”	余弟安国平父、安上纯父	《游褒禅山记》
“函胡”同“含糊”	南声函胡，北音清越	《石钟山记》
“莫”同“暮”	至莫夜月明	《石钟山记》
“赀”同“资”	敛赀财以送其行	《五人墓碑记》
“曷”通“何”	亦曷故哉	《五人墓碑记》
“采”同“彩”	须臾成五采	《登泰山记》
“圜”通“圆”	石苍黑色，多平方，少圜	《登泰山记》
“匪”通“非”	匪来贸丝	《卫风·氓》
“于”通“吁”	于嗟鸠兮，无食桑葚	《卫风·氓》
“说”通“脱”	士之耽兮，犹可说也	《卫风·氓》
“泮”通“畔”	淇则有岸，隰则有泮	《卫风·氓》
“归”通“馈”	自牧归荑，洵美且异	《邶风·静女》
“错”通“措”	偭规矩而改错	《离骚》
“离”通“罹”	进不入以离忧兮	《离骚》
“道”通“导”	来吾道夫先路也	《离骚》
“帘”通“奁”	箱帘六七十，绿碧青丝绳	《孔雀东南飞》
“纫”通“韧”	蒲苇纫如丝	《孔雀东南飞》
“垂”通“陲”	扬声沙漠垂	《白马篇》
“狡”通“娇”	狡捷过猿猱	《白马篇》
“中”通“衷”	不得中顾私	《白马篇》
“尊”通“樽”	一尊还酹江月	《念奴娇·赤壁怀古》
“闵”通“悯”	臣以险衅，夙遭闵凶	《陈情表》
“零丁”通“伶仃”	零丁孤苦，至于成立	《陈情表》

续表

通假字与本字	例　　句	出　　处
“蓐”通“褥”	常在床蓐	《陈情表》
“羞”通“馐”	使建中远具时羞之奠	《祭十二郎文》
“世”通“逝”	皆不幸早世	《祭十二郎文》
“敛”通“殓”	敛不凭其棺	《祭十二郎文》
“冯”通“凭”	浩浩乎如冯虚御风	《赤壁赋》
“纽”通“扭”	则被这枷纽的我左侧右偏	《窦娥冤》
“突”通“涂”	可怎生糊突了盗跖，颜渊	《窦娥冤》
“那”通“哪”	那有这等话说	《窦娥冤》
“每”通“们”	这都是官吏每无心正法	《窦娥冤》
“却”通“恰”	却告了相思回避	《长亭送别》
“阁”通“搁”	阁泪汪汪不赶垂	《长亭送别》
“绰”通“戳”	这招风嘴把香头来绰疤	《闺塾》
“冥”通“溟”	北冥有鱼，其名为鲲	《逍遥游》
“知”通“智”	小知不及大知，小年不及大年	《逍遥游》
“辩”通“辨”	此小大之辩也	《逍遥游》
“而”通“耐”	德合一君，而征一国者	《逍遥游》
“辩”通“变”	若夫乘天地之正，而御六气之辩	《逍遥游》
“阖”通“合”	倾城阖户，连臂而至	《虎丘记》
“直”通“值”	昂其直，居为奇货	《促织》
“裁”通“才”	手裁举，则又超忽而跃	《促织》
“翼”通“翌”	翼日进宰，宰见其小，怒呵成	《促织》
“飨”通“享”	飨德怀恩	《促织》
“沽”通“酤”	径须沽取对君酌	《将进酒》
“耶”通“爷”	耶娘妻子走相送	《兵车行》
“刑”通“型”	刑于寡妻	《齐桓晋文之事》
“盖”通“盍	盖亦反其本也	《齐桓晋文之事》

续表

通假字与本字	例　　句	出　　处
“田”通“畋”	今王田猎于此	《庄暴见孟子》
“由”通“犹”	民归之，由水之归下也	《孟子见梁襄王》
“施”通“迤”	蚤起，施从良人之所之	《孟子·离娄下》
“剔”通“剃”	其次剔毛发，婴金铁受辱	《报任安书》
“枪”通“抢”	见狱吏则头枪地	《报任安书》
“罔”通“网”	及罪至罔加	《报任安书》
“摩”通“磨”	古者富贵而名摩灭	《报任安书》
“底”通“抵”	大底圣贤发愤直之所为作也	《报任安书》
“失”通“佚”	网罗天下放失旧闻	《报任安书》
“责”通“债”	则仆偿前辱之责	《报任安书》
“不”通“否”	秦王以十五城请易寡人之璧，可予不？	《廉颇蔺相如列传》
“庭”通“廷”	拜送书于庭	《廉颇蔺相如列传》
“案”通“按”	召有司案图	《廉颇蔺相如列传》
“缪”通“穆”	秦自缪公以来二十余君	《廉颇蔺相如列传》
“指”通“旨”	其称文小而其指极大	《屈原列传》
“濯”通“浊”	自疏濯淖污泥之中	《屈原列传》
“质”通“贽”	厚币委质事楚	《屈原列传》
“决”通“诀”	辞决而行	《信陵君窃符救赵》
“乡”通“向”	北乡自刭	《信陵君窃符救赵》
“没”通“冒”	没死以闻	《触龙说赵太后》
“县”通“悬”	胡瞻尔庭有县特兮	《伐檀》
“干”通“岸”	置之河之干兮	《伐檀》
“屈”通“缺”	兵旱相乘，天下大屈	《论积贮疏》
“齐”通“剂”	在肠胃，火齐之所及也	《扁鹊见蔡桓公》
“信”通“伸”	孤不度德量力，信大义于天下	《隆中对》
“还”通“旋”	居十日，扁鹊见桓侯而还走	《扁鹊见蔡桓公》

续表

通假字与本字	例　　句	出　　处
“见”通“现”	横河上蔽，在昼犹昏，疏条交映，有时见日	《与朱元思书》
“识”通“志”	公拆袄，出珠授之，封识宛然	《记王忠肃公翱事》
“炎”通“焰”	顷之，烟炎张天，人马烧溺死者甚众	《赤壁之战》
“衡”通“横”	有勇力者聚徒而衡击	《论积贮疏》
“录”通“碌”	公等录录，所谓因人成事者也	《毛遂自荐》
“还”通“环”	秦王还柱而走，卒惶急不知所为	《荆轲刺秦王》
“振”通“震”	燕王诚振怖大王之威，不敢兴兵以拒大王	《荆轲刺秦王》
“阳”通“佯”	皆阳应曰：“诺”	《记王忠肃公翱事》
“陵”通“凌”	贾家庄几为巡徼所陵迫死	《〈指南录〉后序》
“灌”通“盥”	媵人持汤沃灌	《送东阳马生序》
“逝”通“誓”	逝将去女，适彼乐土	《硕鼠》

三、词类活用例解

（一）名词的特殊用法

1. 活用为一般动词

简称“名词作动词”。其规律如下。

(1) 后跟作宾语的名词（名词＋名词〈非并列或修饰关系〉//名词＋代词——之、尔、汝等），如“范增数目项王”，可译为“用眼睛示意”；“驴不胜怒，蹄之”可译为“用蹄子踢”。

(2) 后带补语的名词（名词＋名词〈非并列或修饰关系〉//名词＋介宾结构），如“沛公军〈霸上〉”，可译为“驻扎”；“秦伐韩，军于阏与”，可解释为“驻扎”。

(3) 前有状语的名词（副词＋名词——副词“不”“弗”“已”“遂”等），如“秦师[遂]东”，意“向东进发”；“小信未孚，神[弗]福也”，释为“赐福”。

(4) 前有能愿动词（能、可、愿、应、宜、当、欲……）的名词，如“非能水也”，可译为“游泳”。

(5) 前有结构助词“所”的名词，如“置人所罾鱼腹中”，应译为“捕捞”。

(6) 后跟“者”(解释为“的人”)字的名词，如“门者故不入”，解释为“看门”。

(7) 同一个名词连用，而又非叠词中的一个名词。如“春风风人”，应译为“吹拂”；“如曰今日当一切不事事”，要译作“从事”或“干”。

(8) 名词用在连词“而”“以”“且”的前后，表示动作的，如“进城梯而下之”，即“架梯”；“儿涕而去”，释为“流泪”。

(9) 句中无其他任何可以充当谓语的动词或形容词，如“诸越则桃李冬实”，应解释为“结果实”。

名词作动词解释的规律：

(1) 替代式，以相应的动词替代。如：①朝服衣冠。(穿戴)　②赵王鼓瑟。(弹奏)

(2) “动＋名”式，在这个名词前加上相应的动词。如：①遂命酒。(摆酒)　②歌以赠之。(写歌)

(3) “名＋动”式，在这个名词后加上相应的动词。如：怀其璧，从径道亡。(怀藏)

(4) “介＋名＋动”式，在这个名词前加上相应的介词，在这个名词后加上有关的动词。如：①陈涉瓮牖绳枢之子。(以瓮作，用绳系)　②范增数目项王。(用眼示意)

【注意点】

(1) 两个名词连用，究竟哪一个作动词，要看上下文的具体情况。如：①令赵王为秦王鼓瑟。(《廉颇蔺相如列传》)此句上文有“秦王饮酒酣，曰：‘寡人窃闻赵王好音，请奏瑟！’”的内容，故此句必是“瑟”前的“鼓”作动词“弹奏”解，前后形成动宾结构。②噌吰如钟鼓不绝。(《石钟山记》)此句是苏轼实地考察，发现水波进入石穴罅，发出“如钟”的声音，以此来否定“敲击说”的，故后面的“鼓”作动词“敲”解。

(2) 是用“替代式”还是用“名十动”式，也要看上下文的文意来确定。如：①怀其璧，从径道亡。(《廉颇蔺相如列传》)译为“藏”还是“怀藏”？上文写到“相如度秦王特以诈佯为予赵城，实不可得”，于是设计要求再“斋戒五日”后“乃敢上璧”，蔺相如是“使其从者衣褐”，单身独人偷走的，当然不可能带用以藏璧的行李，故只能是“怀藏”。②左右欲刃相如。(《廉颇蔺相如列传》)“刃”是“杀”还是“用刀杀”？上文是秦王不肯按相如要求击缻，相如决定“五步之内，相如请得以颈血溅大王矣”，在这危急之时，秦王的左右急的是立即制服相如，当然是想立即上去杀死相如以保护秦王，怎么可能在心里盘算是用什么武器，故尽管“刃”是与刀相关的，但这里不必译成“用刀杀”。

(3) “名作动”中第四种“把……当作”(“介十名十动”式)与意动用法的区别：“名作动”中“把……当作/看作”是“把自己(这名词)当作/看作”；意动用法是“把宾语看成/当作什么”。如“吾从而师之”中的“师”即为“把(之)当作老师”。

2. 名词作状语

在现代汉语中，除表示时间、地点的名词可直接作状语外，一般名词只有与介词组合成介宾短语，才能一起用在谓语之前作状语；但在古汉语中各种名词直接作状语的现象十分普遍。如果从词类活用的角度看这种现象，其实这个作状语的名词，此时已活用为以这个名词为宾语的介宾短语，只是介词不出现而已。因此，当用现代汉语去对译这种“名词”时，应把它当作介宾短语处理。这种活用类型、作用及译法，大致有以下几种。

(1) 表示比况，表示动作行动的特征和状态，可译为“像……似的”。如：“其一[犬]坐于前”，应译为“像狗似的”；“[斗]折[蛇]行”，应译为“像北斗一样”，“像蛇一样”；“谈笑间樯橹[灰]飞[烟]灭”，译为“像灰一样”，“像烟一样”；“常以身[翼]蔽沛公”，译为“像鸟翅膀似的”。

(2) 表示对人或事物的态度，可译为“像对待……一样”或“把……当作……”或“按照……”。如：“吾得[兄]事之”，译为“像对待哥哥一样”或“把他当作哥哥”。

(3) 表示工具或方式,可译为"用(按照)……"。如:"[箕畚]运于勃海之尾",应译作"用畚箕";"失期,[法]当斩",应译为"按照法令";"好事者[船]载以入",应译为"用船"。

(4) 表示处所,可译为"在……(上)"或"向……"或"从……"等。如:"童子[隅]坐而执烛",应译为"在墙角";"卒[廷]见相如",应译为"在朝廷(上)"。

(5) 时间名词作状语,表示时间。在动词谓语前,通常译为"每……",如:"[日]积[月]累",应译为"每天""每月"。在形容词谓语前,一般译为"一……比……"或"一……地"。如:"[日]新[月]异",应译作"一天比一天"或"一月月地"等。

(6) 方位名词作状语,表趋向,可译为"向(朝/往)……"或"在……",如:"孔雀[东南]飞",应译为"向东南";"[外]结孙权,[内]修政理"(《隆中对》),译为"在外","在内"。

名词作状语解释的规律:

(1) "介+名"式,在这名词前加上有关的介词。如:顺水东流而行。(《秋水》)译为"向东"。

(2) "动+名"式,在这名词前加上有关的动词。如:余自齐安舟行至临汝。(《石钟山记》)译为"乘船"。

(3) "名+名"式,重复此名词。如:小鸟时来啄食。(《项脊轩志》)译为"时时"。

【注意点】

(1) 有时粗看是名词用在动词前,但实际后面的那个动词是作名词用的,前面的名词就不应视为"名作状"。如"悉埋于地,解其棕缚"。(《病梅馆记》)"缚"是"解"的宾语,是名词,故"棕"就是"缚"的定语,译为"解开那棕绳捆绑的束缚"。

(2) 有时名词用在名词前,实际上后面的名词作动词了,那前面的名词就是名作状了。如"夜闻汉军四面皆楚歌"。(《〈指南录〉后序》)"歌"是"唱歌","楚"应是名作状"用楚语"。

(3) 可以两个名词甚至三个名词作同一动词的状语。如"道中手自钞录"。

(《〈指南录〉后序》)“道中”“手”“自”都作“钞录”的状语,译为“在路途中亲自动手抄录”。

(4) 不要将主谓结构作为“名作状”。如“身死国灭”。(《屈原列传》)此句写楚怀王“人死了国灭了”,不要误将“身”“国”当作状语。

(5) 不要把动词前的用作动词的名词当作用如状语。如《促织》中“笼归,举家庆贺”的“笼”是名词,“归”是动词,与名词作状语的结构相同。但在这里“笼”“归”都是作为谓语,是表示主语的两个连续动态。“笼”活用为动词,而不是修饰动词“归”作状语成分。

3. 名词的使动用法

(参见后面“动词的特殊用法”)

4. 名词的意动用法

(参见后面“动词的特殊用法”)

(二) 形容词的特殊用法

1. 活用为名词

一般指用该形容词去代替与此词性质、状态、特征有关的人物或事物。

(1) 处于句中主语位置的形容词,往往活用为名词。如“圣益圣,愚益愚”,解释为“圣人”和“愚人”。

(2) 处在句中宾语位置的形容词,一般也活用为名词。如“瑜等率轻锐继其后”,解释为“轻锐的部队”;“避实击虚”,解释为“有实力的地方”“虚弱的地方”。

(3) “其(之)+形容词”,如“不知其浅深”,应译为“深度”(“浅”不表意);“郯子之徒,其贤不及孔子”,“其贤”组成偏正结构,“其”是“贤”的定语,所以中心词“贤”用如名词,作“贤能的品德”解。

(4) 用在数词后用作名词。例如“四美俱,二难并”。(《滕王阁序》)指美时、美景、美情、美事。

形容词作名词的解释规律:

(1) “形+名”式,形容词后加一个有关事物的名词。如:“贤”解释为“贤能的品德”；

(2) 替代式，用一相关的词来替换活用的形容词。如以“老交情”替代“旧”。

2. 活用为一般动词

(1) 后面带有宾语而本身又非使动用法的形容词。如：“天下苦秦久矣”，解释为“痛恨”；“尔安敢轻吴射”，解释为“轻视”；“京中有善口技者”，解释为“擅长”。

(2) 放在“所”字后面的形容词，活用为动词。如①“故俗之所贵，主之所贱也；吏之所卑，法之所尊也。”(《论贵粟疏》)“贵”“尊”都是“看重”的意思；“贱”“卑”的意思都是“轻视”。②“将略平生非所长”，应译为“擅长”。

(3) 放在“能”“可”“足”“欲”等能愿动词或副词后面的形容词，活用为动词。如：“大王必欲急臣，臣头今与璧俱碎于柱矣！”(《廉颇蔺相如列传》)，是“逼迫”的意思。

(4) 放在“之”“我”“其”等代词前面的形容词，也活用为动词。如：“敌人远我，欲以火器困我也。”(《冯婉贞》)是“远离”的意思；“稍出近之”，解释为“靠近”。

(5) 形容词用“而”与动词并列，充当连动谓语，用作动词。如“秦王与群臣相视而嘻”，“嘻”原是表示惊怒声的象声形容词，这里用“而”与动词“视”连接，作连动谓语，“发出惊怒的声音”。

形容词作动词的解释规律：

(1) “动+形”式，在形容词前加动词，如“轻身”的“轻”作“看轻”解；

(2) 替代式，根据文意换一个相应的动词。如“私臣”的“私”，译为“偏爱”。

【注意点】

“令五人者得其首领以老于户牖之下”(《五人墓碑记》)。“老”带补语“于户牖之下”，用作动词，“老”解释为“老死”。因为形容词作谓语时同样可带补语，所以不能肯定所有带补语的形容词都用作动词。遇到这种情况，只有认真推敲文意，才能正确地解答。

3. 形容词的使动用法

（参见后面“动词的特殊用法”）

4. 形容词的意动用法

（参见后面“动词的特殊用法”）

（三）动词的特殊用法

1. 活用为名词

是指用某个动词去代替与该动作行为有关的人物或事物的活用现象。

（1）处于句中主语位置的动词，如“吾射不亦精乎”，应释为“射术”，即“射箭的技术”。

（2）处于句中宾语位置的动词（动词＋动词//介词＋动词），如“设酒杀鸡作食”，解释为“食品”；“惧有伏焉”，解释为“伏兵”；“急湍甚箭，猛浪若奔”，解释为“奔马”。

（3）“其（之）＋动词”，“其（之）”起限定作用。如“盖其又深，则其至又加少矣”，解释为“到达那里的人”；“燕赵之收藏，韩魏之经营”，解释为“收藏、经营的财宝”。

【注意点】

从动词出现的环境来判断。动词用作名词常出现在并列结构之中。例如：

（1）两个同义的词联合组成并列结构。如《屈原列传》“谗谄之蔽明也。”“谗谄”作名词“进谗言的小人”解。

（2）动词分别出现在几个相同的位置上，组成对偶、排比式的并列结构。如《捕蛇者说》“殚其地之出，竭其庐之入。”其中的“出”“入”都用如名词，作“出产的东西”“收入的东西”解。

（3）分别作两个动词的宾语，组成并列结构。如《史记·吴世家》中“哀死事生”的“死”和“生”，都用如名词，表示“死了的人”和“活着的人”。

这三种判断方法，常常是交织在一起的。例句中“故其蓄积足恃”的“蓄积”一词，在句中不仅受“其”的修饰、限制，又充当句子的主语，而且还是同义词联合组成的并列结构，因此，具体运用中，有时应综合考虑。

2. 动词作状语

活用语境是“动词＋动词”，如果这两个动词表示的动作行为不是先后关系，而是同时发生的，那么前面的动词就作状语，表示伴随状态，一般可译为“……着”。如“涕泣谋于禁卒”（《左忠毅公逸事》）中的“涕泣”，表示“谋”的情状是“哭着”而非其他。又如“儿惧，啼告母”（《促织》），解释为“哭着”。

3. 使动用法

是指该动词与后面紧跟的人物或事物（一般由名词或代词充当），并非支配与被支配（即“动宾”）关系；而是含有“使（让）……怎么样”的意思。

（1）不及物动词的使动用法。如①“项伯杀人，臣活之”（《鸿门宴》），可译作“使（他）活下来”。②“然得而腊之以为饵，可以已大风、挛、瘘、疠，去死肌，杀三虫。”（《捕蛇者说》）“已”是“使……止”，“去”是“使……去”。③“殚其地之出，竭其庐之入。”（《捕蛇者说》）“殚”“竭”都是“使……尽”。④“又数刀，毙之。”（《狼》）“毙”是“使……毙”。⑤“君将哀而生之乎”（《捕蛇者说》），解释为“使……生”。

（2）及物动词的使动用法。如“止子路宿，杀鸡为黍而食（sì）之，见（xiàn）其二子焉。”（《论语·微子》）——（老人）留子路住宿。杀鸡做饭给子路吃，叫他的两个儿子出来拜见子路。

（3）活用为动词的名词使动用法。如“先破秦入咸阳者王（wàng）之。”（《史记·项羽本纪》）意思是“使……成为王”。又如“生死人而肉白骨”，应理解为“使（白骨）长肉”。

（4）活用为动词的形容词使动用法。形容词活用作动词后，是使宾语具有这个形容词的性质和状态，这种现象叫形容词的使动用法。例如①“今媪尊长安君之位”，意思是“使（长安君的地位）尊贵”。②“固国不以山溪之险。”（《得道多助，失道寡助》），是“使……强固”。③“必先苦其心志，劳其筋骨，饿其体肤，空乏其身。”（《生于忧患，死于安乐》）“苦”是“使……苦”；“劳”是“使……劳”；“空”是“使……空乏”。④“春风又绿江南岸。”（《泊船瓜州》）“绿”是“使……绿”。⑤“会盟而谋弱秦”(《过秦论》),应译为“使秦国变弱”。

【注意点】

要注意一些动词后省略了宾语的使动用法。如“非有能硕茂之也”。(《种树郭橐驼传》)“硕茂”合用一个宾语“之”,“使……硕大”“使……茂盛”。

4. 意动用法

是指动词对它后面的人或事物,也并非一般的动宾关系,而是含有“认为……怎样”或“把……当作什么”的意思。

(1) 活用为动词的形容词的意动用法。形容词的意动用法是主语认为宾语具有这个活用形容词的性状,宾语本身并不一定真的具有这种性状,只是一种主观地认为。一般采用前一种译法。例如:①“渔人甚异之。”(《桃花源记》)是“认为……奇怪”。②“若毒之乎?”(《捕蛇者说》)是“认为……痛苦”。③“邑人奇之”(《伤仲永》),译作“认为(他)奇特”。④“孔子登东山而小鲁,登泰山而小天下”(《孟子·尽心上》),解释为“以……为小”。

(2) 活用为动词的名词作意动词,即“名词的意动用法”。名词的意动用法是主语把宾语看作这个活用名词所代表的人或物,也是一种主观认为。一般采用前述后一种译法,例如:①“孟尝君客我。”(《战国策·齐策》)是“以……为客”或“把……当作客”。②“稍稍宾客其父”(《伤仲永》),解释为“把(其父)当作宾客”。

(3) 表示心理活动的动词作意动词。由于所谓“意动”是指意念上的活动,而实际上并不一定“动”,甚至根本就没有“动”,因此,除了少数表示心理活动(即“意动”)的动词外,其他动词一般都不能作意动。如“庸人尚羞之”(《廉颇蔺相如列传》),理解为“以(之)为羞辱”。

【注意点】

有的动词带的宾语较长,是一件事情。故不要以为意动的对象总是一个词。如“然皆祖屈原之从容辞令”。(《屈原列传》)“祖”的宾语为“屈原之从容辞令”,译为“都以屈原委婉含蓄的文辞为师祖”。

使动用法与意动用法的区别：

使动用法是主语使宾语在客观上产生某种动作行为。

意动用法是主语主观上认为宾语具有谓语所表示的内容，是存于意念的想法或看法，客观上不一定如此。

5. 为动用法

是指该动词所表示的动作行为，是为后面的宾语而发生的。如“等死，死国可乎”（《史记·陈涉世家》）中的后一个“死”，既不能把它与后面的“国”看成一般动宾关系，译为“死掉国家”，又不能把它当作使动词，译成“使（国家）死掉”，也不能把它视为意动词，译作“认为（国家）死了”，或“把（国家）当作死了”。为动用法的一般翻译格式是“为……而死”，以此去对译上句中的“死国”，即“为（国家）而死”，才完全符合原意。

【注意点】

“为动”就是侧重讲“主语为谁而动”，故不是讲主语有个什么认识、观点、判断。尤其在一些表情感和意念的动词有为动用法时，为动用法突出的是主语实在有这个意念性的动作，而不是仅做出理智判断的意动。如：①吾非悲刖也。（《和氏》）“悲”是“吾”现在正在进行的“为被砍足”而感到的悲痛。不能译为“我认为被砍足是悲痛的”，似乎自己没被砍足，只是在作一理智的判断。②居庙堂之高则忧其民，处江湖之远则忧其君。（《岳阳楼记》）“忧”是用来表示作者处在这两种状况之下，是确确实实会从内心产生“为其民担忧”“为其君担忧”的感情的，而不是讲“我居庙堂之高会认为百姓值得担忧”，那么这与作者真的处在担忧之中是两回事。

第二节　文言虚词

【知识谱系】

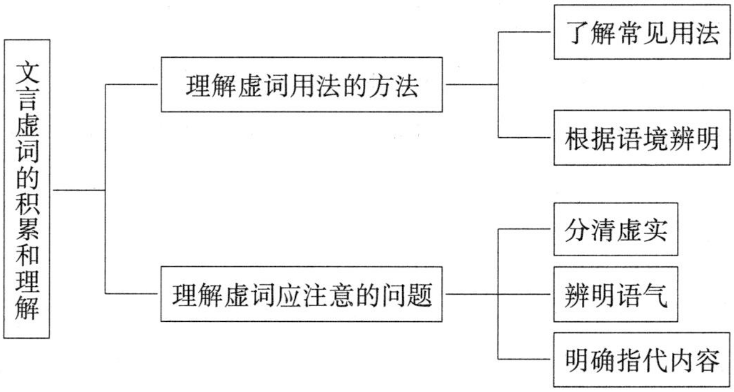

【知识原理】

与文言实词相比较，文言虚词有以下特点：一是用法比较灵活，往往一个字有好几种用法，好几种解释，甚至分属好几类词性；二是使用频率比实词高，许多常用的虚词，在一篇中会多次出现；三是语法功能比实词强，实词往往要靠虚词的组合、连接、辅助而成为完整的句子，体现不同的意思，抒发不同的感情，表达不同的语气。

声气是虚词的精神所在。学习文言虚词，要抓住声气，培养语感。而抓住声气，一靠诵读，二靠品味，三靠比较。只有出声诵读具体文句，才能感受到虚词多种声气；只有细心品味，才能体会传达细微情愫；只有不断比较，才能区分其中的差别。以上三点是理解和积累文言虚词的基本方法。

学好文言虚词是提高文言阅读能力的重要基础。但积累文言虚词要有重点，并不是所有文言虚词都要熟练掌握。作为教学最基本的要求，高中阶段应该熟练掌握最常见的十四个文言虚词是：何、之、以、于、其、而、因、则、焉、乎、与、也、矣、哉。

一、理解虚词用法的方法

1. 了解常见用法

文言虚词，大多“身兼数职”，一词多用。复习时应对使用频率高的虚词的常见用法有一个基本了解。譬如“而”，用作连词的常见用法有：(1)表示并列关系。一般不译，有时可译为“又”。如“永州之野产异蛇，黑质而白章”(《捕蛇者说》)；(2)表示递进关系。可译为“并且”或“而且”。如“君子博学而日参省乎己”(《劝学》)；(3)表示承接关系。可译为“就”“接着”，或不译。如“人非生而知之者，孰能无惑”(《师说》)；(4)表示转折关系。可译为“但是”“却”。如“青，取之于蓝，而青于蓝。”(《劝学》)；(5)表示修饰关系，可不译。如“项王按剑而跽曰：‘客何为者？’”(《鸿门宴》)。

只有通过全面复习，掌握常见虚词的常见用法，阅读时才能结合语境作辨别。

2. 根据语境辨明

文言虚词的常见用法是基础，根据具体语境作辨别是能力。根据语境，先要分析语境，分析具体的上下文，找出意义之间的关系，方能辨别其用法。譬如“以”，可以作介词，表示动作行为所用或凭借的工具、方法及其他，译为“拿”“凭借”“依据”“按照”；可以表示动作行为产生的原因，译为“由于”“因”；还可以用作连词，用法与“而”相近，只是不表示转折。“以”作连词时，还可以表示目的，译为“来”“用来”“以致”等；还可以表示因果关系，常用在表原因的分句前，可译为“因为”。以课文中的两个句子为例：①“余嘉其能行古道，作《师说》以贻之。”(《师说》)，根据“以”前后的意义关系可以认定，句中的“以”是连词，可译为“用来”。②“孤违蹇叔，以辱二三子。”(《秦晋殽之战》)，句中“辱二三子”的意思是“使你们遭受羞辱”，根据前后的意义关系，可以认定句中的“以”是连词，可译为

“以致”,“因而”。

二、理解虚词应注意的问题

1. 分清虚实

文言中的“虚词”与今天所说虚词的概念是不完全相同的。文言虚词大多是从实词借用或从实词虚化而来,因此某个词既是虚词,但同时也有实词的含义,阅读时应仔细加以辨别。例如:“我持白璧一双,欲献项王,玉斗一双,欲与亚父”(《鸿门宴》)中的“与”是其本义“赐予、给予”的意思,是动词;“孰与君少长”(《鸿门宴》)中的“与”是“和、跟”的意思,是介词。再如“适”,在“贫贱有此女,始适还家门”(《古诗为焦仲卿妻作》)中作动词,意思是“出嫁”;在“余自齐安身行适临汝”(《石钟山记》)中也作动词,意思是“往、到”;而在“适得府君书,明日来迎汝”(《古诗为焦仲卿妻作》)中作副词,意思是“刚刚,方才”。所以,在阅读文言文时既不要误虚为实,也不要误实为虚,要仔细加以分辨。

2. 辨明语气

所谓辨明语气,就是依据上下文,体会出词语所表达的口吻和情感。如“师道之不传也久矣”(《师说》)中的“矣”表达感叹的语气;“圣人之所以为圣,愚人之所以为愚,其皆出于此乎”(《师说》)中的“乎”表达揣度的语气;“而此独以钟名,何哉”(《石钟山记》)中的“哉”表达疑问的语气;“吾又何能为哉”(《种树郭橐驼传》)中的“哉”则表达反问语气等。

3. 明确指代内容

某些文言虚词在具体的语境中有所指代,此时也需要根据上下文的意思来判定其指代的具体内容,以明确含义。如“余嘉其能行古道,作《师说》以贻之”(《师说》)中的“其”和“之”都是指代“李氏子蟠”;“今者项庄拔剑舞,其意常在沛公也”(《鸿门宴》)中的“其”则指“项庄舞剑”的行为。另一些虚词可作为疑问代词用,如“大王来何操”(《鸿门宴》)中的“何”,指向大王拿了“什么”;“何者? 严大国之威以修敬也”(《廉颇蔺相如列传》)中的“何”,指向的是赵王“斋戒五日,使臣奉璧,拜送书于庭”这一系列行为的原因。

【知识例解】

一、文言虚词表

虚词	词性	功能以及意义	例　　句
之	代词	第三人称代词：他，她，它	市中游侠儿得佳者笼养之。(《促织》)
		指示代词：这	均之二策，宁许之以负秦曲。(《廉颇蔺相如列传》)
	助词	放在定语和中心语之间，相当于“的”	江宁之龙蟠，苏州之邓尉，杭州之西溪，皆产梅。(《病梅馆记》)
		放在主语和谓语之间，取消句子的独立性	盖亭之所见，南北百里，东西一舍。(《黄州快哉亭记》)
		放在倒置的动宾短语之间，作为宾语提前的标志	句读之不知，惑之不解，或师焉，或不焉。(《师说》)
		放在倒置的定语与中心语之间，作为定语后置的标志	蚓无爪牙之利，筋骨之强。(《劝学》)
		用在时间词或动词后面，凑足音节，无实义	余扃牖而居，久之，能以足音辨人。(《项脊轩志》)
	动词	到……去	胡为乎遑遑欲何之？(《归去来兮辞》)
以	介词	表示工具：拿，用，凭着	愿以十五城请易璧。(《廉颇蔺相如列传》)
		表示凭借：凭，靠	以勇气闻于诸侯。(《廉颇蔺相如列传》)
		表示所处置的对象：把	以子之道，移之官理，可乎？(《种树郭橐驼传》)
		表示时间、处所：于，在，从	武以始元六年春至京师。(《苏武传》)
		表示原因：因为，由于	赵王岂以一璧之故欺秦邪？(《廉颇蔺相如列传》)
		表示依据：按照，依照，根据	余船以次俱进。(《赤壁之战》)
	连词	表示并列或递进关系：而，又，而且，并且	夫夷以近，则游者众。(《游褒禅山记》)
		表示承接关系：而	余与四人拥火以入。(《石钟山记》)
		表示目的关系：来，用来，以致	请立太子为王，以绝秦望。(《廉颇蔺相如列传》)
		表示因果关系：因为	所谓华山洞者，以其乃华山之阳名之也。(《游褒禅山记》)
		表示修饰关系：而	木欣欣以向荣，泉涓涓而始流。(《归去来兮辞·并序》)

续表

虚词	词性	功能以及意义	例　　　句
以	动词	用，任用	忠不必用兮，贤不必以。(《涉江》)
		以为，认为	古人以俭为美德，今人乃以俭相诟病，嘻，异哉！(《训俭示康》)
	助词	表示时间、方位和范围	指从此以往十五都予赵。(以：方位)(《廉颇蔺相如列传》)
		起调整音节的作用	逆以煎我怀。(《孔雀东南飞》)
	名词	缘由，原因	古人秉烛游，良有以也。(李白《春夜》)
	通假	通"已"：已经	得鱼腹中书，固以怪之矣。(《陈涉世家》)
		通"已"：止	无以，则王乎？(《齐桓晋文之事》)
	固定结构	以为：认为，把……看作或当作	南取百越之地，以为桂林、象郡。(《过秦论》)
		是以：即以是，因此	余是以记之，盖叹郦元之简，而笑李渤之陋也。(《石钟山记》)
		有以：有什么办法用来……	项王未有以应，曰："坐。"(《鸿门宴》)
		无以：没有什么办法用来……	故不积跬步，无以至千里；不积小流，无以成江(《劝学》)
于	介词	表示处所：在，从，到	乃设九宾礼于庭。(在)(《廉颇蔺相如列传》)
		表示对象：向，对，对于	爱其子，择师而教之，于其身也，则耻师焉。(《师说》)
		表示原因：由于	业精于勤，荒于嬉。(《进学解》)
		表示被动：被	君幸于赵王。(《廉颇蔺相如列传》)
		表示比较：比	青，取之于蓝，而青于蓝。(后一个"于"：比)(《劝学》)
	连词	与，跟，同	燕王欲结于君。(《廉颇蔺相如列传》)
	固定结构	于是：在这时，在这种情况下，对此，从此，因此	于是余有叹焉。(因此)(《游褒禅山记》)
		于是：连词，表示顺接	于是秦王不怿，为一击缶。(《廉颇蔺相如列传》)
		见……于：表示被动	吾长见笑于大方之家。(《秋水》)

续表

虚词	词性	功能以及意义	例句
其	人称代词	第三人称代词:他的,它的,他,它	臣从其计,大王亦幸赦臣。(《廉颇蔺相如列传》)
		第二人称代词:你的	老臣以媪为长安君计短也,故以为其爱不若燕后。(《触龙说赵太后》)
		第一人称代词:我,我的	而余亦悔其随之而不得极夫游之乐也。(《游褒禅山记》)
	指示代词	表示远指:那,那个,那些,那里	及其出,则或咎其欲出者。(《游褒禅山记》)
		表示近指:这,这个,这些	有蒋氏者,专其利三世矣。(《捕蛇者说》)
		表示"其中的",后面多为数词	于乱石间择其一二扣之。(《石钟山记》)
	副词	表示祈使语气:可,还是	与尔三矢,尔其无忘乃父之志!(《伶官传序》)
		表示揣测语气:恐怕,或许,大概,可能	圣人之所以为圣,愚人之所以为愚,其皆出于此乎?(《师说》)
		表示反问语气:难道,怎么	尽吾志也而不能至者,可以无悔矣,其孰能讥之乎?(《游褒禅山记》)
	连词	表示选择关系:是……还是……	呜呼!其信然邪?其梦邪?其传之非其真邪?(《祭十二郎文》)
		表示假设关系:如果	沛然下雨,则苗浡然兴之矣。其若是,孰能御之?(《孟子见梁襄王》)
	助词	表示调节音节:无实义	路漫漫其修远兮,吾将上下而求索。(《离骚》)
	固定结构	何其:多么	至于誓天断发,泣下沾襟,何其衰也!(《伶官传序》)
而	连词	表示并列关系:又	蟹六跪而二螯,非蛇鳝之穴无可寄者。(《劝学》)
		表示递进关系:并且,而且	君子博学而日参省乎己。(《劝学》)
		表示承接关系:就,接着	人非生而知之者,孰能无惑?(《师说》)
		表示转折关系:但是,却	青,取之于蓝,而青于蓝。(《劝学》)
		表示假设关系:如果,假如	死而有知,其几何离?(《祭十二郎文》)
		表示修饰关系:可不译	项王按剑而跽曰:"客何为者?"(《鸿门宴》)
		表示因果关系:因而	余亦悔其随之而不得极夫游之乐也。(《游褒禅山记》)
		表示目的关系:来	籍吏民,封府库,而待将军。(《鸿门宴》)

续表

虚词	词性	功能以及意义	例　　句
而	代词	通“尔”：你的	妪每谓余曰：“某所，而母立于兹。”（《项脊轩志》）
	固定结构	而已：表示限止的语气助词，相当于“罢了”	闻道有先后，术业有专攻，如是而已。（《师说》）
		而后：才，方才	臣鞠躬尽瘁，死而后已。（《出师表》）
		而况：何况	今以钟磬置水中，虽大风浪不能鸣也，而况石乎！（《石钟山记》）
		既而：不久，一会儿	既而得其尸于井，因而化怒为悲，抢呼欲绝。（《促织》）
	动词	通“如”：好像，如同	军惊而坏都舍。（《察今》）
为	动词	做、作为、充当、变成、成为	斩木为兵，揭竿为旗。（《过秦论》）
		以为，认为	此亡秦之续耳，窃为大王不取也。（《鸿门宴》）
		判断词：是	如今人方为刀俎，我为鱼肉。（《廉颇蔺相如列传》）
	介词	表示被动：有时跟“所”结合，构成“为所”或“为……所”：被	身死国灭，为天下笑。（《过秦论》）
		表示原因或目的：为了，因为	慎勿为归死，贵贱轻何薄。（《孔雀东南飞》）
		表示涉及的对象：给，替	于是秦王不怿，为一击缶。（《廉颇蔺相如列传》）
		表示动作、行为的时间：当，等到	为其来也，臣请缚一人过王而行。（《晏子使楚》）
	助词	句末语气词，表示疑问或反诘：呢	如今人方为刀俎，我为鱼肉，何辞为？（《鸿门宴》）
因	介词	表示根据、前提：依照，根据	善战者因其势而利导之。（《孙子吴起列传》）
		表示凭借、条件：依靠，凭借	因利乘便，宰割天下，分裂山河。（《过秦论》）
		表示时机、条件：趁着，趁此	不如因而厚遇之。（《鸿门宴》）
		表示途径、手段：通过，经由	因宾客至蔺相如门谢罪。（《鸿门宴》）
		表示原因：因为，由于	恩所加，则思无因喜以谬赏。（《谏太宗十思书》）
	连词	表示顺承：于是，就；因而	相如因持璧却立。（《廉颇蔺相如列传》）
		表示原因：因为，由于	因爱鼠，不畜猫犬。（《永氏某之鼠》）
	动词	根据	故事因于世，而备适于事。（《五蠹》）
		沿袭，继续	蒙故业，因遗策。（《过秦论》）
	名词	原因，缘由，机缘	于今无会因。（《孔雀东南飞》）

续表

虚词	词性	功能以及意义	例　　句
则	连词	表示承接关系：就、便	故木受绳则直，金就砺则利。（《劝学》）
		表示条件、假设关系：假使，如果，要是……就，那么	向吾不为斯役，则久已病矣。（《捕蛇者说》）
		表示并列关系：就	位卑则足羞，官盛则近谀。（《师说》）
		表示转折、让步关系：可是，却	于其身也，则耻师焉，惑矣。（《师说》）
		表示选择关系：不是……就是	非死则徙尔。（《捕蛇者说》）
	副词	用在判断句中，起强调和确认作用：是，就是	此则岳阳楼之大观也。（《岳阳楼记》）
		表对已然或发现的强调：已经，原来	及诸河，则在舟中矣。（《殽之战》）
	名词	指分项或自成段落的文字的条数	《论语》七则
		准则，法则	以身作则
	动词	效法	遵后稷、公刘之业，则古公、公季之法。（《周本纪》）
	固定结构	则是：只当是	与窦娥烧一陌儿，则是看你死的孩儿面上。（《窦娥冤》）
		则则：赞叹的声音	连呼则则。（《祭妹文》）
所	名词	处所，地方	成反复自念，得无教我猎虫所耶？（《促织》）
	助词	放在动词前同动词组成所字结构：所……的人，所……的事物，所……的情况	会征促织，成不敢敛户口，而又无所赔偿。（《促织》）
		所和动词结合，后面再有名词性结构，则所字结构起定语的作用	夜则以兵围所寓舍。（《〈指南录〉后序》）
	固定结构	为……所：表示被动	仆以口语遇遭此祸，重为乡党所笑。（《报任安书》）
		所以：用来……的方法，是用来……的	师者，所以传道受业解惑也。（《师说》）
		所以：表示原因，……的原因	臣所以去亲戚而事君者，徒慕君之高义也。（《廉颇蔺相如列传》）

续表

虚词	词性	功能以及意义	例　　句
所	固定结构	所谓:所说的	非吾所谓传其道解其惑者也。(《师说》)
		所在:到处	石之铿然有声音者,所在皆是也。(《石钟山记》)
		所在:所在之处,处所	急趋之,折过墙隅,迷其所在。(《促织》)
者	助词	指人、物、事、时、地等:……的,……的(人、东西、事情)	秦自缪公以来二十余君,未尝有坚明约束者也。(《廉颇蔺相如列传》)
		用在数词后面:……个方面,……样东西,……件事情	或异于二者之为,何哉?(《岳阳楼记》)
		用作"若""似""如"的宾语:……的样子	言之,貌若甚戚者。(《捕蛇者说》)
		放在后置的定语后面,相当于"的"	求人可使报秦者,未得。(《廉颇蔺相如列传》)
		放在主语后面,引出判断,不必译出	廉颇者,赵之良将也。(《廉颇蔺相如列传》)
		用在"今""昔"等时间词后面,不必译出	近者奉辞伐罪。(《赤壁之战》)
		放在分句的句末,引出原因	臣所以去亲戚而事君者,徒慕君之高义也。(《廉颇蔺相如列传》)
	语气词	放在疑问句的句末,表示疑问语气等	何者?严大国之威以修敬也。(《廉颇蔺相如列传》)
也	语气助词	表示判断语气	张良曰:"沛公之参乘樊哙者也。"(《鸿门宴》)
		表示陈述或解释语气	雷霆乍惊,宫车过也。(《阿房宫赋》)
		表示肯定、感叹的语气	呜呼!灭六国者六国也,非秦也。(《过秦论》)
		表示疑问或反诘语气	使秦复爱六国之人,则递三世可至万世而为君,谁得而族灭也?(《阿房宫赋》)
		表示祈使语气	攻之不克,围之不继,吾其还也。(《崤之战》)
		用在句中,表示语气停顿。	是说也,人常疑之。(《石钟山记》)
	固定结构	……之谓也、其……之谓乎:说的就是……啊	诗云:"他人有心,予忖度之。"——夫子之谓也。(《齐桓晋文之事》)
		也哉:加强语气,多有感叹或反诘之意	穷予生之光阴以疗梅也哉!(《病梅馆记》)

续表

虚词	词性	功能以及意义	例　　句
且	连词	表示递进关系：而且，并且	彼所将中国人不过十五六万，且已久疲。（《赤壁之战》）
		表示转折关系：却	且曰："天子设山下考以勉吏。"《书何易于》
		表示让步关系：尚且，还	臣死且不避，卮酒安足辞！（《鸿门宴》）
		表示并列关系：又，又……又……，一面……，一面……	示赵弱且怯也。（《廉颇蔺相如列传》）
	副词	将，将要	有息而欲出者，曰："不出，火且尽。"（《游褒禅山记》）
		暂且，姑且	誓不相隔卿，且暂还家去。（《孔雀东南飞》）
	固定结构	且夫：况且，再说	且夫天下非小弱也，雍州之地，殽函之固，自若也。（《过秦论》）
		且如：就像	且如今年冬，未休关西卒（《兵车行》）
然	动词	通"燃"：燃烧	死灰独不复然乎？（《韩安国列传》）
		认为……正确	成然之。（《促织》）
	指示代词	如此，这样，那么	他植者则不然，根拳而土易。（《种树郭橐驼传》）
	副词	竟，便	始也我以女为圣人邪，今然君子也。（《庄子》）
	连词	表示转折：可是，但，却	然吾居乡，见长人者好烦其令。（《种树郭橐驼传》）
	助词	用于句尾，表示比拟：……似的	天油然作云，沛然作雨。（《孟子》）
		形容词、副词词尾：表示状态	病瘘，隆然伏行。（《种树郭橐驼传》）
		表示肯定语气	若由也，不得其死然。（《论语》）
焉	兼词	相当于"于之""于此""于彼"	积土成山，风雨兴焉（从这里）。（《劝学》）
		相当于"于何"：在哪里，从哪里	且焉置土石？（《愚公移山》）
	代词	相当于"之"	犹且从师而问焉。（《师说》）
		哪里，怎么	未知生，焉知死？（《论语》）
	语气词	句末语气词：了，啊，呢	至丹以荆卿为计，始速祸焉。（《六国论》）
		句中语气词，表示停顿，相当于"也"	句读之不知，惑之不解，或师焉，或否焉，小学而大遗。（《师说》）
		作词尾，相当于"然"：……的样子	盘盘焉，囷囷焉，蜂房水涡，矗不知乎几千万落。（《阿房宫赋》）

续表

虚词	词性	功能以及意义	例句
乎	语气助词	表疑问语气：吗，呢	儿寒乎？欲食乎？（《项脊轩志》）
		表示反问语气：吗，呢	布衣之交尚不相欺，况在国乎？（《鸿门宴》）
		表测度或商量语气：吧	愚人之所以为愚，其皆出于此乎？（《师说》）
		用于感叹句或祈使句：啊	西望夏口，东望武昌，山川相缪，郁乎苍苍。（《前赤壁赋》）
		用在句中的停顿处	吾乃今于是乎见龙。（《庄子》）
	介词	表示时间：在	生乎吾前，其闻道也固先乎吾？（《师说》）
		表示对象：对，向	君子博学而日参省乎己。（《劝学》）
		表示处所：在	今虽死乎此，比吾乡邻之死则已后矣。（《捕蛇者说》）
		表示比较：比	其闻道也固先乎吾。（《师说》）
		表示趋向：到，至	鸡鸣犬吠相闻，而达乎四境。（《孟子》）
		表示被动：被	伤乎矢也。（《公羊传》）
	词尾	用于形容词后：……的样子	飘飘乎如遗世独立，羽化而登仙。（《前赤壁赋》）
与	介词	表示涉及对象：和，跟，同	沛公军霸上，未得与项羽相见。（《鸿门宴》）
		表示受益对象：给，替	陈涉少时，尝与人佣耕。（《陈涉世家》）
		表示比较：比，和……比较	较秦之所得，与战胜而得者，其实百倍。（《六国论》）
	连词	表示并列：和，跟，同	然谋臣与爪牙之士，不可不养而择也。（《勾践灭吴》）
	动词	给予，授予	与尔三矢，尔其无忘乃父之志！（《伶官传序》）
		结交，亲附	与嬴而不助五国也。（《六国论》）
		对付	胡虏易与耳。（《李将军列传》）
		参加，参与	蹇叔之子与师。（《殽之战》）
		赞许，同意	吾与点也。（《论语》）
	语气词	通“欤”。句末语气词，表示感叹或疑问	无乃尔是过与？（《季氏将伐颛臾》）
	固定结构	孰与，与……孰：表示比较与选择：跟……比较，哪一个……	沛公曰：“孰与君少长？”（《鸿门宴》）
		孰若，与其……孰若：表示选择：哪如，与其……哪如……	与其杀是童，孰若卖之。（《童区寄传》）

续表

虚词	词性	功能以及意义	例　　句
矣	语气词	表示陈述:了	则其天者全而其性得矣。(《种树郭橐驼传》)
		表示感叹	业根,死期至矣!(《促织》)
		表示命令或请求	已矣,勿言之矣。(《庄子》)
哉	语气词	表示感叹:啊	文人画士之祸之烈至此哉!(《病梅馆记》)
		表示疑问或反诘:呢,吗	吾又何能为哉!(《种树郭橐驼传》)

二、文言文固定句式例解

一、表示疑问的词语

1. 奈何

(可译为“怎么办、怎么、为什么”等)

① 沛公曰:“今者出,未辞也,为之奈何?”(《鸿门宴》)

② 奈何取之尽锱铢,用之如泥沙?(《阿房宫赋》)

2. 何如

(可译为“怎么、怎么样、怎么办”等)

① 以五十步笑百步,则何如?(《寡人之于国也》)

② 求,尔何如?(《子路、曾皙、冉有、公西华侍坐》)

3. 何以……?

(可译为“根据什么……? 凭什么……? 为什么? 怎么会?”)

① 一旦山陵崩,长安君何以自托于赵?(《触龙说赵太后》)

② 何以伐为?(《季氏将伐颛臾》)

4. 何所……?

(可译为“所……的是什么?”等)

① 问女何所思,问女何所忆?(《木兰诗》)

5. 如……何?

(可译为“把……怎么样”)

① 以君之力，曾不能损魁父之丘，如太行、王屋何？（《愚公移山》）

② 以残年余力，曾不能毁山之一毛，其如土石何？（《愚公移山》）

6. 孰与……，与……孰

（可译为“跟……比较，哪一个……”）

① 我孰与城北徐公美？（《邹忌讽齐王纳谏》）

7. 何故

① 蒋琬问曰：“今幼常得罪，既正军法，丞相何故哭耶？”（《失街亭》）

② 何故怀瑾握瑜，而自令见放为？（《屈原列传》）

二、表示反问

1. 何……哉（也）？

（可译为“怎么能……呢？”）

① 若为佣耕，何富贵也？（《陈涉世家》）

② 何可胜道也哉？（《游褒禅山记》）

2. 何……为？

（可译为“为什么要……呢？还要……干什么呢？”）

① 如今人方为刀俎，我为鱼肉，何辞为？（《鸿门宴》）

3. 何……之有？

（兼表宾语前置，可译为“有什么……呢？怎么能……呢？”）

① 勾践曰：“苟得闻子大夫之言，何后之有？”（《勾践灭吴》）

4. 如之何……？

（可译为“怎么能……呢？”）

① 君臣之义，如之何其废之？（《季氏将伐颛臾》）

5. 岂（其）……哉（乎，耶，邪）？

（可译为“哪里……呢？难道……吗？怎么……呢”）

① 则仆偿前辱之责，虽万被戮，岂有悔哉？（《报任安书》）

② 呜呼！盛衰之理，虽曰天命，岂非人事哉！（《伶官传序》）

③ 沛公不先破关中，公岂敢入乎？（《鸿门宴》）

6. 安……哉（乎）？

（可译为“哪里……呢？怎么……呢？”）

① 燕雀安知鸿鹄之志哉？（《陈涉世家》）

② 然豫州新败之后，安能抗此难乎？（《赤壁之战》）

7. 不亦……乎

（可译为“不是……吗”）

① 人不知而不愠，不亦君子乎？（《论语》）

② 求剑若此，不亦惑乎？（《察今》）

8. ……非……欤？

（可译为“……不是……吗？”）

① 子非三闾大夫欤？（《屈原列传》）

9. 宁……耶？

（可译为“哪里……呢？”）

① 当时虽觭梦幻想，宁知此为归骨所耶？（《祭妹文》）

10. 顾……哉？

（可译为“难道……吗？”）

① 顾不如蜀鄙之僧哉？（《为学》）

11. 独……耶（乎、哉）？

（可译为“难道……吗？”）

① 相如虽驽，独畏廉将军耶？（《廉颇蔺相如列传》）

② 公子纵轻胜，弃之降秦，独不怜公子姊乎？（《魏公子列传》）

③ 夫祸患常积于忽微，而智勇多困于所溺，岂独伶人也哉？（《伶官传序》）

三、表示感叹

1. 何其

（译为“为什么那么”“怎么这样”“多么”“怎么那么……啊”）

① 至于誓天断发，泣下沾襟，何其衰也！（《伶官传序》）

2. 直……耳！

（可译为“只不过……罢了”）

① 曰：“不可，直不百步耳，是亦走也！”（《寡人之于国》）

② 王变乎色曰：“寡人非能好先王之乐也，直好世俗之乐耳！”（《庄暴见孟子》）

3. 惟……耳！

（可译为“只是……罢了！”）

① 吾已无事可办，惟待死期耳！（《谭嗣同》）

4. 一何

（可译为“何等，多么，为什么……那么……”）

① 吏呼一何怒！（《石壕吏》）

5. 亦……哉

（可译为“也……啊！”）

① 且立石于其墓之门，以旌其所为。呜呼，亦盛矣哉！（《五人墓碑记》）

6. ……何如哉？

（可译为“该是怎样的呢？”）

① 或脱身以逃，不能容于远近，而又有剪发杜门，佯狂不知所之者，其辱人贱行，视五人之死，轻重固何如哉？（《五人墓碑记》）

② 今仆不幸，早失父母，无兄弟之亲，独身孤立，少卿视仆于妻子何如哉？（《报任安书》）

③ 痛定思痛，痛何如哉？（《〈指南录〉后序》）

四、表示揣度

1. 无乃……乎？

（可译为“恐怕……吧？只怕……吧？”等）

① 无乃尔是过与？（《季氏将伐颛臾》）

② 今君王既栖于会稽之上，然后乃求谋臣，无乃后乎？（《勾践灭吴》）

2. 得无……耶？得无……乎？

［可译为“大概……吧，恐怕……吧，该不是……吧，能……吗？（兼表反问）”等］

① 览物之情，得无异乎？（《岳阳楼记》）

② 曰：“日食饮得无衰乎？”（《触龙说赵太后》）

③ “今民生长于齐不盗，入楚则盗，得无楚之水土使民善盗耶？”（《晏子故事两则》）

3. 其……欤？（兼表反问）

① 巫医、乐师、百工之人，君子不齿，今其智乃反不能及，其可怪也欤？（《师说》）

4. ……庶几……欤？

（可译为“……或许……吧？”）

① 吾王庶几无疾病欤？（《庄暴见孟子》）

五、表设问

1. 何者，何则

（可译为“为什么呢”）

① 百仞之山，任负车登焉。何则？陵迟故也。（《荀子》）

六、表示选择

1. 与其……孰若……

（可译为“与其……，不如……”）

① 与其有誉于前，孰若无毁于其后；与其有乐于身，孰若无忧于其心。（《送李愿归盘谷序》）

2. ……欤（耶），……欤（耶）？

（可译为“是……还是……呢？”）

① 先生在民间，审知故扬州阁部果死耶，抑未死耶？（《梅花岭记》）

3. 其……其……也？

（可译为“是……还是……呢？”）

① 其真无马耶？其真不知马也？（《马说》）

七、表陈述语气

1. 有以

（可译为“有用来……的办法，有条件，有办法，有机会，能够”）

① 袁人大愤，然未有以报也。（《书博鸡者事》）

2. 有所

[可译为“有……的（人、物、事），有什么……；有……的地方，有……的原因，有……的办法”]

① 今臣亡国贱俘，至微至陋，过蒙拔擢，宠命优渥，岂敢盘桓，有所希冀。（《陈情表》）

② 民生各有所乐兮，余独好修以为常？（《离骚》）

③ 入而徐趋，至而自谢，曰：“老臣病足，曾不能疾走，不得见久矣，窃自恕而恐太后玉体之有所郄也，故愿望见太后。”（《触龙说赵太后》）

3. 无以，无从。

（可译为“没有用来……的东西、办法，没有什么用来，没有办法，不能”）

① 寿毕，曰：“君王与沛公饮，军中无以为乐，请以剑舞。”（《鸿门宴》）

② 幽邃浅狭，蛟龙不屑，不能兴云雨，无以利世。（《愚溪诗序》）

4. 无所。

[可译为“没有……的（人、物、事）没有什么……；

没有什么地方……没有什么办法、没有条件……”]

① 余虽不合于俗，亦颇以文墨自慰，漱涤万物，牢笼百态，而无所避之。（《愚溪诗序》）

② 今入关，财物无所取，妇女无所幸，此其志不在小。（《鸿门宴》）

③ 夫吴之与越也，仇雠敌战之国也；三江环之，民无所移。（《勾践灭吴》）

5. 比及

（可译为“等到……的时候”）

① 子路率尔而对曰："千乘之国，摄乎大国之间，加之以师旅，因之以饥馑，由也为之，比及三年，可使有勇，且知方也。"(《子路、曾皙、冉有、公西华侍坐》)

② 对曰："方六七十，如五六十，求也为之，比及三年，可使足民。"(《子路、曾皙、冉有、公西华侍坐》)

八、宾语前置

1. 唯……是……

("是"无意，起宾语前置作用；"唯"表示对象的唯一性，可译为"只")

① 唯命是从。

2. ……何……之有

① 宋何罪之有？(《公输》)

② 夫晋何厌之有？(《左传》)(晋国怎么会满足呢？)

③ 勾践曰："苟得闻子大夫之言，何后之有？"(《勾践灭吴》)

九、假设

1. 诚……则……

[可译为"如果……那么(就)……"]

① 诚能见可欲，则思知足以自戒；将有作，则思知止以安人；念高危，则思谦冲而自牧；惧满溢，则思江海下百川；乐盘游，则思三驱以为度；忧懈怠，则思慎始而敬终；虑壅蔽，则思虚心以纳下……(《谏太宗十思疏》)

② 公子诚一开口请如姬，如姬必许诺，则得虎符，夺晋鄙军，北救赵而西却秦，此五霸之伐也。(《信陵君窃符救赵》)

2. 否则

(可译为"如果不……就……不然的话……就……")

① 否则不能继述先烈遗志且光大之，而徒感慨于其遗事，斯诚后死者之羞也。(《黄花岗七十二烈士事略》)

3. 然则

(可译为"既然这样，那么；如果这样，那么")

① 然则诸侯之地有限，暴秦之欲无厌，奉之弥繁，侵之愈急。（《六国论》）

② 而适类于余，然则虽辱而愚之，可也。（《愚溪诗序》）

4. 向使

（可译为“假如，如果”）

① 向使三国各爱其地，齐人勿附于秦，刺客不行，良将犹在，则胜负之数，存亡之理，当与秦相较，或未易量。（《六国论》）

5. 自非

（可译为“如果不是，除非是”）

① 自非亭午夜分，不见曦月。（《三峡》）

十、转折

1. 然而

（可译为“这样却；但是；（既然）这样，那么”）

① 七十者衣帛食肉，黎民不饥不寒，然而不王者，未之有也。（《寡人之于国也》）

② 然而成败易变，功业相反也。（《过秦论》）

2. 虽然

［可译为“虽然如此，（但）；即使如此”］

① 虽然，吾自今年来，苍苍者或化而为白矣，动摇者或脱而落矣。（《祭十二郎文》）

十一、其他

1. 得以

（可译为“能够”）

① 是以蓼洲周公，忠义暴于朝廷，赠谥美显，荣于身后；而五人亦得以加其土封，列其姓名于大堤之上，凡四方之士无有不过而拜且泣者，斯固百世之遇也。（《五人墓碑记》）

② 不然，令五人者保其首领以老于户牖之下，则尽其天年，人皆得以隶使之，安能屈豪杰之流，扼腕墓道，发其志士之悲哉。（《五人墓碑记》）

2. 俄而

（可译为“不久，一会儿”）

① 俄而百千人大呼，百千儿哭，百千犬吠。（《口技》）

3. 而况

（可译为“何况，况且”）

① 源不深而望流之远，根不固而求木之长，德不厚而思国之安，臣虽下愚，知其不可，而况于明哲乎。（《谏太宗十思疏》）

② 今以钟磬置水中，虽大风浪不能鸣也，而况石乎。（《石钟山记》）

4. 而已

（可译为“罢了”）

① 太宰嚭谏曰：“嚭闻古之伐国者，服之而已；今已服矣，又何求焉。”（《勾践灭吴》）

② 是故弟子不必不如师，师不必贤于弟子，闻道有先后，术业有专攻，如是而已。（《师说》）

5. 何乃

（可译为“何况是，岂止是；为什么竟”）

① 母谓府吏：“何乃太区区！”（《孔雀东南飞》）

6. 既而

（可译为“随后，不久”）

① 既而以吴民之乱请于朝，按诛五人，曰颜佩韦、杨念如、马杰，沈扬、周文元，即今之傫然在墓者也。（《五人墓碑记》）

7. 既……且……

（可译为“又……又……”）

① 既替余以蕙纕兮，且又申之以揽茝。（《离骚》）

8. 可得

（可译为“可以，可能”）

① 曰："王之好乐甚，则齐其庶几乎。今之乐犹古之乐也。"曰："可得闻与？"(《庄暴见孟子》)

9. 可以

(可译为"可以用来，足以用来；可以，能够")

① "五亩之宅，树之以桑，五十者可以衣帛矣。"(《寡人之于国也》)

② 君子曰：学不可以已。(《劝学》)

③ 百亩之田，勿夺其时，数口之家，可以无饥矣；谨庠序之教，申之以孝悌之义，颁白者不负戴于道路矣。(《寡人之于国也》)

10. 乃尔

(可译为"竟然如此，居然如此")

① 何其相似乃尔。

11. 且夫

(可译为"再说，而且")

① 且夫我尝闻少仲尼之闻，而轻伯夷之义者，始吾弗信。(《秋水》)

② 且夫天下非小弱也，雍州之地，殽函之固，自若也。(《过秦论》)

12. 是故

(可译为"所以，因此")

① 是故败吴于囿，又败之没，又郊败之。(《勾践灭吴》)

② 是故无贵无贱，无长无少，道之所存，师之所存也。(《师说》)

③ 是故圣益圣，愚益愚。(《师说》)

13. 是以

(可译为"所以，因此，因而")

① 余是以记之，盖叹郦元之简，而笑李渤之陋也。(《石钟山记》)

② 臣无祖母，无以至今日，祖母无臣，无以终余年，祖孙二人，更相为命，是以区区不能废远也。(《陈情表》)

14. 所谓

(可译为"所说的，所认为")

① 此所谓战胜于朝廷。(《邹忌讽齐王纳谏》)

② 彼童子之师,授之书而习其句读者也,非吾所谓传其道、解其惑者也。(《师说》)

③ 中谷绕泰安城下,郦道元所谓环水也。(《登泰山记》)

④ 所谓天者诚难测,而神者诚难明矣。所谓理者不可推,而寿者不可知矣。(《祭十二郎文》)

15. 往往

(可译为“处处,到处;常常”)

① 古人之观于天地、山川、草木、虫鱼、鸟兽,往往有得,以其求思之深而无不在也。(《游褒禅山记》)

② 迨诸父异爨,内外多置小门,墙往往而是。(《项脊轩志》)

③ 春江花朝秋月夜,往往取酒还独倾。(《琵琶行》)

④ 汝去年书云:“比得软脚病,往往而剧。”(《祭十二郎文》)

16. 未尝

(可译为“从来没有,不曾”)

① 每览昔人兴感之由,若合一契,未尝不临文嗟悼,不能喻之于怀。(《兰亭集序》)

② 齐人未尝赂秦,终继五国迁灭,何哉?(《六国论》)

③ 中年兄殁南方,吾与汝俱幼,从嫂归葬河阳,既又与汝就食江南,零丁孤苦,未尝一日相离也。(《祭十二郎文》)

④ 逝者如斯,而未尝往也;盈虚者如彼,而卒莫消长也。(《前赤壁赋》)

17. 谓……曰……

(可译为“对……说,告诉……说;把……叫作……”)

① 项伯许诺,谓沛公曰:“旦日不可不蚤自来谢项王。”(《鸿门宴》)

② 范增起,出召项庄,谓曰:“君王为人不忍。”(《鸿门宴》)

③ 因笑谓迈曰:“汝识之乎?”(《石钟山记》)

④ 妪每谓余曰:“某所,而母立于兹。”(《项脊轩志》)

18. 谓之

（可译为“称他是，说他是；称为，叫作”）

① 褒禅山亦谓之华山。（《游褒禅山记》）

② 由山以上五六里，有穴窈然，入之甚寒，问其深，则其好游者不能穷也，谓之后洞。（《游褒禅山记》）

③ 东谷者，古谓之天门溪水，余所不至也。（《登泰山记》）

④ 今所经中岭及山巅崖限当道者，世皆谓之天门云。（《登泰山记》）

19. 无何

（可译为“没有多久，不久，一会儿”）

① 无何，见宫殿数十所，碧瓦飞甍（méng），始悟为山。（《山市》）

20. 毋宁，无宁

（可译为“宁肯，宁愿；莫不是，不是”）

① 四五年前某夕，吾尝语曰：“与使吾先死也，无宁汝先吾而死。”（《与妻书》）

21. 无庸

（可译为“不用，无须”）

① 请姑无庸战。（《勾践灭吴》）

22. 无由

（可译为“不可能，无法，无从”）

① 无由会晤，不任区区向往之至。（《答司马谏议书》）

23. 相与

（可译为“互相，相互，彼此；同你；一起，共同；相处，相交”）

① 诸侯恐惧，会盟而谋弱秦，不爱珍器重宝肥饶之地，以致天下之士，合从缔交，相与为一。（《过秦论》）

② 夫人之相与，俯仰一世。（《兰亭集序》）

③ 相与枕藉乎舟中，不知东方之既白。（《赤壁赋》）

24. 一切

（可译为“一律，一概；权宜，暂且”）

① 既而风定天清，一切乌有；惟危楼一座，直接霄汉。（《山市》）

25. 所以

［可译为“……的原因，之所以……，为什么……；用来……的方法，用来……的东西，是用来……的，用来……的地方，用来……的人（事），靠它来……的”］

① 所以遣将守关者，备他盗之出入与非常也。（《鸿门宴》）

② 仰观宇宙之大，俯察品类之盛，所以游目骋怀，足以极视听之娱，信可乐也。（《兰亭集序》）

③ 虽世殊事异，所以兴怀，其致一也。（《兰亭集序》）

④ 师者，所以传道、受业、解惑也。（《师说》）

26. 以故

（可译为“所以”）

① 唐浮图慧褒始舍于其址，而卒葬之；以故其后名之曰“褒禅”。（《游褒禅山记》）

② 方急时，不及召下兵，以故荆轲逐秦王，而卒惶急无以击轲，而乃以手共搏之。（《荆轲刺秦王》）

27. 以……故

（可译为“因为……的缘故”）

① 皆山水之奇者，以余故，咸以愚辱焉。（《愚溪诗序》）

② 赵王岂以一璧之故欺秦邪？（《廉颇蔺相如列传》）

③ 公子闻之，往请，欲厚遗之。不肯受，曰：“臣修身洁行数十年，终不以监门困故而受公子财。”（《信陵君窃符救赵》）

28. 以是

（可译为“因此”）

① 以是言之，夫古之让天子者，是去监门之养而离臣虏之劳也，故传天下而不足多也；今之县令，一日身死，子孙累世絜驾，故人重之。（《五蠹》）

② 故偃王仁义而徐亡，子贡辩智而鲁削，以是言之，夫仁义辩智非所以持国也。（《五蠹》）

29. 以……为……

[可译为“认为……是……，把……当作……；让……作……，任用……为……；用……做……，把……作(为)……”]

① 齐曰：“必以长安君为质，兵乃出。”(《触龙说赵太后》)

② 于是焉河伯欣然自喜，以天下之美为尽在己。(《秋水》)

③ 然秦以区区之地，致万乘之势，序八州而朝同列，百有余年矣；然后以六合为家，殽函为宫；一夫作难而七庙隳，身死人手，为天下笑者，何也？(《过秦论》)

④ 既自以心为形役，奚惆怅而独悲。(《归去来兮辞》)

⑤ 楚之南有冥灵者，以五百岁为春，五百岁为秋，上古有大椿者，以八千岁为春，八千岁为秋，此大年也。(《逍遥游》)

30. 以为

[可译为“认为他(它)是，认为；用它来”]

① 若舍郑以为东道主，行李之往来，共其乏困，君亦无所害。(《烛之武退秦师》)

② 夫颛臾，昔者先王以为东蒙主，且在城邦之中矣，是社稷之臣也。(《季氏将伐颛臾》)

③ 吾与汝俱少年，以为虽暂相别，终当久相与处，故舍汝而旅食京师，以求斗斛之禄；诚知其如此，虽万乘之公相，吾不以一日辍汝而就也。(《祭十二郎文》)

④ 引以为流觞曲水，列坐其次，虽无丝竹管弦之盛，一觞一咏，亦足以畅叙幽情。(《兰亭集序》)

31. 以至于

(可译为“一直到；结果”)

① 一丝而累，以至于寸，累寸不已，遂成丈匹。(《乐羊子妻》)

32. 因而

(可译为“据此而，借此而，因此，所以”)

① 今黛玉见了这里许多事情不合家中之式，不得不随的，少不得一一改过来，因而接了茶。(《红楼梦》)

② 夜间闻子清歌，因而问及。(《杜十娘怒沉百宝箱》)

33. 于是

(可译为“对……，然后就”，或仍译为“于是”，相当于“这时候，在这里，在这种情况下，由于这个原因”)

① 将不可改于是矣。(《勾践灭吴》)

② 于是葬死者，问伤者，养生者；吊有忧，贺有喜；送行者，迎来者；去民之所恶，补民之不足。(《勾践灭吴》)

③ 于是为长安君约车百乘质于齐，齐兵乃出。(《触龙说赵太后》)

④ 于是废先王之道，焚百家之言，以愚黔首；隳名城，杀豪杰；收天下之兵，聚之咸阳，销锋镝，铸以为金人十二，以弱天下之民。(《过秦论》)

⑤ 于是饮酒乐甚，扣舷而歌之。(《赤壁赋》)

34. ……之谓

(可译为“叫作，就是，才算；这就叫作；就是，说的就是”)

① 宜乎百姓之谓我爱也。(《齐桓晋文之事》)

② 夫子之谓也。(《齐桓晋文之事》)

③ 于是焉河伯始旋其面目，望洋向若而叹曰：“野有之曰：‘闻道百，以为莫己若’者，我之谓也。”(《秋水》)

35. 至于

(可译为“到了，一直到；竟至于，结果，终究，到……结局，到……时候”)

① 勾践之地，南至于句无，北至于御儿，东至于鄞，西至于姑蔑，广运百里。(《勾践灭吴》)

② 左师公曰：“今三世以前，至于赵之为赵、赵主之子孙侯者，其继有在者乎？”(《触龙说赵太后》)

③ 至于颠覆，理固宜然。(《六国论》)

④ 余以乾隆三十九年十二月，自京师乘风雪，历齐河、长清，穿泰山西北谷，越长城之限，至于泰安。(《登泰山记》)

第三节　文言句式

【知识谱系】

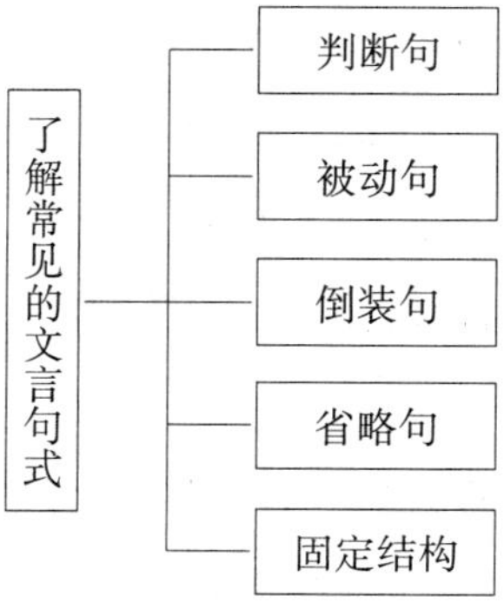

【知识原理】

古今汉语句式基本相同，但也有些区别，一般把与现代汉语有区别的句式称“特殊句式”，也可简称“文言句式”。学习文言句式，要通过与现代汉语同类句式进行比较来把握它们的特殊之处。文言句式变化并不多，还是比较容易掌握的。常见的文言句式主要有四种。

1. 判断句

文言判断句很少用判断词“是”，其结构可分为三类：(1)“……者，……也”“……者，……”“……，……也”“……者也”。如“廉颇者，赵之良将也”(《廉颇蔺相如列传》)，“师之所存，道之所存也”(《师说》)等。(2)“……为(乃、即、则、非、是)……”。如“如今人方为刀俎，我为鱼肉”(《鸿门宴》)，“同是天涯沦落人”(《琵琶行》)。(3)直接用名词表示判断。如“刘备，天下枭雄。”(《赤壁之战》)

2. 被动句

文言被动句很少用“被”表示，其结构主要有四类：(1)“……见(受)……(于)”。如“吾长见笑于大方之家”(《秋水》)。(2)“……于……”。如“不拘于时”(《师说》)等。(3)“……为……(所)”“……为所……”。如“遂为猾胥报充里正役”(《促织》)。(4)不用介词。如“戍卒叫，函谷举”(《阿房宫赋》)，“举”意思是“被攻占”。这种情况需要根据主谓关系仔细判断。

3. 倒装句

文言文倒装句主要有四种：(1)主谓倒装。如“快哉，此风!”(《黄州快哉亭记》)。(2)宾语前置。①否定句中代词作宾语前置，如“古之人不余欺也”(《石钟山记》)。②疑问句中代词作宾语前置。如“沛公安在”(《鸿门宴》)。③以“之”或“是”为前置标志。如“句读之不知”(《师说》)。④介词宾语前置，如“又奚以自多”(《秋水》)。⑤反身代词“自”作宾语前置，如“秦人不暇自哀”(《阿房宫赋》)。(3)定语后置。如“石之铿然有声者，所在皆是也。”(《石钟山记》)定语后置短语，多在后面加“者”。(4)介词结构后置。如“耻学于师”等。后置的大多是“(于)……”“(以)……”等介词短语。

4. 省略句

省略句，现代汉语也常见。之所以说它特殊，是因为它在文言中非常普遍。文言省略句主要有以下四种情况：(1)省主语。如“余购三百盆，(梅)皆病者，无一完者。”(《病梅馆记》)(2)省谓语或谓语动词。如“一鼓作气，再(鼓)而衰，三(鼓)而竭。”(《曹刿论战》)(3)省宾语。如“木直中绳，輮(之)以为轮。”(《劝学》)省略的宾语多为“之”。(4)省略介词或介宾短语。如“余自束发读书(于)轩中”(《项脊轩志》)。省略的介词多为“于”和“以”。

另外，要理解和把握文言文中的一些固定结构。

文言文中的固定结构，就是指一些词语经常搭配使用形成的稳定形式。它们一般不能拆开来解释，而要作整体解释。这些固定结构主要有：“无乃……乎”(恐怕……吧、大概……吧)、“得无……乎(耶)”(恐怕……吧、莫非……吧)、“不亦……乎”(不是……吗)、“庸……乎”(难道……吗)、“其……乎”(难道……吗)、“顾……哉”(难道……吗)、“何其……也”(怎么那么……啊)、“奈(如、若)……何”(对……怎么办)、“……孰与……”(与……相比谁/什么……)、“……之谓也”(说的就是……)、“何……为”(为什么……呢)、“以……为”(认为……、把……当作)、“何……之有”(有什么……呢)等。

【知识例解】

文言文句式例解

一般句式

一、判断句

(1) 用“者……也”表判断

廉颇者,赵之良将也。(《廉颇蔺相如列传》)

(2) 句末用“者也”表判断

城北徐公,齐国之美丽者也。(《邹忌讽齐王纳谏》)

(3) 用“者”表判断

四人者,庐陵萧君圭君玉,长乐王回深父,余弟安国平父,安上纯父。(《游褒禅山记》)

(4) 用动词“为”或判断词“是”表判断

① 为天下理财,不为征利。(《答司马谏议书》)

② 汝是大家子。(《焦仲卿妻》)

(5) 用“即”“乃”“则”“皆”“本”“诚”“亦”“素”等副词表示肯定判断,兼加强语气,用“非”表示否定判断

① 今天子有急,此乃臣效命之秋也。(《信陵君窃符救赵》)

② 此诚危急存亡之秋也。(《前出师表》)

③ 梁父即楚将项燕。(《史记·项羽本纪》)

④ 此则岳阳楼之大观也。(《岳阳楼记》)

⑤ 臣本布衣。(《前出师表》)

⑥ 且相如素贱人。(《廉颇蔺相如列传》)

⑦ 鱼,我所欲也,熊掌,亦我所欲也。(《鱼我所欲也》)

⑧ 予本非文人画士。(《病梅馆记》)

(6) 无标志判断句

文言文中的判断句有的没有任何标志,直接由名词对名词作出判断。

如:“刘备天下枭雄。”(《赤壁之战》)

【特别提醒】 判断句中谓语前出现的“是”一般都不是判断词,而是指示代词,作判断句的主语,而有些判断句中的“是”也并非都不表示判断,“是”在先秦古汉语中少作判断词,在汉以后作判断词则多起来。

二、被动句

所谓被动,是指主语与谓语之间的关系是被动关系,也就是说,主语是谓语动词所表示的行为的被动者、受害者,而不是主动者、实施者。

1. 有标志

(1) 用“为”或“为……所……”表被动

身死人手,为天下笑者。(……被天下人嘲笑。《过秦论》)

(巨)偏在远郡,行将为人所并。(《资治通鉴》)

(2) 用“被”表被动

忠而被谤,能无怨乎?(忠心却被别人诽谤,能不怨恨吗?《屈原列传》)

予犹记周公之被逮,在丁卯三月之望。(张溥《五人墓碑记》)

(3) 用“见”或“见……于……”表被动

……徒见欺(……白白地被欺骗。《廉颇蔺相如列传》)

臣诚恐见欺于王而负赵。(《廉颇蔺相如列传》)

(4) 用“于”或“受……于……”表被动

不能容于远近。(张溥《五人墓碑记》)

吾不能举全吴之地,十万之众,受制于人。(《资治通鉴》)

2. 无标志

这种情况是指没有被动词的被动句。如:“荆州之民附操者,逼兵势耳。”(《资治通鉴》)这里的“逼兵势”是“被兵势所逼”的意思。

【注意】

“见”有一种特殊用法和表被动的“见”的形式很相近,如“冀君实或见怒也”(《答司马谏议书》),但这里的“见”不表被动,它是放在动词前,表示动作行为偏指一方,“对自己怎么样”的客气说法,像现代汉语中的“见谅”等都是此种用法,后面要举例详细讲。

三、省略句

(1) 主语的省略

永州之野产异蛇,(蛇)黑质而白章。(《捕蛇者说》)

(2) 谓语的省略

夫战,勇气也。一鼓作气,再(鼓)而衰,三(鼓)而竭。(《曹刿论战》)

(3) 动词宾语的省略

以相如功大,拜(之,指蔺相如)为上卿。(《廉颇蔺相如列传》)

(4) 介词宾语的省略

此人一一为(之)具言所闻。(《桃花源记》)

(5) 介词的省略

将军战(于)河北,臣战(于)河南。(《鸿门宴》)

四、疑问句

文言疑问句一般都有疑问词,疑问词包括疑问代词(谁、何、曷、故、安、焉、孰等)、疑问语气词(乎、诸、哉、欤、耶等)以及疑问副词(岂、独、其等),有时也不用疑问词。

另外,还有些表示反问的习惯用法。这里不举例子讲解。

特殊句式

下面针对古汉语中与现代汉语不相同的较特殊的几种句式,作举例、翻译与讲解。

一、主谓倒置

为了强调谓语，有时将谓语置于主语之前。这仅仅是语言表达的需要。

① 甚矣，\汝之不惠(慧)！(《愚公移山》)　译文："你太不聪明了！"

② 安在\公子能急人之困。(《信陵君窃符救赵》)　译文："公子能为别人困难而急的地方在哪里呢？"

二、宾语前置

1. 否定句中代词宾语前置

格式：主＋否定词(不、未、无、莫、毋、弗)＋宾(余、吾、尔、自、之、是)＋动

① 三岁贯汝，莫我肯顾。(《硕鼠》)　译文："莫我肯顾"应理解成"莫肯顾我"。

② 时人莫之许。(《隆中对》)　译文："可当时的人并不赞许他(这么看)"。

③ 秦人不暇自哀。(《过秦论》)　译文："秦人来不及哀叹自己"。

④ 忌不自信。(《邹忌讽齐王纳谏》)　译文："邹忌不相信自己"。

⑤ 然而不王者，未之有也。(《齐桓晋文之事》)　译文："这样还不能称王天下，没有这样的事"。

还有如：毋吾以也，莫己若也。(译："不能因为我，(他)还不如自己")。

成语有：我无尔诈，尔无我虞。(译："我不欺骗你，你不欺骗我")。

从上面的例句中可以得出这样的结论：否定句中宾语代词前置，必须具备两个条件。第一，宾语必须是代词；第二，全句必须是否定句，即必须有否定副词"不、未、毋(无)"等或表示否定的不定代词"莫"。代词宾语要放在动词之前，否定词之后。

2. 疑问句中代词宾语前置

(1) 宾语在动词前面

格式：主＋宾(谁、奚、胡、何、曷、安、恶、焉)＋动？

① 良问曰："大王来何操？"(《鸿门宴》)　译文："张良问公道：'大王来的时候拿了什么？'"

② 问女何所思?(《木兰辞》) 译文:"问女儿在思考什么?"

③ 王见之曰:"牛何之?"(《晏子使楚》) 译文:"大王看见了问道:'把牛牵到哪里?'"

④ 何伤乎?(《齐桓晋文之事》) 译文:"妨碍什么呢(有什么妨碍呢)?"

⑤ 王曰:"缚者曷为者也?"(《晏子使楚》) 译文:"大王问:'绑着的人是干什么的?'"

⑥ 吾谁敢怨?(《捕蛇者说》) 译文:"我敢埋怨谁呢?"

⑦ 且焉置土石?(《愚公移山》) 译文:"况且把土石放置在哪里?"

(2) 宾语放在介词前面

格式:主+宾(谁、奚、胡、何、曷、安、恶、焉)+介+动?

① 不然,籍何以至此?(《鸿门宴》) 译文:"不这样,我(项羽)凭什么到这个地步呢?"

② 谁为哀者?(《五人墓碑记》) 译文:"(你们在)替谁哀哭呢?"

③ 长安君何以自托于赵?(《触龙说赵太后》) 译文:"长安君凭什么在赵国站住脚呢?"

④ 国胡以相恤?(《论积贮疏》) 译文:"国家用什么来救济老百姓呢?"

⑤ 牘!微斯人,吾谁与归?(《岳阳楼记》) 译文:"哦!没有这样的人,我能同谁在一起呢?"

⑥ 虽生,何面目以归汉?(《苏武传》) 译文:"即使活着,(我)凭什么脸面回汉朝去呢?"

3. 陈述句中介词宾语前置

格式:宾+介+动

① 钩以写龙,凿以写龙。(《叶公好龙》) 译文:"用钩子来画龙,用凿子来雕刻龙。"

② 余是以记之。(《游褒禅山记》) 译文:"我因此记下了这件事"

③ 一言以蔽之。 译文:"用一句话来概括它"

④ 楚战士无不一以当十。(《勾践灭吴》)　译文:“楚国的战士没有谁不用一个抵挡十个来拼命作战的”

⑤ 成语有:夜以继日(译:用夜晚来接着白天)。

4. 用“之”“是”作标志的宾语前置

格式:主+宾+之(是)+动

① 夫晋,何罪之有?(《烛之武退秦师》)　译文:“晋国,有什么罪过呢?”

② 唯弈秋之为听。(《弈秋》)　译文:“只听弈秋的教导”(“唯”译为“只”,下同)

③ 句读之不知,惑之不解。(《师说》)　译文:“不了解句读,不能解答疑惑。”

④ 唯陈言之务去。(《答李翊书》)　译文:“只是务必除去那些陈旧的话”

⑤ 父母唯其疾之忧。　译文:“父母只忧虑他的疾病”

⑥ 唯马首是瞻。(《冯婉贞》)　译文:“只看我的马头行事”

⑦ 君亡之不恤,而群臣是忧。　译文:“我们的国君(晋惠公)不怜恤自己流亡在外,却忧虑着我们群臣。”

还有如成语:唯利是图(译:“只图有利的”),唯贤是用(译:“只任用有才的人”)

5. “相”字解释为“动作行为偏指一方”时

可译为“我,你,他(她)”。这时“相”是作宾语放在动词谓语之前,翻译时放在动词谓语的后面。

① 吾已失恩义,会不相从许。(《孔雀东南飞》)　译文:“我已经对她没有情义了,决不会答应你。”

② 勤心养公姥,好自相扶将。(《孔雀东南飞》)　译文:“尽心侍奉婆婆,好好服侍她。”

③ 儿童相见不相识,笑问客从何处来。(《回乡偶书》)　译文:“小孩子看见了我却不认识我。”

现代汉语中也有保留,如:请你相信。

6.“见”字解释为“动作行为偏指一方”时

可解释为“我”。这时“见”是作宾语放在动词谓语之前，翻译时放在动词谓语的后面。

① 府吏见丁宁。（《孔雀东南飞》） 译文：“（我回来时）府吏叮嘱我”

② 生孩六月，慈父见背。（《项脊轩志》） 译文：“生下我六个月，父亲就背弃了我（意思是父亲就去世了）。”

这种情况在现代汉语里也有保留，如：望见恕（希望你宽恕我）；有何见教（有什么指教我的）；让你见笑了（让你笑话我了）；望见谅（希望你原谅我）。

7. 方位词、时间词作宾语时，有时也前置

① 亚父南向坐。（《鸿门宴》） 译文：“亚父范增面向南坐着”。

② 至于北海，东面而视，不见水端。（《秋水》） 译文：“到达北海，向东看去，看不到水的尽头。”

三、状语后置

我们知道，在现代汉语中状语置于谓语之前，若置于谓语之后便是补语。但在文言文中，处于补语的成分往往要以状语来理解，即翻译时大多数时候要提到谓语前面去翻译。

（1）格式：动＋以＋宾

① 饰以篆文山龟鸟兽之形。（《张衡传》） 译文：“用篆文山龟鸟兽的形状来装饰”。

② 还矢先王，而告以成功。（《伶官传序》） 译文：“把箭放回先王灵位之前，禀告大功告成。”

③ 请其矢，盛以锦囊。（《伶官传序》） 译文：“并请出那三支箭，装进锦囊。”

④ 方其系燕父子以组。（《伶官传序》） 译文：“当庄宗用绳索捆绑燕王父子”。

⑤ 申之以孝悌之义。（《齐桓晋文之事》） 译文：“把孝敬父母敬重兄弟的事向他们反复讲述。”

⑥ 覆之以掌。（《促织》） 译文：“用手掌覆盖（蟋蟀）”

(2) 格式:动+于(乎,相当“于”)+宾

① 使归就求救于孙将军。(《赤壁之战》)　译文:“让他回去向孙将军求救”。

② 能谤讥于市朝。(《邹忌讽齐王纳谏》)　译文:“能够在集市上指出我的过错的人”

③ 且立石于其墓之门。(《五人墓碑记》)　译文:“并且在他们的墓门前建立石碑”

④ 生乎吾前。(《师说》)　译文:“生在我的前面”

⑤ 风乎舞雩。(《四子侍坐》)　译文:“在舞雩台上吹风”

(3) 格式:形+于+宾

① 长于臣。(《鸿门宴》)　译文:“(他,指项伯)比我长(大)”

② 虽才高于世,而无骄尚之情。(《张衡传》)　译文:“虽然才能比世人高,但却没有骄傲的情绪。”

四、定语后置

在现代汉语中,定语是修饰和限制名词的,一般放在中心词前,这种语序古今一致,在文言文中,除此情况外,也可以放在中心词后。定语放在中心词后面,用“者”煞尾,构成定语后置的形式。那么,在翻译的时候,要注意把后置定语提到中心词前面去翻译。

1. 格式:中心词+定语+者

① 求人可使报秦者。(《廉颇蔺相如列传》)　译文:“寻找可以出使秦国回来复命的人。”

② 楚人有涉江者。(《刻舟求剑》)　译文:“楚国有个渡江的人”

③ 荆州之民附操者。(《赤壁之战》)　译文:“荆州依附曹操的老百姓”

④ 四方之士来者。(《勾践灭吴》)　译文:“四方前来投奔吴国的士人”

⑤ 村中少年好事者。(《黔之驴》)　译文:“村中有个喜欢多事的年轻人”

2. 格式:中心词+之+定语+者

① 马之千里者。(《马说》)　译文:“千里马”

② 僧之富者不能至。(《为学》) 译文:“富有的和尚却不能到达”

③ 国之孺子之游者。(《勾践灭吴》) 译文:“吴国出游的年轻人”

④ 石之铿然有声者。(《石钟山记》) 译文:“铿然有声的石头”

3. 格式:中心语+之+定语

① 蚓无爪牙之利,筋骨之强。(《劝学》) 译文:“蚯蚓没有尖利的爪牙和强健的筋骨。”

② 居庙堂之高则忧其民,处江湖之远则忧其君。(《岳阳楼记》) 译文:“在朝廷做官(或居在高高的庙堂),就要忧虑老百姓的疾苦,退隐江湖远离朝廷(或身处遥远的江湖),就要为国君担忧。”

4. 格式:中心语+而+定语+者

缙绅而能不易其志者,四海之大,有几人与?(《五人墓碑记》) 译文:“能够不改变自己志向的官员,普天之下,有几个人呢?”

5. 数量词做定语多放在中心词后面。格式:中心语+数量定语

① 比至陈,车六七百乘,骑千余,卒数万人。 译文:“等到了陈这个地方,有六七百辆车,千多名骑兵,数万名士兵。”

② 一食或尽粟一石。(《马说》) 译文:“吃东西有时能吃完一石粮食”

第四节　古诗文鉴赏

【知识谱系】

- 了解诗歌的意象与意境
  - 意　　象
  - 意　　境
- 鉴赏古诗文的表现手法
  - 比兴寄托
  - 情景交融
  - 虚实结合
  - 动静结合
  - 用　　典
  - 托物言志
  - 整散结合
  - 正确描写和侧面描写
  - 运用修辞
  - 炼　　字
- 鉴赏古诗文的语言风格
  - 典雅和平实
  - 明快和含蓄
  - 刚健和柔婉
  - 庄重和活泼

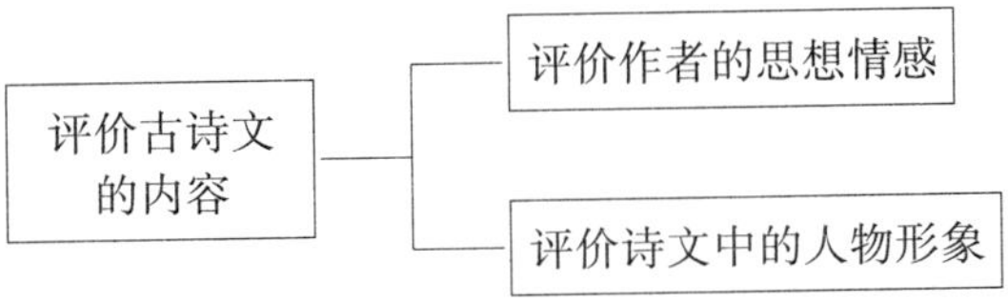

【知识原理】

一、意象

所谓“意象”，是指诗歌中浸透了诗人情感的物象。意象，通过一定的组合关系，表达某种特定意味，传达某种言外之意。鉴赏古诗的意象，主要是把握诗中意象所寄寓的作者情感，领悟它所传递的作者情绪。

诗歌在其漫长的发展过程中，许多意象被赋予了特有且固定的含义。因此，了解这些意象，对于领悟诗歌内涵非常必要。例如：古诗中“夕阳”意象，古人通常用来表达以下三种情感：“夕阳西下，断肠人在天涯”（马致远《天净沙·秋思》）中的“夕阳”，浸透着作者思乡念远之情怀；“夕阳无限好，只是近黄昏”（李商隐《登乐游原》）中的“夕阳”，表达了作者年老迟暮之孤苦；而“草合离宫转夕辉，孤云飘泊复何依”（文天祥《金陵驿》）中的“夕辉”，则蕴涵着作者文天祥对大宋王朝日益衰败并趋向没落的无限感伤。由此看来，结合具体诗句去识记并积累一些常见意象及其蕴涵的情感，有助于我们准确理解古诗的内容和诗人的感情。

二、意境

所谓“意境”，即是“意”和“境”的统一体。“意”，即诗人的思想感情；“境”，即诗中描绘的自然或社会生活景象。概括地说，“意境”就是指诗人主观思想感情与客观自然景象或社会生活景象有机融合而形成的艺术境界。

在中国古代诗歌中“意”与“境”的交融有三种不同的方式：①情随境生。诗人起先并没有自觉的情思意念，生活中遇到某种物境，忽有所悟，思绪满怀，于是借着对物境的描写把自己的情意表达出来，达到“意”与“境”的交融。②移情入景。诗人带着强烈的主观感情接触外界的物境，把自己的感情注入其中，又借着对物境的描写将它抒发出来，客观物境带上了诗人的主观色彩。③体贴物情，物我情融。山川草木，日月星辰，它们在形态色调上的差异，使人产生某种共同的印象，仿佛它们本身便具有性格和感情一样。

三、表现手法

1. 比兴寄托

“比”“兴”是《诗经》中的两种常用的表现手法。“比”即是比喻；“兴”就是古人所说的“先言他物以引起所咏之词也”。如“郁郁涧底松，离离山上苗”（左思《咏史》），诗人开篇即运用了“托物起兴”的手法。“涧底松”，比喻出身寒微的士人；“山上苗”，比喻世家大族之子弟。

2. 情景交融

情，指的是思想感情；景，指的是艺术境界。具有完美意境的诗词，情与景的和谐统一，不仅是情景交融的，而且还能情景相映。意境在不同的作品中有着不同的形式，或即景生情，或缘情写景，或寓情于景。

3. 虚实结合

虚实结合是写诗作文的常用技法。虚与实，指虚景和实景。实景是作者描写的客观景物，也即“眼前之景”；虚景是想象或联想而出的景物，即“心中之景”，虚景和实景相互映衬，可以表达深沉的内涵和旨趣，强化情感的抒发。如李商隐《夜雨寄北》一诗，“巴山夜雨”是写实，“共剪西窗烛”是写虚，巧妙含蓄地表达深深的思念之情。

4. 动静结合

在文言诗文中，动与静的关系有三种：以动衬静，以静衬动，动静结合。前两者以一方为主，另一方起烘托作用，使其更加突出，强化某种感受；后一种是彼此相映，以营造某种情境、气氛，让人沉浸其中，体味其意趣。

5. 用典

古诗文作品中引用以前古诗文中的词句或历史上的故事，这叫“用典”。用典，既可使诗文作品语言精练，又可增强内容的丰富性和表达的生动性、含蓄性，增强作品的表现力和感染力。理解典故需要把握两点：一是典故本身的内容，二是作者用典的意图。

6. 托物言志

通对物品的描写和叙述，表现自己的志向和意愿。采用托物言志法写的古诗文的特点是用某一物品来比拟或象征某种精神、品格、思想、感情等。托物言志的写作方法，最常用的有比喻、拟人、象征等。

7. 整散结合

整散结合指的是整句和散句的结合使用。整句指的是句式比较整齐的句子，例如排比、对偶等，散句则是句式比较自由的句子。整句表现出整齐和谐之美，散句表现出参差错落之美。整散结合，富于变化，呈现出一种严整而又疏放的节奏美。

8. 正面描写和侧面描写

正面描写是对所描写的对象进行正面的直接的描写；侧面描写指着力于描写事物的周边环境，从而使对象更鲜明、更突出。如李白《梦游天姥吟留别》："天台四万八千丈，对此欲倒东南倾。"就是借对天台之高的描写来表现天姥的雄伟高大。

9. 运用修辞

在古诗文中，拟人、比喻、夸张、借代、设问、对比、互文等修辞手法的运用较为常见。如聂夷中的《伤田家》末句"不照绮罗筵，只照逃亡屋"，诗人用"绮罗筵"（指富贵人家）与"逃亡屋"（逃荒流亡的穷苦人家）构成鲜明对比，反映出尖锐的两极分化、阶级对立的社会现实。

10. 炼字

即根据内容和意境的需要，精心挑选最贴切、最富有表现力的字词来表情达意。其目的在于以最恰当的字词，贴切生动地表现人或事物。如王昌龄的《从军行》中的"黄沙百战穿金甲"一句极富概括力："黄沙"形象地点出了西北战场的特征;“百战”言战事不断;“穿金甲”是说战斗艰苦。短短七个字,把边地之荒凉、条件之恶劣、时间之漫长、战争之频繁毫无遗漏地表现出来。

此外,古典诗词鉴赏要注意著名作家的创作风格。一般而言,中国古诗分为现实主义和浪漫主义两大传统。从《诗经》开始,汉乐府、建安文学、杜甫、白居易、陆游等属现实主义,而屈原、李白、李贺、欧阳修、苏轼、龚自珍等属于浪漫主义。古典诗词鉴赏还需要了解“风格流派”的感情基调:或雄健高昂,或旷达开朗,或沉郁顿挫,或苍凉悲壮,或淡泊静谧,或浓艳瑰丽,或凄婉哀伤,等等。

鉴赏文言诗文要联系作品具体思想内容,不可脱离作品实际而孤立地去看待表达手法。另外,本书“散文的阅读”一章所提及的“抒情方法”和“主要表现手法”(象征、铺垫、衬托、抑扬、对比、以小见大),与古诗文的“抒情方法”和“主要表现手法”有相通之处,这里就不再赘述。

四、语言风格

语言风格是语言运用中某种特点或某些特点的综合所形成的格调、气氛和色彩。文言诗文的语言风格一般有华丽与平实、明快和含蓄、繁丰和简洁、刚健和柔婉、庄重和活泼等。

1. 典雅和平实

典雅,主要指语言丰富而有文采,多运用绘形、绘声、绘色的语言对所写对象进行描摹或刻画。

平实,用朴素浅近的语言来表达丰富的内容,主要指语言朴实无华,不着意修饰,不堆砌典故。

2. 明快和含蓄

明快,主要指语言明白而流畅,直言其事,不迂回婉转,思想和感情直接显现在字句中。

含蓄,是写作的一种表现手法,也是一种语言风格,即通过作者所描绘的画面、情景或对话里,用隐含的方式将深刻的思想包孕在所描绘刻画的形象或精心组织的语句之中，意在言外，藏而不露，这种弦外音、味外味，常常能引动人们的想象与无穷的回味。写作手法中的“曲笔”、象征、隐喻、暗示，都可以造成含蓄的艺术效果。

朦胧与含蓄，有共同点，也有区别。它们都注重言外之意、韵外之味，让人遐想。因此，不同的读者都可以根据自己的经历、学养、情趣去捕捉作者的真实意图，获得心理上的满足，从而收到“言有尽而意无穷”的艺术效果。然而，含蓄有既定的主旨、明确的感情，只不过含而不露、意在言外而已。朦胧则常常缺乏专一的含义，迷迷糊糊，捉摸不透，这是作者有意为之。

3. 刚健和柔婉

刚健，指刚强、雄伟的风格形态。刚健的作品，气势豪迈壮阔，感情奔放激烈，笔力刚健遒劲，境界雄奇浑厚，具有阳刚之美。

柔婉，指柔和优美的风格形态。柔婉的作品，内在和美，外表秀丽，抒情表意曲折委婉，具有阴柔之美，给人闲静和谐的感受。

4. 庄重和活泼

庄重，指文辞谨严，典雅端重，不浮靡虚夸，多用色彩庄重的词语和严谨完整的句式。

活泼，指语言灵活，生动自然，通俗形象，风趣幽默，洋溢着丰富的情感。

鉴赏语言风格，只有通过品读来体会。体会的着眼点是语言的内容和形式两方面，包括语言表意的丰寡、节奏的快慢、结构的整散、创意的多少等。如果了解某位作家多篇作品的语言特点，那么对鉴赏他的语言风格会有很大帮助。另外，一个作家的语言风格形成与个人性格、时代文风、地域特点都有一定关联性。所以，有时候，鉴赏一篇作品的语言风格可以与这些因素结合起来，这样往往会有立体的感受。

【知识例解】

一、诗词鉴赏术语例解

类别	概念	说　明	例　句	赏　析
表达方式	记叙	记叙人物的经历或事情的发生、发展、变化过程	“楼船夜雪瓜洲渡，铁马秋风大散关。”（陆游《书愤》）	用叙述的方式写自己亲临抗金前线的值得纪念的往事
	描写	用生动形象的语言对人物、事件、环境所做的具体描绘和刻画	“江月去人只数尺，风灯照夜欲三更。沙头宿鹭联拳静，船尾跳鱼拨剌鸣。”（杜甫《漫成一首》）	诗歌从水中月影写起，生动描写了白鹭曲着身子，恬静地夜宿在月照下的沙滩，船尾大鱼跃出水面而发出拨刺的响声，一动一静构成了江上月夜宁静的美景
	议论	对人和事物的好坏、是非、价值、特点、作用等所表示的意见	“不是花中偏爱菊，此花开尽更无花。”（元稹《菊花》）	这是诗的后两句，点出喜爱菊花的原因和对菊花历尽风霜而后凋的坚贞品格的赞美
	抒情	表达作者强烈的爱憎、好恶、喜怒、爱乐等主观感情。有直接抒情，也有间接抒情	“晨起动征铎，客行悲故乡。鸡声茅店月，人迹板桥霜。槲叶落山路，枳花明驿墙。因思杜陵梦，凫雁满回塘。”（温庭筠《商山早行》）	首联中起句以时间、事件、环境三者相互照应，写出旅客的辛劳，对句直抒诗人的感慨。“客行”与“故乡”相比较，自然生出一个“悲”字来
修辞手法	比喻	用一种事物或情景来比作另一种事物或情景。可分为明喻、暗喻、借喻。有突出事物特征，把抽象的事物形象化的作用	“遥望洞庭山水色，白银盘里一青螺。”（刘禹锡《望洞庭》）	诗歌巧妙地以“螺”作比，将皓月银辉下的山比做银盘里的青螺，色调淡雅，山水浑然一体
	借代	借用相关的事物来代替所要表达的事物。借代可用部分代表全体，具体代替抽象，用特征代替人。借代的运用使语言简练、含蓄	“知否，知否？应是绿肥红瘦。”（李清照《如梦令》）	诗中用“绿”和“红”两种颜色分别代替叶和花，写叶的茂盛和花的凋零

续表

类别	概念	说　明	例　句	赏　析
修辞手法	夸张	对事物的形象、特征、作用、程度等作扩大或缩小的描述。有更突出、更鲜明地表达事物的作用	“白发三千丈，缘愁似个长。”（李白《秋浦歌》）	愁生白发，诗人用夸张的手法写白发竟有“三千丈”那么长，可见愁思的深重
	对偶	用结构相同、字数相同的一对句子或短语来表达两个相对或相近的意思。从形式看，语言简练，整齐对称；从内容看，意义集中含蓄	“无边落木萧萧下，不尽长江滚滚来。”（杜甫《登高》）	从篇法结构来讲，这首诗四联八句，句句皆对仗，对得圆浑自然，不见斧凿之痕。“无边落木”对“不尽长江”使诗的意境显得广阔深远，“萧萧”的落叶声对“滚滚”的水势更使人觉得气象万千。更重要的是，从这里感受到诗人韶华易逝，壮志难酬的苦痛
	比拟	把物当作人来描写叫拟人，或把人当作物来描写叫拟物。比拟有促使读者产生联想，使描写的人、物、事表现得更形象、生动的作用	“霜禽欲下先偷眼，粉蝶如知合断魂。”（林逋《山园小梅》）	这一联采用拟人的手法。“先偷眼”极写白鹤爱梅之甚，它还未来得及飞下，就迫不及待地先偷看梅花几眼；“合断魂”一词写粉蝶因爱梅而至销魂，把粉蝶对梅的喜爱之情夸张到极点
	排比	把内容紧密关联、结构相同或相似、语气一致的几个句子或短语接连说出来	“枯藤老树昏鸦，小桥流水人家，古道西风瘦马。”（马致远《天净沙·秋思》）	纯用名词组合，构成典型环境
	设问	先提出问题，接着自己把看法说出。问题引入，带动全篇，中间设问，承上启下，结尾设问，深化主题，令人回味	“问人间谁是英雄？有酾酒临江，横槊曹公。”（元曲小令，阿鲁威作）	以设问开篇，点明题旨，领起下面，分层次地叙述三国人物的英雄业绩
	反问	用疑问的形式表达确定的意思。用来加强语气，表达强烈感情	“江东弟子今虽在，肯为君王卷土来？”（王安石《叠题乌江亭》）	使用反问句式，语气冷峻，强调了历史之必然

续表

类别	概念	说　　明	例　　句	赏　　析
表现手法	起兴	兴是先言他物以引起所咏之辞	“锦瑟无端五十弦，一弦一柱思华年。”（李商隐《锦瑟》）	首联用瑟这种乐器起兴，由此而思及“华年”
	虚实结合	是指现实的景、事与想象的景、事互相映衬，交织一起表达同样的情感	“寒蝉凄切，对长亭晚，骤雨初歇。都门帐饮无绪，留恋处兰舟催发。执手相看泪眼，竟无语凝咽。……”（柳永《雨霖铃》）	上片除“念去去千里烟波，暮霭沉沉楚天阔”外，写的都是眼前实景实事实情，写词人和心爱的人不忍分别又不得不别的心情，是实写；下片写对别后生活的设想，是虚写，着意描绘词人孤独寂寞的心情。虚实结合，淋漓尽致地写出了离别的依依不舍
	用典	用典有用事和引用前人诗句两种。用事是借用历史故事来表达作者的思想感情，包括对现实生活中某些问题的立场和态度、个人的意绪和愿望等，属于借古抒怀。引用或化用前人诗句目的是加深诗词中的意境，促使人联想而寻意于言外	“想当年，金戈铁马，气吞万里如虎。”（辛弃疾《永遇乐·京口北固亭怀古》） “过春风十里，尽荠麦青青。”（姜夔《扬州慢》）	这首词除了回顾作者四十三年前南下经历一层外，全是用事。“想当年，金戈铁马，气吞万里如虎”写的是刘裕当年北伐抗敌的英雄气概。作者借赞扬刘裕，讽刺南宋王朝主和派屈辱求和的无耻行径，表现出作者抗金的主张和恢复中原的决心 “春风十里”引用杜牧的诗句，表现往日扬州十里长街的繁荣景况，是虚写；“尽荠麦青青”，写词人今日所见的凄凉情形，是实写。这两幅对比鲜明的图景寄寓着词人昔盛今衰的感慨
	联想	将一事物联系到与之有关的另一事物，或把事物中类似的特点联系起来造成一个典型	“碧玉妆成一树高，万条垂下绿丝绦。不知细叶谁裁出，二月春风似剪刀。”（贺知章《咏柳》）	诗人由柳枝的纷披下垂、婀娜多姿联想到翠绿的丝带，运用巧妙的比喻，塑造出一个别具浪漫色彩的新颖形象，一改杨柳抒离情的象征义

续表

类别	概念	说　明	例　句	赏　析
表现手法	想象	人们在已有材料和观念基础上，经过联想、推断、分析、综合，创造出新的观念的思维过程	“湖光秋月两相和，潭面无风镜未磨。遥望洞庭山水色，白银盘里一青螺。”（刘禹锡《望洞庭》）	这首诗选择了月夜遥望的角度，通过极富想象力的描写，将洞庭的湖光山色别出心裁地再现于纸上
	衬托或烘托	指的是以乙托甲，使甲的特点或特质更加突出。有正衬和反衬两种	“大江东去，浪淘尽、千古风流人物。故垒西边，人道是、三国周郎赤壁。”（苏轼《念奴娇·赤壁怀古》） “今夜鄜州月，闺中只独看。遥怜小儿女，未解忆长安。香雾云鬟湿，清辉玉臂寒。何时倚虚幌，双照泪痕干。”（杜甫《月夜》）	这首词要塑造的人物形象是周瑜，却从“千古风流人物”写起，由此引出赤壁之战时的“多少豪杰”，最后才集中为周瑜一人，突出了周瑜在作者心中的主要地位 颔联、颈联写妻子的美丽，反衬诗人惆怅痛苦的心情
	渲染	对环境、景物作多方面的描写形容，以突出形象，加强艺术效果	“风急天高猿啸哀，渚清沙白鸟飞回。”（杜甫《登高》）	首联俯仰所见所闻，一连出现六个特写镜头，渲染秋江景物的特点
	象征	通过特定的、容易引起联想的具体形象，表现与之相似或相近特点的概念、思想和感情	“青山似欲留人住，百匝千遭绕郡城。”（李德裕《登崖州城作》）	这两句描写青山环绕，层峦叠嶂，自己所处的郡城正在严密封锁，重重阻隔之中。象征了自己被政敌迫害的景况，书写思归不得的忧伤
	对比对照	把两种不同的事物或情形作对照，互相比较	“越王勾践破吴归，战士还家尽锦衣。宫女如花满春殿，只今惟有鹧鸪飞。”（李白《越中览古》）	前三句描写昔日繁荣和最后一句描写今日冷落凄凉形成强烈的对比，使读者感受特别深切，其中蕴含着诗人深沉的历史思考
	抑扬	把要贬抑否定的方面和要肯定的方面同时说出来，只突出强调其中一个方面以达到抑此扬彼或抑彼扬此的目的。有先扬后抑和先抑后扬之分	“闺中少妇不知愁，春日凝妆上高楼。忽见陌头杨柳色，悔教夫婿觅封侯。”（王昌龄《闺怨》）	这首诗采用先扬后抑的手法，先写少妇“不知愁”，后面才说她“悔”，通过对少妇情绪微妙变化的刻画，深刻表现了少妇因触景而产生的感伤和哀怨的情绪，突出了“闺怨”的主题

续表

类别	概念	说　　明	例　　句	赏　　析
表现手法	照应	指诗中对前面所写的作必要的回答。恰当运用这种方法使结构显得紧凑、严谨	“楚江微雨里，建业暮钟时。漠漠帆来重，冥冥鸟去迟。”（韦应物《赋得暮雨送李胄》）	首联两句写黄昏时分诗人伫立在细雨蒙蒙的江边，这里点明了诗题中的“暮雨”，又照应了诗题中的“送”字
	动静	对事物、景物作动态、静态的描写，两者相互映衬，构成一种情趣	“沙头宿鸟联拳静，船尾跳鱼拨剌鸣。”（杜甫《漫成一首》）	第四句鱼跳的“动”更衬托出前三句景物的“静”
	正侧	对描写对象进行正面的直接的描写是正面描写；描写对象周围的事物，使对象更鲜明、突出的是侧面描写	“一树春风千万枝，嫩于黄金软于丝。永丰西角荒园里，尽日无人属阿谁？”（白居易《杨柳枝词》 “大漠风尘日色昏，红旗半卷出辕门。前军夜战洮河北，已报生擒吐谷浑。”（王昌龄《从军行》）	白诗第一、二句运用正面描写的手法，描写了春天柳树的娇美形态 王诗第二句侧面描写战况，一方面是风势很大，卷起红旗便于急行军，另一方面是高度戒备，不事张扬，把战事的紧张状态突现出来
	直抒胸臆	即景抒怀，表达诗人面对自然景象所产生的富有哲理性的思想	“白日依山尽，黄河入海流。欲穷千里目，更上一层楼。”（王之涣《登鹳雀楼》）	前两句写景，后两句直接抒发在这样的环境里产生的情怀，天然的形势、阔大的气象与诗人在这景象面前产生的富有哲理的思想融合在一起
	借景抒情融情于景	诗人要表达的思想感情正面不着一字，全然寓于眼前的自然景象之中，借自然景物抒发感情	“孤帆远影碧空尽，唯见长江天际流。”（李白《黄鹤楼送孟浩然之广陵》）	故人的身影越来越远，最后完全消失，滚滚的江水有如对友人的不断思念
	托物言志	在描摹事物以尽其妙的基础上融入作者的感情，寄托作者的心志	“一树春风千万枝，嫩于黄金软于丝。永丰西角荒园里，尽日无人属阿谁？”（白居易《杨柳枝词》）	托物言志，写柳树独处荒园无人观赏，抒发人才被埋没的感慨

二、诗歌鉴赏答题思路

角度	设问示例	答题步骤	答题范式	考题直击	答案解析
修辞手法	1. 本诗在表达感情时主要运用了什么修辞(表现)手法？试结合全诗作简要赏析 2. 诗的第X句/X联运用了什么表现(修辞)手法？有何作用？试结合全诗作简要赏析	① 先答出具体运用的某修辞手法 ② 再答该修辞的作用术语＋诗句内容 ③ 最后点出运用该修辞所表达的诗人的情感	本诗(或第X句或第X联)运用了……的修辞手法,……(该修辞的作用术语)地写出了……(诗句解说),表达了诗人……的情感 【公式】表现手法赏析的表述:具体手法＋作用术语＋诗句内容＋表达情感	**移家别湖上亭** 戎　昱 好是春风湖上亭, 柳条藤蔓系离情。 黄莺久住浑相识, 欲别频啼四五声。 问:诗人采用什么样的表现手法来表达他对湖上亭依恋难舍的深情？试结合诗句具体分析	诗人采用拟人化的手法,用“系”“相识”“欲别”等一系列拟人化动词,赋予柳条藤蔓、黄莺以人的情感,生动形象而又巧妙含蓄地表达了对湖上亭的深情
描写手法	1. 这首诗的细节描写很成功,试结合诗句做简要分析 2. 这首诗在景物描写上有何特色和作用？ 3. 这首诗在描写方面有何特色？	① 先找准描写的特色(细节描写、白描、正面与侧面描写;景物描写的特色还须考虑动静、虚实、上下、远近、高低等顺序) ② 后结合相关诗句简要解说 ③ 再分析作用	(1) 本诗在描写上成功地运用了……描写,写出了……(诗句解说),烘托了诗人……的感情 (2) 本诗在景物描写上的特色是……,这样的描写使景物……(答作用,如动静结合,虚实相生),同时渲染了……的气氛,表达出诗人……的感情 【公式】同上	**秋　思** 张　籍 洛阳城里见秋风, 欲作家书意万重。 复空匆匆说不尽, 行人临发又开封。 问:“行人临发又开封”这是一个成功的细节描写。请结合全诗简要分析这一细节描写的成功之处	这一细节看似平常,但它既照应了“意万重”,又紧承“复恐”,写活了行人对家书的重视和对亲人的深切思念,写尽了行人心有千言万语唯恐言之不尽的复杂而微妙的心理。能让读者体味其中浓浓的乡思之情

续表

角度	设问示例	答题步骤	答题范式	考题直击	答案解析
抒情方式	1. 诗歌在抒情方式上有何特点？请结合诗句作简要赏析 2. 这首诗诗人是怎样抒发感情的？请结合诗句作简要赏析 3. 第X句值得玩味，请从情与景的角度作简要赏析	① 先确定诗是直接抒情还是间接抒情；若是间接抒情，则再确定具体又是哪一种 ② 后结合诗句简要解说所写内容和所抒感情 ③ 最后点明这种抒情方式的作用，要用到术语，如含蓄蕴藉、淋漓尽致等	这首诗运用了……的抒情方式，全诗主要写了……(内容)，抒发了……的感情，这种方式使诗人情感的抒发显得……(用术语) **【公式】**抒发情感的理解的表述：通过什么(表达技巧[间接考查点])＋抒发(寄寓、揭露)什么感情 **【说明】**此公式是对未知情感的分析	**端　居** 李商隐 远书归梦两悠悠， 只有空床敌素秋。 阶下青苔与红树， 雨中寥落月中愁。 ［注］① 端居：闲居。② 素秋：秋天的代称。 问：这首诗的三、四两句在艺术手法上有什么特点？请简要分析	在艺术手法上，第三、四句的最大特点是借景抒情。诗人借助对“青苔”“红树”以及“雨”景、“月”色的描写，赋予客观景物以浓厚的主观色彩，营造出了冷寂、凄清的氛围，表达了悲愁、孤寂和思亲的情感
思想感情	1. 本诗表达了诗人怎样的思想感情？ 2. 这首诗的主旨是什么？	① 先感悟这首诗是乐诗还是哀诗 ② 再结合诗句内容分析乐或哀的原因 ③ 最后确定具体的感情是什么	这首诗通过对……的描写，展现了一幅……的画面，表达了诗人……的思想感情 **【公式】**诗词感情分析题的表述：诗词感情(作者心情)＋理由(能说明该感情的意象[间接考查点]＋表现这种感情的动词、形容词或名词) **【说明】**此公式是对已知情感的分析	**咏怀古迹** 杜　甫 群山万壑赴荆门， 生长明妃尚有村。 一去紫台连朔漠， 独留青冢向黄昏。 画图省识春风面， 环佩空归月夜魂。 千载琵琶作胡语， 分明怨恨曲中论。 问：这首诗表达了诗人怎样的思想感情？	这首诗通过写王昭君美貌无人识、远嫁大漠、孤苦无依的怨恨，表达了诗人对她不幸遭遇的深切同情，同时也表达了诗人漂泊天涯，怀才不遇的悲叹

续表

角度	设问示例	答题步骤	答题范式	考题直击	答案解析
观点品评	你是否同意某人对这首诗的评价？为什么？请结合诗句说说你的理由	① 弄清品评的角度(内容形式？整体局部？表现手法？) ② 读诗和某人的评价 ③ 研读诗作，形成自己的看法 ④ 结合原诗句具体分析你观点的依据	(1) 同意。理由是：……(结合诗句具体分析) (2) 不同意。理由是：……(结合诗句具体分析) 【公式】词语在诗句中含义、诗歌意象分析的表述：解释该字词在诗句中的含义(表层含义)＋该字词描述的景象＋该字句表达的情感或意境 炼字(动词)分析题的表述：词语含义＋手法＋该字与诗题的关系＋表达效果或作用	**子夜吴歌・秋歌** 李　白 长安一片月， 万户捣衣声。 秋风吹不尽， 总是玉关情。 何日平胡虏， 良人罢远征。 问：前人曾说过："余窃谓删去末两句做绝句，更觉浑含无尽。"你是否同意这个说法？请说说理由	① 同意。理由：第四句中的"玉关情"写的是女子思念征人，而女子思念征人的哀怨已经涵盖了诗歌最后两句"何日平胡虏，良人罢远征"的诗意，删除后不会影响诗意的表达，反而更显精炼含蓄 ② 不同意。理由：最后两句"何日……远征"加深了对前面"玉关情"的内容的表达，由亲人之情上升到家国之爱，扩展了诗歌的内容，升华了诗歌的境界

续表

角度	设问示例	答题步骤	答题范式	考题直击	答案解析
比较鉴赏	1. 这两首诗都写到了……,各有什么寓意? 2. 这两首诗表达的思想感情有何异同? 3. 这两首诗分别采用了什么表现方法?	① 先明确比较角度,找准两者之间的异同点 ② 后写出异同之处并结合诗句具体分析研究 ③ 最后指明不同之处在各自诗中的作用	两首诗都……,都表达了诗人……(写出共同点);不同之处是:第一首……(写出不同点及其表达作用),第二首……(写出不同点及其表达作用) 【公式】这首诗采用了(表达方式、修辞手法、表现手法)技法+写出了(意象)的(某某)特点+表现了(突出了)(某某)思想、感情+起到了(某某)表达作用	**禾　熟** 孔平仲 百里西风禾黍香, 鸣泉落窦谷登场。 老牛释了耕耘债, 啮草坡头卧斜阳。 **病　牛** 李　纲 耕犁千亩实千箱, 力尽筋疲谁复伤? 但得众生皆得饱, 不辞羸病卧残阳。 问:两首诗都描写了"牛"的形象,其形象意义是否相同?请简析	不同。《禾熟》中的"老牛"是一个知足而乐、悠然自得的形象,诗人借此表达了像老牛一样早点了却"役债",舒闲疲惫身心的渴望,也含蓄地抒发了自己长期仕途坎坷而积于胸中的郁闷之情。《病牛》中的牛在未病之前耕耘过许多田地,让人收获过千万担的谷物,老病时遭到冷遇,但仍念"但得众生皆得饱",这是一个流尽血汗仍愿奉献到底的崇高形象。诗人以牛自喻,写出了自己坎坷辛酸的遭遇,并借此表达了自己"先天下之忧而忧"、甘愿奉献到底的心志

续表

角度	设问示例	答题步骤	答题范式	考题直击	答案解析
意象赏析	1. 诗中运用了哪些意象？结合全诗分析意象在全诗中的作用 2. 结合诗歌分析某一意象在两首诗中的作用是否相同	① 找准意象，然后加以描述 ② 概括意象特点及作用 ③ 分析揭示意象中蕴含的诗人的情感	本诗用……的意象，渲染了的……氛围……（术语概括作用）地表现了诗人……的感情。 【公式】词语在诗句中含义、诗歌意象分析的表述：解释该字词在诗句中的含义（表层含义）＋该字词描述的景象＋该字句表达的情感或意境	**鹧鸪天** ［宋］晏几道 十里楼台倚翠微， 百花深处杜鹃啼。 殷勤自与行人语， 不似流莺取次飞。 惊梦觉，弄晴时。 声声只道不如归。 天涯岂是无归意， 争奈归期未可期。 问：词人为何写杜鹃的啼叫声？	诗人用杜鹃的意象，仿佛令人感觉到它哀切的啼声，渲染了悲伤的氛围，委婉含蓄（术语概括作用）地表现了诗人流落天涯，有家难归的悲伤之情
意境品味	1. 这首诗营造了一种怎样的意境，有什么作用？ 2. 这首诗描绘了一幅怎样的画面？表达了诗人怎样的思想感情？	① 解说相关诗句 ② 概括意境特点及作用 ③ 分析意境中蕴含的诗人的情感	这首诗描绘了一幅……的画面，营造了一种……的氛围（意境），表现了诗人……的感情 【公式】诗歌意境的体味的表述：描绘诗词中展现的图景画面＋主观感受（营造的氛围特点）＋交融的感情	**十五夜望月** 王　建 中庭地白栖树鸦， 冷露无声湿桂花。 今夜月明人尽望， 不知秋思落谁家？ 问：这首诗描绘了一幅怎样的画面？表达了诗人怎样的思想感情？	诗人描绘了一幅中秋月夜图：月光照射在庭院中，地上好像铺了一层霜雪，院中的树上乌鸦停止了聒噪，在这万籁俱寂的时刻，秋露轻盈无迹，打湿了庭中的桂花。这是一幅宁静伤感的画面，将别离思聚的情意表现得非常委婉动人，抒发了诗人望月情怀的乡愁

续表

角度	设问示例	答题步骤	答题范式	考题直击	答案解析
字词推敲	1. 这首诗中某个字,你认为用得好不好? 2. 同一诗句在不同版本中某个字不同,你认为写得好不好?为何? 3. 某联或某句子中最生动传神的是什么字?为什么? 4. 品味作品某字,并加以简要分析	① 准确解释该字在诗句中的意思 ② 结合所在诗句分析该字的表达作用 ③ 明确答题方向:A 有无修辞或描写手法,若有则指出其作用;B 对相关意象或意境的作用,C 对诗人感情表达的作用	X 一字在诗句中的意思是……,它运用了……的修辞,写出了……的景象,表达了诗人……的思想感情 【公式】炼字(动词)分析题的表述:词语含义+手法+该字与诗题的关系+表达效果或作用	**使至塞上** 王 维 单车欲问边, 属国过居延。 征蓬出汉塞, 归雁入胡天。 大漠孤烟直, 长河落日圆。 萧关逢候骑, 都护在燕然。 问:颔联与颈联中的"直"和"圆"两字用得精妙,请结合全诗简要赏析一下	"直"和"圆"精当而形象地写出了孤烟与落日的形状,两相对应,极富立体感,并把它们置于一个广袤的边塞空间中,营造了一种阔大、雄浑而又苍凉的意境,衬托出诗人出塞后的孤寂
诗眼赏析	1. 这首诗的诗眼是什么?为什么? 2. 某联或某句子中最生动传神的是什么字?为什么? 3. 有人说某字是全诗的诗眼,你同意吗?说说你理由	① 准确找到诗眼字或诗句 ② 结合所在诗句分析诗眼的表达作用 ③ 明确答题方向:A 该诗眼有无修辞或描写手法,若有则指出其作用;B 对相关意象或意境的作用,C 对诗人感情表达的作用	诗眼"X"在诗句中的意思是……,它运用了……的修辞,写出了……的景象,表达了诗人……的思想感情 【公式】炼字(动词)分析题的表述:词语含义+手法+该字与诗题的关系+表达效果或作用	**菩萨蛮** 李 白 平林漠漠烟如织, 寒山一带伤心碧。 暝色入高楼, 有人楼上愁。 玉阶空伫立, 宿鸟归飞急。 何处是归程? 长亭更短亭。 问:请简要分析"空"在表情达意上的作用	"空"在诗中的意思是"白白地",形象地写出了"楼上人"盼归无望、白白等候的落寞神情,也传达出那人苦盼无果的孤寂、惆怅,增添了全词的愁味

续表

角度	设问示例	答题步骤	答题范式	考题直击	答案解析
语言风格	1. 请分析这首诗的语言风格 2. 这首诗在语言上有何特色?	① 先用若干形容词准确概括诗歌的语言特色,如清新自然、朴实无华、委婉含蓄、简练生动、明白晓畅…… ② 用有关诗句具体分析这种特色及效果 ③ 这样的语言表达了诗人怎样的感情	本诗在语言上……(写出特色或风格),通过对……的描写,写出了……(主要内容),表达了诗人的……思想感情 【公式】诗词风格赏析题的表述:(按层次顺序解答)表达方式+语言特点+意境体味及效果	**乌衣巷** 刘禹锡 朱雀桥边野草花, 乌衣巷口夕阳斜。 旧时王谢堂前燕, 飞入寻常百姓家。 问:请简要赏析这首诗歌的语言特色	《乌衣巷》一诗语言含蓄深沉,通过对野草野花在曾经繁华的朱雀桥边肆意蔓延和斜阳残照笼罩着曾经繁华而今冷落凄凉的乌衣巷的今昔对比描写,寓情于景,借环境的烘托、气氛的渲染,同时赋予燕子以历史见证人的身份,体现了咏史诗的特色,抒发了诗人对人事沧桑、兴衰无常的深沉感慨
人物形象	1. 你从诗中看到了一个什么样的人物形象? 2. "……(诗句)"勾勒出了怎样的形象?	① 找出诗词中描写形象的相关语句 ② 概括形象的特征 ③ 结合诗词主旨,指出所写形象的表达作用和效果	这首诗描写了……(特定的环境或氛围)的一个……(特征、性格、思想)的……形象 【公式】描写内容+思想、性格、特征+形象称谓	**观 猎** 王 维 风劲角弓鸣, 将军猎渭城。 草枯鹰眼疾, 雪尽马蹄轻。 忽过新丰市, 还归细柳营。 回看射雕处, 千里暮云平。 问:这首诗塑造了一个怎样的狩猎的将军的形象?	全诗借此塑造了一个豪放潇洒、英姿飒爽、武艺不凡的狩猎的将军的形象

一、诸葛亮传

西晋·陈寿

①诸葛亮字孔明，琅邪阳都人也(1)。汉司隶校尉诸葛丰后也。父圭，字君贡，汉末为太山都丞(2)。亮早孤，从父玄为袁术所署豫章太守(3)，玄将亮及亮弟均之官。会汉朝更选朱皓代玄。玄素与荆州牧刘表有旧，往依之。玄卒，亮躬耕陇亩，好为《梁父吟》(4)。身高八尺，每自比于管仲、乐毅，时人莫之许也。惟博陵崔州平、颍川徐庶元直与亮友善(5)，谓为信然。

②时先主屯新野(6)。徐庶见先主，先主器之，谓先主曰："诸葛孔明者，卧龙也，将军岂愿见之乎？"先主曰："君与俱来。"庶曰："此人可就见，不可屈致也。将军宜枉驾顾之。"由是先主遂诣亮，凡三往，乃见。因屏人曰："汉室倾颓，奸臣窃命，主上蒙尘(7)。孤不度德量力，欲信大义于天下，而智术短浅，遂用猖獗(8)，至于今日。然志犹未已，君谓计将安出？"

③亮答曰："自董卓已来，豪杰并起，跨州连郡者不可胜数。曹操比于袁绍，则名微而众寡，然操遂能克绍，以弱为强者，非惟天时，抑亦人谋也。今操已拥百万之众，挟天子而令诸侯，此诚不可与争锋。孙权据有江东，已历三世，国险而民附，贤能为之用，此可以为援而不可图也。荆州北据汉、沔，利尽南海，东连吴会，西通巴、蜀(9)，此用武之国，而其主不能守，此殆天所以资将军，将军岂有意乎？益州险塞，沃野千里，天府之土，高祖因之以成帝业(10)。刘璋暗弱，张鲁在北，民殷国富而不知存恤，智能之士思得明君。将军既帝室之胄(11)，信义著于四海，总揽英雄，思贤如渴，若跨有荆、益，保其岩阻，西和诸戎，南抚夷越(12)，外结

好孙权，内修政理；天下有变，则命一上将将荆州之军以向宛、洛(13)，将军身率益州之众出于秦川，百姓孰敢不箪食壶浆以迎将军者乎？诚如是，则霸业可成，汉室可兴矣。”

④ 先主曰：“善！”于是与亮情好日密。关羽、张飞等不悦，先主解之曰：“孤之有孔明，犹鱼之有水也。愿诸君勿复言。”羽、飞乃止。

【注释】 (1)琅邪阳都：今山东沂南县。(2)司隶校尉：卫戍京师的长官。泰山郡：东汉时辖十二县，郡治奉高，故城即泰安市区东五十里故县村。梁父山即在泰山郡境内。(3)袁术：字公路，袁绍的从弟，曾于东汉末年称帝，后兵败而亡。豫章：汉朝郡名，相当于今江西省，治所在南昌。(4)《梁父吟》：古曲名，原与《泰山吟》为一曲，为汉乐府民歌，又被称为《泰山梁父吟》。相传诸葛亮自作《梁父吟》一首：“步出齐城门，遥望荡阴里。里中有三坟，垒垒正相似。问是谁家冢，田疆古冶子。力能排南山，文能绝地理。一朝被谗言，二桃杀三士。谁能为此谋，国相齐晏子。”所咏晏子用二桃杀死齐国三位勇士公孙接、田开疆、古冶子的故事。(5)博陵崔州平、颍川徐庶元直：崔州平：太尉崔烈的儿子，博陵在今河北蠡县一带。徐庶：字元直，后投靠曹操。颍川：今河南省中部一带。(6)新野：今河南省新野县。(7)奸臣窃命：指董卓废少帝立献帝事、曹操“挟天子以令诸侯”事。主上蒙尘：指曹操强迫献帝迁都许都事。(8)猖獗：指失败。(9)荆州：今湖南、湖北一带及四川、广东的一部分。治所在襄阳。汉沔：湖北一带。汉水古称沔水。南海：泛指南方近海的地区。吴会：吴郡(今江苏苏州地区)、会稽郡一带(今浙江东部和江苏东南部地区)。巴蜀：巴郡(今重庆一带)和蜀郡(今成都一带)。(10)益州：今四川省。高祖即汉高祖刘邦。(11)帝室之胄：皇室的后代。刘备为汉景帝之子中山靖王刘胜的后代。(12)诸戎：川西的少数民族。夷越：西南的少数民族。(13)宛、洛：今河南省洛阳市，泛指中原一带。

1. 解释加点字的意思

玄将亮及亮弟均之官（　　　　）　　此殆天所以资将军（　　　　）

高祖因之以成帝业（　　　　）　　诚如是，则霸业可成（　　　　）

2. 以下加点字的用法判断正确的一项是（　　）

① 玄将亮及亮弟均之官　　② 时人莫之许也

③ 欲信大义于天下　　④ 信义著于四海

A. ①②相同③④相同　　B. ①②相同③④不同

C. ①②不同③④相同　　D. ①②不同③④不同

3. 以下加点字的用法不同于其他三项的一项是（　　）

A. 此人可就见，不可屈致也　　B. 西和诸戎，南抚夷越

C. 外结好孙权，内修政理　　D. 于是与亮情好日密

4. 翻译句子

（1）然操遂能克绍，以弱为强者，非惟天时，抑亦人谋也。

____

（2）将军身率益州之众出于秦川，百姓孰敢不箪食壶浆以迎将军者乎？

____

5. 在第③段中，诸葛亮为刘备拟定的总体战略可概括为□□□□。

6. 在第③段中，诸葛亮认为刘备成就霸业、兴复汉室的主要优势是________

____

二、三国论

北宋·苏辙

① 天下皆怯而独勇，则勇者胜；皆暗而独智，则智者胜。勇而遇勇，则勇者不足恃也；智而遇智，则智者不足用也。夫唯智勇之不足以定天下，是以天下之难，蜂起而难平。盖尝闻之，古者英雄之君，其遇智勇也，以不智不勇，而后真智大勇乃可得而见也。悲夫！世之英雄，其处于世，亦有幸不幸邪。

② 汉高祖、唐太宗，是以智勇独过天下而得之者也；曹公、孙、刘是以智勇相遇而失之者也(1)。以智攻智，以勇击勇，此譬如两虎相捽(2)，齿牙气力，无以相胜，其势足以相扰，而不足以相毙。当此之时，惜乎无有以汉高帝之事制之者也。

③ 昔者项籍乘百战百胜之威，而执诸侯之柄，咄嗟叱咤(3)，奋其暴怒，西向以逆高祖，其势飘忽震荡如风雨之至。天下之人，以为遂无汉矣。然高帝以其不智不勇之身，横塞其冲，徘徊而不进，其顽钝椎鲁(4)，足以为笑于天下，而卒能摧折项氏而待其死，此其故何也？夫人之勇力，用而不已，则必有所耗竭；而其智虑久而无成，则亦必有所倦怠而不举。彼欲就其所长以制我于一时，而我闭而拒之，使之失其所求，逡巡求去而不能去(5)，而项籍固已惫矣。

④ 今夫曹公、孙权、刘备，此三人者，皆知以其才相取，而未知以不才取人也。世之言者曰：孙不如曹，而刘不如孙。刘备唯智短而勇不足，故有所不若于二人者，而不知因其所不足以求胜，则亦已惑矣。盖刘备之才，近似于高祖，而不知所以用之之术。

⑤ 昔高祖之所以自用其才者，其道有三焉耳：先据势胜之地，以示天下之

形；广收信、越出奇之将(6)，以自辅其所不逮；有果锐刚猛之气而不用，以深折项籍猖狂之势。此三事者，三国之君，其才皆无有能行之者。独一刘备近之而未至，其中犹有翘然自喜之心(7)，欲为椎鲁而不能纯，欲为果锐而不能达，二者交战于中，而未有所定。是故所为而不成，所欲而不遂。弃天下而入巴蜀，则非地也；用诸葛孔明治国之才，而当纷纭征伐之冲，则非将也；不忍忿忿之心(8)，犯其所短，而自将以攻人，则是其气不足尚也。

⑥ 嗟夫！方其奔走于二袁之间(9)，困于吕布而狼狈于荆州，百败而其志不折，不可谓无高祖之风矣，而终不知所以自用之方。夫古之英雄，唯汉高帝为不可及也夫。

【注释】 (1)曹公、孙、刘：指曹操、孙权、刘备。(2)捽(zúo)：抵触；冲突。(3)咄(duō)嗟(jiē)叱(chì)咤(zhà)：怒喝声。(4)顽钝椎(chuí)鲁：无主见，愚笨的样子。(5)逡(qūn)巡：徘徊不敢前进的样子。(6)信、越：韩信、彭越，皆汉初将领。刘邦用张良、陈平的计策，联合韩信、彭越进兵项羽，会兵垓下。(7)翘然：昂首企足的样子，形容期待或思慕。(8)忿忿：盛怒不平的样子。(9)二袁：袁绍、袁术。

【练习】

1. 解释加点字的意思

皆暗而独智，则智者胜（　　　）　　西向以逆高祖（　　　）

夫人之勇力，用而不已（　　　）　　以自辅其所不逮（　　　）

2. 以下加点字的用法判断正确的一项是（　　）

① 以智攻智，以勇击勇　　② 然高帝以其不智不勇之身

③ 方其奔走于二袁之间　　④ 困于吕布而狼狈于荆州

A. ①②相同③④相同　　B. ①②相同③④不同

C. ①②不同③④相同　　D. ①②不同③④不同

3. 翻译句子

(1) 夫唯智勇之不足以定天下,是以天下之难,蜂起而难平。

____

(2) 独一刘备近之而未至,其中犹有翘然自喜之心,欲为椎鲁而不能纯,欲为果锐而不能达,二者交战于中,而未有所定。

____

____

4. 在第②段中,作者对“两虎相捽”的描写,其用意是______________________

____

5. 在第⑤段中,作者对汉高祖刘邦“自用其才”“三事”的分析,其主要用意是____

____

6. 下列各句中对文章的阐述,不正确的一项是( )

A. 文章旨在阐明不一定要有过人的智勇,而要能将他人的智勇为己所用,这样才是真正的大智大勇。

B. 作者借古喻今,立论的目的在于讽谏当时北宋王朝,与其父的《六国论》有异曲同工之妙。

C. 文章虽重在说理,但也很讲究形象性。如形象地描写了项羽“咄嗟叱咤”的英雄气概,刘邦“百败而志不折”的顽强毅力,读来动情入理,情理兼备。

D. 文章列举了很多历史人物,实际上是以刘备和刘邦为主要论证对象,进行对比分析,得出“夫古之英雄,唯汉高帝为不可及也夫”的结论。

三、黄州新建小竹楼记

北宋·王禹偁

① 黄冈之地多竹，大者如椽(1)，竹工破之，刳去其节(2)，用代陶瓦。比屋皆然，以其价廉而工省也。

② 子城西北隅(3)，雉堞圮毁，蓁莽荒秽(4)，因作小楼二间，与月波楼通(5)，远吞山光，平挹江濑(6)。幽阒辽夐(7)，不可具状。夏宜急雨，有瀑布声；冬宜密雪，有碎玉声；宜鼓琴，琴调虚畅；宜咏诗，诗韵清绝；宜围棋，子声丁丁然(8)；宜投壶(9)，矢声铮铮然：皆竹楼之所助也。

③ 公退之暇，披鹤氅(10)，戴华阳巾(11)，手执《周易》一卷，焚香默坐，销遣世虑。江山之外，第见风帆沙鸟、烟云竹树而已。待其酒力醒，茶烟歇，送夕阳，迎素月，亦谪居之胜概也。彼齐云、落星(12)，高则高矣；井幹、丽谯(13)，华则华矣，止于贮妓女，藏歌舞，非骚人之事，吾所不取。

④ 吾闻竹工云："竹之为瓦仅十稔(14)，若重覆之，得二十稔。"噫！吾以至道乙未岁自翰林出滁上(15)，丙申移广陵(16)，丁酉又入西掖(17)，戊戌岁除日有齐安之命(18)，己亥闰三月到郡(19)。四年之间，奔走不暇，未知明年又在何处，岂惧竹楼之易朽乎！幸后之人与我同志，嗣而葺之(20)，庶斯楼之不朽也。

⑤ 咸平二年八月十五日记。

【注释】 (1)椽(chuán)：房椽。(2)刳(kū)：剖，削。(3)子城：大城所附属的小城，也称"月城"或"瓮城"，附筑于内城门外，用来加强城防。(4)圮(pǐ)毁：坍塌。榛(zhēn)莽荒秽：榛莽，丛生的草木。荒秽：荒芜污秽。(5)月波楼：黄州的西北角城楼。(6)挹(yì):汲取。江濑:指江波。(7)幽阒(qù):幽静。(8)丁丁(zhēng zhēng):拟声词。(9)投壶:古人的一种游戏,在宴会间举行,宾主向一个像瓶样的壶中投矢(箭),投中的为胜。(10)鹤氅(chǎng):用鸟羽编织的外套。氅,外套。(11)华阳巾:曹魏时,韦节隐居华山,自称华阳子,他所制的头巾样式称为华阳巾。(12)齐云、落星:楼名。齐云楼在吴县治子城上,唐曹恭王所建。落星楼在建邺东北,东吴孙权所建。(13)井幹(hán)、丽谯(qiáo):楼名。井幹楼,在长安,汉武帝时所建。丽谯:魏武帝所筑。(14)稔(rěn):谷子一熟叫一稔,引申为一年。(15)"至道"一句:至道乙未,宋太宗至道元年(995)。至道元年,作者被召入翰林为学士,多所论奏。孝章皇后卒,丧礼不够隆重,因为议论此事,作者被贬滁州。(16)"丙申"一句:丙申,至道二年(996)。广陵:今江苏扬州。(17)"丁酉"一句:丁酉,至道三年(997)。西掖:指中书省,中央政府的行政机构。宋太宗死,真宗即位,作者恢复知制诰之职。(18)"戊戌"一句:戊戌,宋真宗咸平元年(998)。岁除日:农历腊月最后一天。齐安:即黄州。作者因参加编写《太祖实录》时直书赵匡胤篡位事,被贬黄州。(19)己亥:咸平二年(999)。(20)嗣而葺(qì)之:继续修建它。

1. 解释加点字的意思

比屋皆然(　　　　)　　　　子城西北隅(　　　　)

止于贮妓女,藏歌舞(　　　　)　　　　公退之暇(　　　　)

2. 以下加点字的用法判断正确的是(　　)

① 以其价廉而工省也　　　　② 吾以至道乙未岁自翰林出滁上

③ 以其价廉而工省也　　　　④ 嗣而葺之

A. ①②相同③④相同　　　　B. ①②相同③④不同

C. ①②不同③④相同　　　　D. ①②不同③④不同

3. 翻译句子

(1) 江山之外,第见风帆沙鸟、烟云竹树而已。

（2）四年之间，奔走不暇，未知明年又在何处，岂惧竹楼之易朽乎！

____

4. 在第③段中，作者提及齐云、落星、井幹、丽谯四楼的用意是______

____

5. 在第④段中，作者既不惧“竹楼之易朽”，又希望“斯楼之不朽”，两者是否自相矛盾，为什么？

____

____

6. 鉴赏第②段中的画线句。

____

____

____

四、武昌九曲亭记

北宋·苏辙

① 子瞻迁于齐安(1)，庐于江上。齐安无名山，而江之南武昌诸山(2)，陂陁蔓延(3)，涧谷深密，中有浮图精舍，西曰西山，东曰寒溪。依山临壑，隐蔽松枥(4)，萧然绝俗，车马之迹不至。每风止日出，江水伏息，子瞻杖策载酒，乘渔舟，乱流而南。山中有二三子，好客而喜游。闻子瞻至，幅巾迎笑(5)，相携徜徉而上。穷山之深，力极而息，扫叶席草，酌酒相劳。意适忘反，往往留宿于山上。以此居齐安三年，不知其久也。

② 然将适西山，行于松柏之间，羊肠九曲，而获小平(6)。游者至此必息，倚怪石，荫茂木，俯视大江，仰瞻陵阜(7)，旁瞩溪谷，风云变化，林麓向背(8)，皆效于左右。有废亭焉，其遗址甚狭，不足以席众客。其旁古木数十，其大皆百围千尺，不可加以斤斧。子瞻每至其下，辄睥睨终日(9)。一旦大风雷雨，拔去其一，斥其所据，亭得以广。子瞻与客入山视之，笑曰："兹欲以成吾亭邪?"遂相与营之。亭成，而西山之胜始具。子瞻于是最乐。

③ 昔余少年，从子瞻游。有山可登，有水可浮，子瞻未始不褰裳先之(10)。有不得至，为之怅然移日(11)。至其翩然独往，逍遥泉石之上，撷林卉，拾涧实，酌水而饮之，见者以为仙也。盖天下之乐无穷，而以适意为悦。方其得意，万物无以易之。及其既厌，未有不洒然自笑者也(12)。譬之饮食，杂陈于前，要之一饱，而同委于臭腐(13)。夫孰知得失之所在?惟其无愧于中，无责于外，而姑寓焉(14)。此子瞻之所以有乐于是也。

【注释】 (1)齐安:古郡名,即黄州,今湖北黄冈。宋神宗元丰三年(1080),苏轼因"乌台诗案"被贬黄州。(2)武昌诸山:指樊山,又名袁山。黄州与武昌(今湖北鄂城)隔江相对。(3)陂(pō)陁(tuó):不平坦。(4)枥(lì):同"栎",即柞(zuò)树,落叶乔木。(5)幅巾:不著冠,但以幅巾束首。(6)获小平:得到了一块稍微平缓的地方。(7)陵阜:高山。(8)林麓:泛指山中的林木。向背:向阳、背阴。(9)睥(pì)睨(nì):侧目斜视,有所打算。(10)褰(qiān)裳:提起衣服。(11)移日:连续好几天。(12)洒然:吃惊。(13)委:抛弃。(14)中:内心。寓:寄托。

1. 解释加点字的意思

扫叶席草,酌酒相劳(　　　　)　　亭成,而西山之胜始具(　　　　)

兹欲以成吾亭邪(　　　　)　　及其既厌(　　　　)

2. 以下加点字的用法判断正确的是(　　)

① 然将适西山　　② 而以适意为悦

③ 子瞻于是最乐　　④ 此子瞻之所以有乐于是也

A. ①②相同③④相同　　B. ①②相同③④不同

C. ①②不同③④相同　　D. ①②不同③④不同

3. 以下加点字的用法不同于其他三项的一项是(　　)

A. 子瞻迁于齐安,庐于江上　　B. 子瞻未始不褰裳先之

C. 倚怪石,荫茂木　　D. 斥其所据,亭得以广

4. 翻译句子

(1) 每风止日出,江水伏息,子瞻杖策载酒,乘渔舟,乱流而南。

____

(2) 惟其无愧于中,无责于外,而姑寓焉。

____

5. 在第③段中,作者把"适意"理解为"□□□□,□□□□"。结

合苏轼、苏辙二人当时的经历，思考本文主要表现了二人怎样的志趣。

6. 鉴赏第③段中的画线句。

五、书《魏郑公传》后

北宋·曾巩

① 予观太宗常屈己以从群臣之议，而魏郑公之徒喜遭其时，感知己之遇，事之大小，无不谏诤。虽其忠诚自至，亦得君而然也。则思唐之所以治，太宗之所以称贤主，而前世之君不及者，其渊源皆出于此也。能知其有此者，以其书存也。及观郑公以谏诤事付史官，而太宗怒之，薄其恩礼[(1)]，失终始之义，则未尝不反复嗟惜，恨其不思，而益知郑公之贤焉。

② 夫君之使臣，与臣之事君者何？大公至正之道而已矣。大公至正之道，非灭人言以掩己过，取小亮以私其君[(2)]，此其不可者也。又有甚不可者：夫以谏诤为当掩，是以谏诤为非美也，则后世谁复当谏诤乎？况前代之君有纳谏之美，而后世不见，则非唯失一时之公，又将使后世之君谓前代无谏诤之事，是启其怠且忌矣。太宗末年，群下既知此意而不言，渐不知天下之得失，至于辽东之败[(3)]，而始恨郑公不在世，未尝知其悔之萌芽出于此也。

③ 夫伊尹、周公何如人也！伊尹、周公之切谏其君者，其言至深，而其事至迫，存之于书，未尝掩焉。至今称太甲、成王为贤君[(4)]，而伊尹、周公为良相者，以其书可见也。令当时削而弃之，成区区之小让，则后世何所据依而谏？又何以知其贤且良欤？桀、纣、幽、厉、始皇之亡[(5)]，则其臣之谏词无见焉。非其史之遗，乃天下不敢言而然也。则谏诤之无传，乃此数君之所以益暴其恶于后世而已矣。

④ 或曰："《春秋》之法，为尊、亲、贤者讳，与此戾矣[(6)]。"夫《春秋》之所以讳者，恶也。纳谏岂恶乎？"然则焚稿者非欤？"曰：焚稿者谁欤？非伊尹、周公为之也，近世取区区之小亮者为之耳。其事又未是也。何则？以焚其稿为掩君之过，

而使后世传之，则是使后世不见稿之是非，而必其过常在于君，美常在于己也，岂爱其君之谓欤？孔光之去其稿之所言[7]，其在正邪，未可知也。而焚之而惑后世，庸讵知非谋已之奸计乎[8]？

⑤ 或曰："'造辟而言，诡辞而出[9]'，异乎此。"曰：此非圣人之所曾言也。令万一有是理，亦谓君臣之间，议论之际，不欲漏其言于一时之人耳，岂杜其告万世也？噫！以诚信持己，而事其君，而不欺乎万世者，郑公也。益知其贤云。岂非然哉？岂非然哉？

【注释】 (1)薄其恩礼：指魏征死后，有人诬称魏征结党营私，于是推倒魏征的墓碑。(2)小亮：在细枝末节上表示耿直。(3)辽东之败：贞观二十二年(648)，唐太宗准备发兵三十万灭高丽，次年因太宗驾崩才停止。(4)太甲：商汤的孙子，即位后昏乱，被伊尹放逐，后悔悟，被迎回。成王：周武王之子，年幼继位，周公摄政。(5)幽：周幽王，西周亡国之君，被申侯杀于骊山下。厉：周厉王，西周第十代君主，因残杀异己，引起反抗，逃亡在外。(6)戾：违背。(7)孔光：字子夏。孔子十四世孙，西汉末大臣，为人谨默。本文说孔光留存谏稿，不见得正直。(8)庸讵：岂，何以，怎么。(9)造辟而言，诡辞而出：语出《春秋谷梁传》。意为臣子进见君王言事，出来后却不以实情告诉别人。

1. 解释加点字的意思

而魏郑公之徒喜遭其时（　　　）　　而太宗怒之，薄其恩礼（　　　）

取小亮以私其君（　　　）　　是启其怠且忌矣（　　　）

2. 以下加点字的用法判断正确的一项是（　　）

① 而益知郑公之贤焉　　② 存之于书，未尝掩焉

③ 大公至正之道而已矣　　④ 其言至深，而其事至迫

A. ①②相同③④相同　　B. ①②相同③④不同

C. ①②不同③④相同　　D. ①②不同③④不同

3. 翻译句子

（1）则思唐之所以治，太宗之所以称贤主，而前世之君不及者，其渊源皆出于此也。

______

（2）令当时削而弃之，成区区之小让，则后世何所据依而谏？又何以知其贤且良欤？

______

4. 通观全文，作者认为魏征的贤能主要表现在什么地方？

______

______

5. 清代学者高塘评论本文道："首段虚引，次段发论，三段取证，四段辩驳。"试据此分析本文第②段在"发论"上有何艺术特色。

______

______

______

6. 自选角度鉴赏第④段中的画线句。

______

______

______

六、释秘演诗集序

北宋·欧阳修

① 予少以进士游京师，因得尽交当世之贤豪。然犹以谓国家臣一四海，休兵革，养息天下以无事者四十年，而智谋雄伟非常之士，无所用其能者，往往伏而不出，山林屠贩，必有老死而世莫见者，欲从而求之不可得。其后得吾亡友石曼卿(1)。

② 曼卿为人，廓然有大志，时人不能用其材，曼卿亦不屈以求合。无所放其意，则往往从布衣野老酣嬉，淋漓颠倒而不厌(2)。予疑所谓伏而不见者，庶几狎而得之(3)，故尝喜从曼卿游，欲因以阴求天下奇士。

③ 浮屠秘演者，与曼卿交最久，亦能遗外世俗(4)，以气节相高。二人欢然无所间。曼卿隐于酒，秘演隐于浮屠，皆奇男子也。然喜为歌诗以自娱，当其极饮大醉，歌吟笑呼，以适天下之乐，何其壮也！一时贤士，皆愿从其游，予亦时至其室。十年之间(5)，秘演北渡河，东之济、郓(6)，无所合，困而归，曼卿已死，秘演亦老病。嗟夫！二人者，予乃见其盛衰，则予亦将老矣！

④ 夫曼卿诗辞清绝，尤称秘演之作，以为雅健有诗人之意。秘演状貌雄杰，其胸中浩然。既习于佛，无所用，独其诗可行于世。而懒不自惜，已老，胠其橐(7)，尚得三、四百篇，皆可喜者。

⑤ 曼卿死，秘演漠然无所向。闻东南多山水，其巅崖崛峍(8)，江涛汹涌，甚可壮也，欲往游焉。足以知其老而志在也。于其将行，为叙其诗，因道其盛时，以悲其衰。

⑥ 庆历二年十二月二十八日庐陵欧阳修序。

【注释】 (1)石曼卿:名延年,宋城(安徽阜阳)人。文学家。屡举进士不第。初以右班殿直改太常寺太祝,知金乡县,有治绩。历大理寺丞、秘阁校理、太子中允,建言加强边备以御夏、辽。文辞劲健,尤工诗,善书法。(2)以上两句:欧阳修在《归田录》中说:“石曼卿磊落奇才,知名当世,才貌雄伟,饮酒过人。”廓然:放,放纵,抒发。颠倒:谓醉酒。(3)庶几:表示希冀的意思。(4)遗外世俗:犹言超脱世俗。(5)十年之间:指从作者与秘演相识到作序时。(6)济、郓:济州,治所在今山东巨野;郓州,治所在今山东。(7)胠:音屈,从旁开。橐:袋。(8)崛峍:山势高陡。

1. 解释加点字

庶几狎而得之(　　　　)　　欲因以阴求天下奇士(　　　　)

二人欢然无所间(　　　　)　　尤称秘演之作(　　　　)

2. 比较加点字的用法,判断正确的一项是(　　)

① 予少以进士游京师　　② 然喜为歌诗以自娱

③ 曼卿亦不屈以求合　　④ 以气节相高

A. ①②相同③④相同　　B. ①②相同③④不同

C. ①②不同③④相同　　D. ①②不同③④不同

3. 以下加点字的用法相同的两项是(　)和(　)

A. 然犹以谓国家臣一四海　　B. 必有老死而世莫见者

C. 欲从而求之不可得　　D. 淋漓颠倒而不厌

4. 翻译以下句子

(1) 然喜为歌诗以自娱,当其极饮大醉,歌吟笑呼,以适天下之乐,何其壮也!

______

(2) 嗟夫! 二人者,予乃见其盛衰,则予亦将老矣!

______

5. 作者在文末道出其写作本文的主要用意是“因道其盛时,以悲其衰”,在

前文中可以与“盛”照应的描写是________________

可以与“衰”照应的描写是________________

6. 清代学者林文铭评价此文曰：“欧阳公一生辟佛，乃代浮图作诗序，若言向无交行则不必作，言有交好，则既斥其学又友其人，是言与行相违也。于是想出当年与秘演相识之始是由于石曼卿，遂借石曼卿来从头至尾做个陪客，以为演与曼卿皆奇士而隐者而已，以阴求奇士得之，便不碍手，此命意之高处。”请结合这段文字思考本文开头两段对石曼卿的描写有何表达作用？

____

____

____

七、苏氏文集序

北宋·欧阳修

① 予友苏子美[1]之亡后四年，始得其平生文章遗稿于太子太傅[2]之家，而集之以为十卷。

② 子美，杜氏婿也，遂以其集归之，而告于公曰："斯文，金玉也。弃掷埋没粪土，不能销蚀。其见遗于一时，必有收而宝之于后世者。虽其没而未出，其精气光怪，已能常自发见，而物亦不以掩也。故方其摈斥摧挫、流离穷厄之时[3]，文章已自行于天下，虽其怨家仇人，及尝能出力而挤之死者，至其文章，则不能少毁而掩蔽之也。凡人之情，忽近而贵远，子美屈于今世犹若此，其伸于后世宜如何也！公其可无恨。"

③ 予尝考前世文章政理之盛衰，而怪唐太宗致治几乎三王之盛，而文章不能革五代之余习。后百有余年，韩、李之徒[4]出，然后元和之文[5]始复于古。唐衰兵乱，又百余年而圣宋兴，天下一定，晏然无事。又几百年，而古文始盛于今。自古治时少而乱时多，幸时治矣，文章或不能纯粹，或迟久而不相及。何其难之若是欤？岂非难得其人欤？苟一有其人，又幸及出于治世，世其可不为之贵重而爱惜之欤？嗟呼！吾子美以一酒食之过[6]，至废为民而流落以死；此其可以叹息流涕，而为当世仁人君子之职位，宜与国家乐育贤材者惜也！

④ 子美之齿[7]少于予，而予学古文反在其后。天圣之间[8]，予举进士于有司，见时学者务以言语声偶擿裂，号为"时文"[9]，以相夸尚。而子美独与其兄才翁及穆参军伯长[10]作为古歌诗杂文，时人颇共非笑之，而子美不顾也。其后天子患时文之弊，下诏书讽勉学者以近古。由是其风渐息，而学者稍趋于古

焉。独子美为于举世不为之时，其始终自守，不牵世俗趋舍，可谓特立之士也。

⑤ 子美官至大理评事、集贤校理而废，后为湖州长史以卒，享年四十有一。其状貌奇伟，望之昂然(11)而即之温温(12)，久而愈可爱慕。其材虽高，而人亦不甚嫉忌，其击而去之者，意不在子美也(13)。赖天子聪明仁圣，凡当时所指名而排斥，二三大臣而下(14)，欲以子美为根而累之者，皆蒙保全，今并列于荣宠。虽与子美同时饮酒得罪之人，多一时之豪俊，亦被收采，进显于朝廷。而子美独不幸死矣，岂非其命也？悲夫！

⑥ 庐陵欧阳修序。

【注释】 (1)苏舜钦：(1008—1048)，北宋诗人，字子美。祖籍梓州铜山(今四川中江)，自曾祖时移居开封。景祐元年(1034)进士，曾任大理评事，范仲淹荐为集贤殿校理、监进奏院。积极参与范仲淹、杜衍的庆历新政，遭反对派之忌，被贬苏州，隐居不仕。与欧阳修、梅尧臣齐名，时称“欧苏”或“苏梅”。皇祐三年(1051)欧阳修为他编文集，并作序。(2)太子太傅：杜衍(978—1057)，字世昌，北宋山阴人(今绍兴人)，大中祥符元年进士。庆历四年(1044)拜同平章事、集贤殿大学士，兼枢密使，为宰相。为官清廉，受人敬重。苏舜钦的岳父。皇祐元年(1049)晋爵太子太傅。(3)摈斥摧挫、流离穷厄之时：此指苏舜钦被贬之时。(4)韩、李之徒：此指唐代韩愈、李翱，提倡古文运动。五代：宋、齐、梁、陈、隋。(5)元和：唐宪宗年号(806—820)。是韩愈写作的主要时期。(6)北宋庆历五年(1405)，进奏院举行祭神活动，苏舜钦等人把祭神活动剩余的废纸变卖，所得金钱用于吃喝应酬。这种卖废纸凑酒钱是当时一种不成文的官场陋习。御史中丞王拱宸抓住这个把柄，向皇帝报告苏舜钦等人用公款大吃大喝，结果导致杜衍、范仲淹、富弼被罢免职务，“庆历新政”因此而失败。(7)齿：年龄。(8)天圣：北宋宋仁宗年号(1023—1031)。作者是天圣八年(1030)进士。(9)时文：指当时流行的骈四俪六，浮艳空泛的西昆体文章。声偶：音韵对偶。擿：音替，拨，弄。擿裂：犹言割裂。(10)其兄才翁及穆参军伯长：苏舜钦兄名苏舜元（1006—1054），字才翁。工草书，诗章豪健。穆伯长：即穆修（979—1032），北宋散文家，字伯长。曾任泰州司理参军，颍州、蔡州文学参军。其文学韩愈，反对宋初的华靡文风，有《穆参军集》。（11）昂然：高傲的样子。（12）温温：柔和的样子。（13）当时官场保守派蓄意打击革新派的政治人物，如范仲淹、富弼、杜衍等人。苏子美为杜衍的女婿，又是范仲淹所推举的，所以亦被卷入这场政治风波之中。（14）天子：指宋仁宗。二三大臣：指杜衍、范仲淹、富弼、欧阳修等人。

1. 解释加点字

而物不能掩也（　　　　）

而文章不能革五代之余习（　　　　）

幸时治矣（　　　　）

而子美不顾也（　　　　）

2. 下列加点字的用法不属于古今异义的一项是（　　）

A. 天下一定

B. 文章或不能纯粹

C. 可谓特立之士也

D. 而子美独与其兄才翁及穆参军伯长作为古歌诗杂文

3. 下列句子中“以”字用法相同的两项是（　）和（　　）

A. 遂以其集归之　　B. 以一酒食之过

C. 以相夸尚　　D. 欲以子美为根而累之者

4. 翻译下列句子

（1）苟一有其人，又幸及出于治世，世其可不为之贵重而爱惜之欤？

____

（2）独子美为于举世不为之时，其始终自守，不牵世俗趋舍，可谓特立之士也。

____

5. 下列对原文有关内容的分析和概括，不正确的一项是（　　）

A. 苏子美的文章如金似玉，正当他遭受排斥、遇到挫折、流离困窘的时候，文章就已经流传于天下，即使他的怨家仇人，也不能够损毁掩盖他的文章的光芒。

B. 唐朝初年，文章还留有五代文风的余习，一百多年后韩愈、李翱等人出现，文章才恢复了古文传统；宋朝兴起后，又过了近百年，古文才开始兴盛。

C. 苏子美为文有个性思想，见解独特，与众不同，在当时文坛“时文”风行之时，他不为所动，坚持写古体诗文，被当时很多人非议嘲笑。

D. 苏子美因“酒食之过”遭弹劾而被罢官，后来任湖州长史死去；当初攻击驱逐他的人却被保全，得到荣耀恩宠，并在朝廷担任显要职务。

6. 欧阳修的散文有委婉曲折的特点，试以本文为例，阐述欧阳修的这种文风特点。

八、沧浪亭记

北宋 · 苏舜钦

① 予以罪废，无所归。扁舟吴中，始僦舍以处[(1)]。时盛夏蒸燠[(2)]，土居皆褊狭[(3)]，不能出气，思得高爽虚辟之地[(4)]，以舒所怀，不可得也。

② 一日过郡学，东顾草树郁然，崇阜广水[(5)]，不类乎城中。并水得微径于杂花修竹之间[(6)]。东趋数百步，有弃地，纵广合五六十寻[(7)]，三向皆水也。杠之南[(8)]，其地益阔，旁无民居，左右皆林木相亏蔽。访诸旧老，云钱氏有国[(9)]，近戚孙承右之池馆也。坳隆胜势[(10)]，遗意尚存。予爱而徘徊，遂以钱四万得之，构亭北碕[(11)]，号"沧浪"焉。前竹后水，水之阳又竹，无穷极。澄川翠干，光影会合于轩户之间，尤与风月为相宜。

③ 予时榜小舟[(12)]，幅巾以往[(13)]，至则洒然忘其归。觞而浩歌，踞而仰啸，野老不至，鱼鸟共乐。形骸既适则神不烦，观听无邪则道以明；返思向之汩汩[(14)]荣辱之场，日与锱铢利害相磨戛[(15)]，隔此真趣，不亦鄙哉！

④ 噫！人固动物耳。情横于内而性伏，必外寓于物而后遣。寓久则溺，以为当然；非胜是而易之，则悲而不开。惟仕宦溺人为至深。古之才哲君子，有一失而至于死者多矣，是未知所以自胜之道。予既废而获斯境，安于冲旷，不与众驱，因之复能乎内外失得之原，沃然有得[(16)]，笑闵万古[(17)]。尚未能忘其所寓目，用是以为胜焉！

【注释】 (1)僦(jiù)：租赁。僦舍：租赁房屋。(2)燠(ào)：暖。(3)褊(biǎn)狭：狭窄。(4)虚：空。辟：开。虚辟：开阔。(5)阜(fù)：土山。(6)微径：

小路。(7)寻：古代长度单位，八尺为一寻。(8)杠：小桥、独木桥。(9)其地初为五代吴越国广陵王钱元璙近戚孙承佑的池馆。(10)坳(ào)：低洼的地方。隆：高起的地方。(11)碕(qí)：曲岸。(12)榜(bàng)：划船的工具。可引申为划船。(13)幅巾：古代男子用绢一幅来束头发。一种表示儒雅的装束。(14)汩汩(gǔ)：水流急貌。比喻生活动荡不安定。(15)锱铢：古代的重量单位。一说六铢为一锱，四锱为一两。比喻极其微小的数量。磨戛(jiá)：计较。(16)沃然：沃：肥美，肥沃。沃然：自足的样子。(17)闵，同"悯"：怜悯，哀怜。

1. 解释加点字的意思

东顾草树郁然（　　　　）　　东趋数百步（　　　　）

形骸既适则神不烦（　　　　）　　必外寓于物而后遣（　　　　）

2. 以下加点字的用法判断正确的是（　　）

① 予以罪废，无所归　　② 以舒所怀，不可得也

③ 非胜是而易之　　④ 用是以为胜焉

A. ①②相同③④相同　　B. ①②相同③④不同

C. ①②不同③④相同　　D. ①②不同③④不同

3. 翻译句子

(1) 返思向之汩汩荣辱之场，日与锱铢利害相磨戛，隔此真趣，不亦鄙哉！

____

(2) 古之才哲君子，有一失而至于死者多矣，是未知所以自胜之道。

____

4. 结合"沧浪"二字的出处，思考作者将所筑之亭命名为"沧浪亭"，有何深意？

____

____

5. 在第④段画线句中，作者发出"噫！人固动物耳"的感慨，有何表达作用？

____

6. 从形式和内容上鉴赏第③段中的画线句。

九、游黄溪记

唐·柳宗元

① 北之晋，西适豳，东极吴，南至楚、越之交[1]，其间名山水而州者以百数，永最善[2]。环永之治百里，北至于浯溪，西至于湘之源，南至于泷泉，东至于东屯[3]，其间名山水而村者以百数，黄溪最善。

② 黄溪距州治七十里，由东屯南行六百步，至黄神祠[4]。祠之上，两山墙立，丹碧之华叶骈植，与山升降。其缺者为崖峭岩窟。水之中，皆小石平布。黄神之上，揭水八十步[5]，至初潭，最奇丽，殆不可状。其略若剖大瓮[6]，侧立千尺，溪水积焉。黛蓄膏渟[7]，来若白虹，沉沉无声，有鱼数百尾，方来会石下。南去又行百步，至第二潭。石皆巍然，临峻流，若颏颔断齶[8]。其下大石杂列，可坐饮食。有鸟赤首乌翼，大如鹄[9]，方东向立。自是又南数里，地皆一状，树益壮，石益瘦，水鸣皆锵然[10]。又南一里，至大冥之川。山舒水缓，有土田。始，黄神为人时，居其地。

③ 传者曰：黄神王姓，莽之世也。莽既死，神更号黄氏，逃来，择其深峭者潜焉。始，莽尝曰："余，黄、虞之后也[11]。"故号其女曰"黄皇室主"。黄与王声相迩而又有本，其所以传言者益验。神既居是，民咸安焉，以为有道，死乃俎豆之[12]，为立祠。后稍徙近乎民，今祠在山阴溪水上。

④ 元和八年五月十六日，既归为记，以启后之好游者。

【注释】 (1)晋：古诸侯国名，今山西西南部，位于永州北面。豳(bīn)：古国名，唐邠州，今陕西、甘肃地区，位于永州西北。吴：古国名，今江苏省境，位于永州东北。楚越之交：楚，古国名，今两湖地区。越：古国名，今浙东、福建一带。(2)永：永州，治所在今湖南零陵。(3)浯溪：源出湖南祁阳西南松山，东北流入湘江。唐代在永州境，诗人元结居溪畔，名溪为“浯”。湘之源：湘江源出广西兴安，此指唐代永州属县湘源，今广西全州。泷(shuāng)泉：水名，在永州。东屯：即黄溪畔的村庄名。(4)黄神祠：黄溪居民所立祠堂。(5)揭水：撩起衣服涉水而行。(6)剖大瓮(wèng)：剖开的大陶罐。(7)黛：古代妇女画眉用的颜料。膏：油脂。渟(tíng)：水停止不流，形容溪水积在潭里，乌光油亮，像贮了一瓮画眉化妆的油膏。(8)颏(kē)：下巴尖。颔(hàn)：下巴。龂(yín)：牙根。鄂(è)：牙床。(9)鹄(hú)：天鹅。(10)锵然：流水声铿锵。(11)黄、虞：黄帝、虞舜。(12)俎(zǔ)豆：古代祭祀时放祭品的器皿。

1. 解释加点字的意思

丹碧之华叶骈植(　　　　)　　至初潭，最奇丽，殆不可状(　　　　)

黄与王声相迩而又有本(　　　　)　　今祠在山阴溪水上(　　　　)

2. 以下加点字的用法判断正确的是(　　)

① 侧立千尺，溪水积焉　　② 择其深峭者潜焉

③ 树益壮，石益瘦　　④ 其所以传言者益验

A. ①②相同③④相同　　B. ①②相同③④不同

C. ①②不同③④相同　　D. ①②不同③④不同

3. 以下加点字的用法不同于其他三项的一项是(　　)

A. 其间名山水而州者以百数　　B. 由东屯南行六百步

C. 祠之上，两山墙立　　D. 黛蓄膏渟，来若白虹

4. 翻译句子

(1) 黄神之上，揭水八十步，至初潭，最奇丽，殆不可状。

____

(2) 神既居是，民咸安焉，以为有道，死乃俎豆之，为立祠。

5. 近代学者林纾评论本文道:“黄溪一记,为柳州(柳宗元)集中第一得意之笔。虽合荆、关、董、巨(荆浩、关仝、董源、巨然:五代山水画家)四大家,不能描而肖也。”结合文中对“初谭”“第二谭”的描写,分析柳宗元山水游记“描而肖”的特点。

6. 清代学者何焯评价本文道:“发端既涉模拟,又未必果然也! 删此而直以‘黄溪距州治七十里’起,何如?”你是否同意把第①段删除,为什么?

十、游雁荡记

清·方苞

① 癸亥仲秋望前一日[1]，入雁山，越二日而反。古迹多榛芜不可登探，而山容壁色，则前此目见者所未有也。鲍甥孔巡曰[2]：“盍记之？”余曰：“兹山不可记也。永、柳诸山，乃荒陬中一丘一壑[3]，子厚谪居，幽寻以送日月[4]，故曲尽其形容。若兹山，则浙东西山海所蟠结，幽奇险峭，殊形诡状者，实大且多，欲雕绘而求其肖似，则山容壁色乃号为名山者之所同，无以别其为兹山之岩壑也。”

② 而余之独得于兹山者，则有二焉。前此所见，如皖桐之浮山、金陵之摄山、临安之飞来峰[5]，其崖洞非不秀美也，而愚僧多凿为仙佛之貌相，俗士自镌名字及其诗辞，如疮痏蹶然而入人目[6]。而兹山独完其太古之容色，以至于今，盖壁立千仞，不可攀援，又所处僻远，富贵有力者无因而至，即至亦不能久留，构架鸠工以自标揭[7]，所以终不辱于愚僧俗士之剥凿也。

③ 又凡山川之明媚者，能使游者欣然而乐，而兹山岩深壁削，仰而观俯而视者，严恭静正之心不觉其自动。盖至此则万感绝，百虑冥[8]，而吾之本心乃与天地之精神一相接焉。

④ 察于此二者，则修士守身涉世之学，圣贤成己成物之道[9]，俱可得而见矣。

【注释】 (1)癸亥：乾隆八年(1743)。望前一日：阴历八月十四日。(2)鲍甥孔巡：鲍孔巡，方苞外甥。(3)永、柳：永州(治所在今湖南零陵县)和柳州(治所在今广西柳州市)。荒陬(zōu)：荒凉偏远之地。陬：角落，引申为偏远之地。(4)幽寻：深入探寻山水以打发日子。子厚：柳宗元。(5)皖桐：指安徽桐城。浮山：一名符度山，在桐城东。山有奇峰七十二座，大江环绕其下，望之若浮，故名浮山。摄山：即栖霞山，在南京市北，山中多产草药，可以摄生，又名摄山。临安：即杭州。飞来峰：一名灵鹫峰，在西湖灵隐寺前，为西湖胜景之一。(6)痏(wěi)：疮。蹷(jué)然：惊心。(7)鸠工：集聚工匠。鸠：聚集。标揭：标榜扬名。(8)冥：隐灭。(9)修士：品德完美之士。成己成物：成就自己，也成就世界。语出《礼记·中庸》："诚者非自成己而已也，所以成物也。成己，仁也。成物，知也。"

1. 解释加点字的意思

癸亥仲秋望前一日（　　　　）　　盍记之（　　　　）

而兹山独完其太古之容色（　　　　）　　俱可得而见矣（　　　　）

2. 比较加点字的用法，判断正确的一项是（　　）

① 乃荒陬中一丘一壑　　② 则山容壁色乃号为名山者之所同

③ 幽寻以送日月　　④ 构架鸠工以自标揭

A. ①②相同③④相同　　B. ①②相同③④不同

C. ①②不同③④相同　　D. ①②不同③④不同

3. 翻译句子

(1) 古迹多榛芜不可登探，而山容壁色，则前此目见者所未有也。

____

(2) 盖至此则万感绝，百虑冥，而吾之本心乃与天地之精神一相接焉。

____

4. 在本文中，作者游雁荡山得出的两点体会可概括为______________________________

____

____

5. 对"兹山不可记也"的理由解释有误的一项是（　　）

A. 雁荡山"实大且多"应着眼于它整体的内在精神。

B. 求其形似容易，绘其神似太难。

C. 作者无心花费笔墨描景状物。

D. 抓住特点将游山的乐趣引向哲理探索。

6. 在第①段中，作者评述柳宗元被贬永州、柳州时期的山水游记的用意是

______

______

______

十一、丰乐亭记

北宋·欧阳修

① 修既治滁之明年夏(1)，始饮滁水而甘。问诸滁人，得于州南百步之远。其上则丰山，耸然而特立；下则幽谷，窈然而深藏(2)；中有清泉，滃然而仰出(3)。俯仰左右，顾而乐之。于是疏泉凿石，辟地以为亭，而与滁人往游其间。

② 滁于五代干戈之际，用武之地也。昔太祖皇帝，尝以周师破李景兵十五万于清流山下，生擒其皇甫晖、姚凤于滁东门之外，遂以平滁(4)。修尝考其山川，按其图记，升高以望清流之关，欲求晖、凤就擒之所。而故老皆无在也，盖天下之平久矣。

③ 自唐失其政，海内分裂，豪杰并起而争，所在为敌国者，何可胜数？及宋受天命，圣人出而四海一。向之凭恃险阻，铲削消磨，百年之间，漠然徒见山高而水清(5)。欲问其事，而遗老尽矣！今滁介江淮之间，舟车商贾、四方宾客之所不至，民生不见外事，而安于畎亩衣食(6)，以乐生送死。而孰知上之功德，休养生息，涵煦于百年之深也(7)。

④ 修之来此，乐其地僻而事简，又爱其俗之安闲。既得斯泉于山谷之间，乃日与滁人仰而望山，俯而听泉。掇幽芳而荫乔木(8)，风霜冰雪，刻露清秀，四时之景，无不可爱。又幸其民乐其岁物之丰成，而喜与予游也。因为本其山川，道其风俗之美，使民知所以安此丰年之乐者，幸生无事之时也。夫宣上恩德以与民共乐，刺史之事也。遂书以名其亭焉。

【注释】 (1)明年:第二年。(2)窈(yǎo)然:深远貌;幽深貌。(3)滃(wěng)然:云气腾涌、烟雾弥漫的样子。(4)“昔太祖”一句:显德三年(956),赵匡胤从周世宗征淮南。南唐江州节度使皇甫晖、团练使姚凤率兵十五万据守清流关,赵引兵出清流山,克滁州。(5)消磨:消除,消灭。漠然:宁静无事。(6)畎(quǎn)亩:田间,田地。畎:田地中间的沟。(7)涵煦:滋润化育。(8)掇(duō):拾取。

1. 解释加点字的意思

问诸滁人(　　　　)　　　　俯仰左右,顾而乐之(　　　　)

按其图记(　　　　)　　　　而孰知上之功德(　　　　)

2. 以下加点字的用法判断正确的是(　　)

① 升高以望清流之关　　　　② 遂书以名其亭焉

③ 乐其地僻而事简　　　　④ 掇幽芳而荫乔木

A. ①②相同③④相同　　　　B. ①②相同③④不同

C. ①②不同③④相同　　　　D. ①②不同③④不同

3. 翻译句子

(1) 自唐失其政,海内分裂,豪杰并起而争,所在为敌国者,何可胜数?

____

(2) 因为本其山川,道其风俗之美,使民知所以安此丰年之乐者,幸生无事之时也。

____

4. 作者被贬滁州,却不以为意,乐在其中,作者之“乐”,主要表现了哪些方面?

____

____

5. 清代学者唐德宜评论本文道:“题是‘丰乐’,却从干戈勇武立论,辟开新境,然后引出山高气清,休养生息以点出丰乐正面。”思考作者构思“从干戈勇武立论”，有何好处？

6. 赏析第④段中的画线句。

十二、醒心亭记

北宋·曾巩

① 滁州之西南，泉水之涯，欧阳公作州之二年，构亭曰“丰乐”，自为记[(1)]，以见其名之意。既又直丰乐之东几百步，得山之高，构亭曰“醒心”，使巩记之。

② 凡公与州宾客者游焉，则必即丰乐以饮。或醉且劳矣，则必即醒心而望，以见夫群山之相环，云烟之相滋，旷野之无穷，草树众而泉石嘉，使目新乎其所睹，耳新乎其所闻，则其心洒然而醒，更欲久而忘归也。故即其事之所以然而为名，取韩子退之《北湖》之诗云[(2)]。噫！其可谓善取乐于山泉之间，而名之以见其实，又善者矣。

③ 虽然，公之乐，吾能言之，吾君优游而无为于上，吾民给足而无憾于下。天下之学者，皆为材且良；夷狄鸟兽草木之生者[(3)]，皆得其宜。公乐也，一山之隅，一泉之旁，岂公乐哉？乃公所寄意于此也。

④ 若公之贤，韩子殁数百年而始有之。今同游之宾客，尚未知公之难遇也。后百千年，有慕公之为人，而览公之迹，思欲见之，有不可及之叹，然后知公之难遇也。则凡同游于此者，其可不喜且幸欤！而巩也，又得以文词托名于公文之次[(4)]，其又不喜且幸欤！

⑤ 庆历七年八月十五日记。

【注释】 (1)欧阳公：欧阳修。作州之二年：即欧阳修被贬滁州的第二年，即庆历六年(1046)。自为记：指欧阳修《丰乐亭记》。(2)韩子退之《北湖》之诗：指韩愈的诗《北湖》。时韩愈之友刘伯刍任虢州刺史，修缮“三堂”风景区，作了二十一首诗，韩愈一一和之，其中有一首《北湖》诗。诗为："闻说游湖棹，寻常到此回。应留醒心处，准拟醉时来。"欧阳修取其"醒心"二字以名其亭。(3)夷狄：古代对少数民族的蔑称。(4)文词：指曾巩所作本文。

1. 解释加点字的意思

既又直丰乐之东几百步（　　　　）　　凡公与州宾客者游焉（　　　　）

一山之隅，一泉之旁（　　　　）　　韩子殁数百年而始有之（　　　　）

2. 以下加点字的用法判断正确的一项是（　　）

① 则必即丰乐以饮　　② 则必即醒心而望

③ 而名之以见其实　　④ 其可不喜且幸欤

A. ①②相同③④相同　　B. ①②相同③④不同

C. ①②不同③④相同　　D. ①②不同③④不同

3. 翻译句子

(1) 噫！其可谓善取乐于山泉之间，而名之以见其实，又善者矣。

____

(2) 而巩也，又得以文词托名于公文之次，其又不喜且幸欤！

____

4. 在第②段中，作者认为欧阳修修建醒心亭的两重好处即"二善"分别是：

____

____

5. 清代学者张伯行评论本文道："《丰乐亭记》，欧公之自道其乐也。《醒心亭记》，子固能道欧公之乐也。然皆所谓'后天下之乐而乐'者。"根据这段话分析欧阳修、曾巩这两篇文章在立意上有何相同之处？

____

____

____

6. 试从表现手法的角度赏析第②段中画线句。

十三、凌虚台记

北宋·苏轼

① 国于南山之下(1)，宜若起居饮食与山接也。四方之山，莫高于终南；而都邑之丽山者，莫近于扶风(2)。以至近求最高，其势必得。而太守之居，未尝知有山焉。虽非事之所以损益，而物理有不当然者。此凌虚之所为筑也。

② 方其未筑也，太守陈公杖履逍遥于其下(3)。见山之出于林木之上者，累累如人之旅行于墙外而见其髻也(4)。曰："是必有异。"使工凿其前为方池，以其土筑台，高出于屋之檐而止。然后人之至于其上者，恍然不知台之高，而以为山之踊跃奋迅而出也。公曰："是宜名凌虚。"以告其从事苏轼，而求文以为记(5)。

③ 轼复于公曰："物之废兴成毁，不可得而知也。昔者荒草野田，霜露之所蒙翳，狐虺之所窜伏(6)。方是时，岂知有凌虚台耶？废兴成毁，相寻于无穷，则台之复为荒草野田，皆不可知也。尝试与公登台而望，其东则秦穆之祈年、橐泉也，其南则汉武之长杨，五柞，而其北则隋之仁寿、唐之九成也(7)。计其一时之盛，宏杰诡丽，坚固而不可动者，岂特百倍于台而已哉？然而数世之后，欲求其仿佛，而破瓦颓垣，无复存者，既已化为禾黍荆棘丘墟陇亩矣，而况于此台欤！夫台犹不足恃以长久，而况于人事之得丧，忽往而忽来者欤！而或者欲以夸世而自足，则过矣。盖世有足恃者，而不在乎台之存亡也。"

④ 既以言于公，退而为之记。

【注释】（1）南山：终南山的简称。主峰在今陕西西安市南。（2）扶风：宋称凤翔府，治所在今陕西凤翔县。此沿用旧称。（3）太守：官名。宋称知州或知府，此沿用旧称。陈公：知府陈希亮，字公弼，青神（今属四川）人。（4）累累（léi léi）：多而重叠貌，连贯成串的样子。（5）从事：官名，此指属员。作者时任凤翔府签书判官，是陈希亮的下属。（6）蒙翳（yì）：掩蔽，遮盖。虺（huǐ）：毒虫，毒蛇。（7）秦穆：即秦穆公。祈年、橐泉：祈年宫是秦惠公所建，橐泉宫是秦孝公所建。汉武：即汉武帝刘彻。长杨、五柞（zuò）：长杨宫，旧址在今陕西周至县东南，本秦旧宫，汉时修葺，中有垂杨数亩，故名；五柞宫，旧址在周至县东南，汉时离宫，有五柞树，故名。仁寿：宫名，隋文帝杨坚所建，故址在今陕西麟游县境内。九成：宫名，本隋仁寿宫，唐太宗李世民重修，因山有九重，改名九成。

1. 解释加点字的意思

国于南山之下（　　　　）　　　而都邑之丽山者（　　　　）

太守陈公杖履逍遥于其下（　　　　）　　　岂知有凌虚台耶（　　　　）

2. 比较加点字的意义和用法，判断正确的一项是（　　）

① 以至近求最高　　　② 然后人之至于其上者

③ 轼复于公曰　　　④ 则台之复为荒草野田

A. ①②相同③④相同　　　B. ①②相同③④不同

C. ①②不同③④相同　　　D. ①②不同③④不同

3. 翻译句子

（1）计其一时之盛，宏杰诡丽，坚固而不可动者，岂特百倍于台而已哉？

____

（2）夫台犹不足恃以长久，而况于人事之得丧，忽往而忽来者欤！

____

4. 下列对原文有关内容的理解，不正确的一项是（　　）。

A. 这篇文章从记叙凌虚台入手，娓娓而谈，引人入胜，接着抒发议论，发出“物之废兴成毁，不可得而知”的感叹。

B. 苏轼看似在记凌虚台，实则提醒太守物极必反的道理，不能稍有所得就

“夸世而自足”。

C. 苏轼借着小小的亭台而感怀古今，以小见大，抒发了人事万物的变化无常的感慨，有很深的人生哲理。

D. 文章结尾处写道“盖世有足恃者”，但不直接点出究竟什么是“足恃”的东西，这就使文章更为含蓄而耐人寻味。

5.《古文观止》评论本文道：“通篇只是兴成废毁二段。一写再写，悲歌慷慨，使人不乐。然在我有足恃者，何不乐之有？盖其脚中实有旷观达识，故以至理出为高文。”结合这段话思考本文第③段的议论有何表达效果？

____

____

____

6. 宋代学者李塗评论本文道：“子瞻《喜雨亭记》结云：‘太空冥冥，不可得而名。吾以名吾亭。’是化无为有。《凌虚台记》结云：‘盖世有足恃者，而不在乎台之存亡也。’是化有为无。”结合这段话，思考本文的结句有何妙处？

____

____

____

十四、喜雨亭记

北宋·苏轼

① 亭以雨名，志喜也。古者有喜，则以名物，示不忘也。周公得禾，以名其书；汉武得鼎，以名其年；叔孙胜狄，以名其子(1)。其喜大小不一，其示不忘一也。

② 予至扶风之明年(2)，始治官舍。为亭于堂之北，而凿池其南，引流种树，以为休息之所。是岁之春，雨麦于岐山之阳，其占为有年(3)。既而弥月不雨，民方以为忧。越三月，乙卯乃雨，甲子又雨，民以为未足。丁卯大雨(4)，三日乃止。官吏相与庆于庭，商贾相与歌于市，农夫相与忭于野(5)，忧者以喜，病者以愈，而吾亭适成。

③ 于是举酒于亭上，以属客而告之，曰："五日不雨可乎?"曰："五日不雨则无麦。""十日不雨可乎?"曰："十日不雨则无禾。""无麦无禾，岁且荐饥(6)，狱讼繁兴而盗贼滋炽。则吾与二三子，虽欲优游以乐于此亭，其可得耶? 今天不遗斯民，始旱而赐之以雨，使吾与二三子得相与优游以乐于此亭者，皆雨之赐也。其又可忘耶?"

④ 既以名亭，又从而歌之，曰："使天而雨珠，寒者不得以为襦(7)；使天而雨玉，饥者不得以为粟。一雨三日，伊谁之力? 民曰太守(8)。太守不有，归之天子。天子曰不然，归之造物。造物不自以为功，归之太空。太空冥冥(9)，不可得而名。吾以名吾亭。"

【注释】 (1)"周公"一句：周成王姬诵的弟弟唐叔得到一种两秧生一穗的异禾，献给成王，成王转赠周公，周公作《嘉禾》篇。汉武帝元狩六年(前 116)于汾水得宝鼎，改元为元鼎。鲁文公派叔孙得臣（人名）抵抗北狄入侵，俘获其首领侨如，为了表功，叔孙得臣给儿子起名为侨如。(2)扶风：宋称凤翔府，治所在今陕西凤翔县。此沿用旧称。(3)岐山：山名，在今陕西岐山县。占：占卜。有年：大有之年，指大丰收。年：收成，年成。(4)乙卯：农历四月初二日。甲子：农历四月十一日。丁卯：农历四月十四日。(5)忭(biàn)：高兴、喜乐。(6)荐饥：连续饥荒。荐，通"洊"：屡次，连续。(7)襦(rú)：短衣。(8)太守：指凤翔府太守陈希亮。(9)冥冥：高远。

1. 解释加点字的意思

亭以雨名，志喜也（　　　　）　　既而弥月不雨（　　　　）

而吾亭适成（　　　　）　　以属客而告之（　　　　）

2. 比较加点字的用法，判断正确的一项是（　　）

① 为亭于堂之北　　② 其占为有年

③ 其喜大小不一　　④ 其又可忘耶

A. ①②相同③④相同　　B. ①②相同③④不同

C. ①②不同③④相同　　D. ①②不同③④不同

3. 翻译句子

(1) 古者有喜，则以名物，示不忘也。

____

(2) 则吾与二三子，虽欲优游以乐于此亭，其可得耶？

____

4. 分析第②段中画线句在文中有何表达作用？

____

____

5. 下列对原文有关内容的概括和分析，不正确的一项是（　　）

A.《喜雨亭记》一反亭台游记的通常写法，融记叙、议论、抒情于一炉，交错并用，可谓运笔生辉，出手不凡。

B. 下雨前，太守就已经开始修亭凿池，没有顾及忧心庄稼的百姓。亭成恰逢雨至，太守看到人民庆祝的场景，深为惭愧，将这一场喜雨归功于天子和造物主，并用“喜雨”来给亭子命名。

C. 为表现百姓之喜，文章除了具体描写官吏、商贾、农夫的欣喜若狂，还交代此前“弥月不雨”的情况，为后文记“喜”做了有力的衬托，行文曲折起伏，饶有兴味。

D. 本文采用了以小见大的写作手法。小亭子的建成并非什么大事，可苏轼却把它与人民“喜雨”的大事联系起来，表达与民同乐的感情。

6. 分析第③段中作者援引的主客问答在文中有何表达作用？

十五、纵囚论

北宋·欧阳修

① 信义行于君子，而刑戮施于小人。刑入于死者，乃罪大恶极，此又小人之尤甚者也。宁以义死，不苟幸生，而视死如归，此又君子之尤难者也。方唐太宗之六年(1)，录大辟囚三百余人(2)，纵使还家，约其自归以就死，是以君子之难能，期小人之尤者以必能也。其囚及期而卒自归无后者，是君子之所难而小人之所易也。此岂近于人情哉？

② 或曰：罪大恶极，诚小人矣，及施恩德以临之，可使变而为君子。盖恩德入人之深而移人之速(3)，有如是者矣。曰：太宗之为此，所以求此名也。然安知夫纵之去也，不意其必来以冀免，所以纵之乎？又安知夫被纵而去也，不意其自归而必获免，所以复来乎？夫意其必来而纵之，是上贼下之情也(4)；意其必免而复来，是下贼上之心也。吾见上下交相贼以成此名也，乌有所谓施恩德与夫知信义者哉！不然，太宗施德于天下，于兹六年矣，不能使小人不为极恶大罪，而一日之恩能使视死如归而存信义，此又不通之论也。

③ 然则何为而可？曰：纵而来归，杀之无赦；而又纵之，而又来，则可知为恩德之致尔。然此必无之事也。若夫纵而来归而赦之，可偶一为之耳，若屡为之，则杀人者皆不死，是可为天下之常法乎？不可为常者，其圣人之法乎？是以尧、舜、三王之治，必本于人情，不立异以为高，不逆情以干誉(5)。

【注释】 (1)六年：指贞观六年(632)，唐太宗“亲录囚徒，归死罪者二百九十人于家，令明年秋末就刑。其后应期毕至，诏悉原之”。(2)录：审查并记录罪犯的罪状。大辟：古代五刑中最重的刑罚，即死刑。(3)移人：改变人。(4)贼：窥探，侦伺。(5)逆情：违背人情。

1. 解释加点字的意思

宁以义死，不苟幸生（　　　）　　其囚及期而卒自归无后者（　　　）

罪大恶极，诚小人矣（　　　）　　不逆情以干誉（　　　）

2. 以下加点字的用法判断正确的一项是（　　）

① 约其自归以就死　　② 其圣人之法乎

③ 是以君子之难能　　④ 有如是者矣

A. ①②相同③④相同　　B. ①②相同③④不同

C. ①②不同③④相同　　D. ①②不同③④不同

3. 翻译句子

(1) 吾见上下交相贼以成此名也，乌有所谓施恩德与夫知信义者哉！

____

(2) 若夫纵而来归而赦之，可偶一为之耳，若屡为之，则杀人者皆不死，是可为天下之常法乎？

____

4. 通观全文，作者对唐太宗纵囚一事不敢苟同的主要理由是什么？

____

____

5. 下列对此文的理解和分析，不正确的一项是（　　）

A. 全文以情理、恩德为两经，以太宗、死囚为两纬，丝丝衔接，环环紧扣，明承暗接，前伏后应，使整篇议论交织一体，文势流贯畅达。

B. 文章的每段议论均顿挫有致，并大量运用对比技巧以形成强劲的说服力。

C. 作者认为“宁以义死，不苟幸生，而视死如归”的举动，只有君子才做得到，小人是不可能做到的。这反映出作者思想的局限性。

D. 文章通过议论，指出纵囚不近情理，非治国之法；不见恩德，非圣人之法。最后引出文章主旨。鲜明地表达了欧阳修顺应人情、严肃法治的政治观点。

6. 清代学者张伯行评论本文道：“只‘好名’两字，勘破太宗之心，便将一段佳话，尽情抹倒。行文老辣，不肯放松一字，真酷吏断狱手。”结合这段话思考作者以唐太宗“好名”立论推翻纵囚一事有什么好处？

十六、朋党论

北宋·欧阳修

① 臣闻朋党之说[1]，自古有之[2]，惟幸人君辨其君子小人而已。大凡君子与君子，以同道为朋；小人与小人，以同利为朋。此自然之理也。

② 然臣谓小人无朋，惟君子则有之。其故何哉？小人所好者，利禄也，所贪者，货财也。当其同利之时，暂相党引以为朋者[3]，伪也。及其见利而争先，或利尽而交疏，则反相贼害[4]，虽其兄弟亲戚，不能相保。故臣谓小人无朋，其暂为朋者，伪也。君子则不然。所守者道义，所行者忠信，所惜者名节。以之修身，则同道而相益；以之事国，则同心而共济；终始如一，此君子之朋也。故为人君者，但当退小人之伪朋，用君子之真朋，则天下治矣。

③ 尧之时，小人共工、驩兜等四人为一朋[5]，君子八元、八恺十六人为一朋[6]。舜佐尧，退四凶小人之朋，而进元、恺君子之朋，尧之天下大治。及舜自为天子，而皋、夔、稷、契等二十二人[7]并立于朝，更相称美，更相推让，凡二十二人为一朋，而舜皆用之，天下亦大治。

④《书》曰："纣有臣亿万，惟亿万心；周有臣三千，惟一心。"[8]纣之时，亿万人各异心，可谓不为朋矣，然纣以亡国。周武王之臣，三千人为一大朋，而周用以兴。

⑤ 后汉献帝时，尽取天下名士囚禁之，目为党人[9]。及黄巾贼起[10]，汉室大乱，后方悔悟，尽解党人而释之，然已无救矣。唐之晚年，渐起朋党之论[11]。及昭宗时，尽杀朝之名士，或投之黄河，曰："此辈清流，可投浊流。[12]"而唐遂亡矣。

⑥ 夫前世之主，能使人人异心不为朋，莫如纣；能禁绝善人为朋，莫如汉献帝；能诛戮清流之朋，莫如唐昭宗之世；然皆乱亡其国。更相称美推让而不自疑，

莫如舜之二十二臣，舜亦不疑而皆用之，然而后世不诮舜为二十二人朋党所欺[13]，而称舜为聪明之圣者，以能辨君子与小人也。周武之世，举其国之臣三千人共为一朋。自古为朋之多且大，莫如周；然周用此以兴者，善人虽多而不厌也。

⑦ 嗟呼！治乱兴亡之迹，为人君者，可以鉴矣！

【注释】 (1)本文是呈献给宋仁宗阅读的，故自称臣。(2)自古有之：朋党之说，始自战国。《荀子·臣道》："朋党比周，以环主图私为务，是篡臣者也。"(3)党引：勾结。(4)贼害：残害。(5)共(gòng)工、驩(huān)兜(dōu)等四人：《尚书》以共工、驩兜、鲧(gǔn)、三苗为"四罪"。《左传》以浑敦(驩兜)、穷奇(共工)、梼杌、饕餮为四凶。(6)八元：传说高辛氏的八个才子。八恺：传说高阳氏的八个才子。元、恺皆和善之义。(7)皋(gāo)、夔(kuí)、稷(jì)、契(xiè)等二十二人：传说为舜时的贤臣，皋掌管刑法，夔掌管音乐，稷掌管农业，契掌管教育。二十二人之数，出自《尚书·舜典》。(8)语出《尚书·周书·泰誓上》。"周有臣"原为"予有臣"。(9)后汉献帝：东汉刘协。"党锢之祸"应是桓帝、灵帝时的宦官所为。当时名士如李膺等二百多人反对宦官，被加上"诽讪朝廷"的罪名，逮捕囚禁。到灵帝时，李膺等一百多人被杀，六七百人受到株连。(10)黄巾贼：此指张角领导的黄巾军。(11)朋党之论：唐穆宗至宣宗年间，统治集团内形成的牛僧孺为首的牛党和以李德裕为首的李党，互相争斗，历时四十余年，史称"牛李党争"。(12)昭宗：889年继僖宗而立，在位十六年，为朱温所杀。杀名士投黄河事应发生于唐哀帝天佑二年(905)，哀帝是唐代末帝。是年六月，朱全忠杀裴枢等三十余人于白马驿。李振对朱全忠说："此辈常自谓清流，宜投之黄河，使为浊流。"全忠笑而从之。清流：指品行高洁的人。浊流：指品格卑污的人。(13)诮(qiào)：责备。

1. 解释加点字的意思

则同道而相益(　　　　)　　更相称美，更相推让(　　　　)

举其国之臣三千人共为一朋(　　　　)　　善人虽多而不厌也(　　　　)

2. 以下加点字的用法判断正确的一项是（　　）

① 其故何哉　　② 故臣谓小人无朋

③ 及其见利而争先　　④ 则同心而共济

A. ①②相同③④相同　　B. ①②相同③④不同

C. ①②不同③④相同　　D. ①②不同③④不同

3. 翻译句子

(1) 故为人君者，但当退小人之伪朋，用君子之真朋，则天下治矣。

____

(2) 然而后世不诮舜为二十二人朋党所欺，而称舜为聪明之圣者，以能辨君子与小人也。

____

4. 清代学者吴楚材、吴调侯评论本文道："援古事以证辨，反复曲畅，婉切近人。"结合这段话，任选一处分析本文的例证特色。

____

____

____

5. 下列的理解和分析，不符合文意的一项是（　　）

A. 作者认为朋党现象自古就有，是随着社会发展自然而然产生的。

B. 作者认为共同的物质利益或精神追求可以把人们联系在一起。

C. 作者认为能够正确地对待不同的利益集团，是国家强盛的关键。

D. 作者认为君主一定要认真对待谁是君子谁是小人这个问题。

6. 本文实践了欧阳修"事信、意新、理通、语工"的古文创作理论主张，试从"意新"的角度鉴赏本文的艺术特色。

____

____

____

十七、沧浪亭记

明·归有光

① 浮图文瑛[1]，居大云庵，环水，即苏子美沧浪亭之地也。亟求余作《沧浪亭记》，曰："昔子美之记，记亭之胜也。请子记吾所以为亭者。"

② 余曰："昔吴越有国时，广陵王镇吴中，治南园于子城之西南[2]。其外戚孙承佑[3]，亦治园于其偏。迨淮海纳土[4]，此园不废，苏子美始建沧浪亭，最后禅者居之，此沧浪亭为大云庵也。有庵以来二百年，文瑛寻古遗事，复子美之构于荒残灭没之余，此大云庵为沧浪亭也。

③ 夫古今之变，朝市改易，尝登姑苏之台[5]，望五湖之渺茫[6]，群山之苍翠，太伯、虞仲之所建[7]，阖闾、夫差之所争[8]，子胥、种、蠡之所经营[9]，今皆无有矣！庵与亭何为者哉？

④ 虽然，钱镠因乱攘窃[10]，保有吴越，国富兵强垂及四世诸子姻戚乘时奢僭宫馆苑囿极一时之盛；而子美之亭，乃为释子所钦重如此[11]。可以见士之欲垂名于千载之后，不与其澌然而俱尽者[12]，则有在矣！"文瑛读书，喜诗，与吾徒游，呼之为沧浪僧云。

【注释】 (1)浮图：梵语音译，即佛。(2)吴越：指吴越王钱镠，官拜节度使。后拥兵自重，建国吴越，称吴越国王，是五代十国时的十国之一。广陵王：指吴越王钱镠的儿子钱元璙。吴中：指苏州一带。子城：附属于大城的小城，此指内城。(3)外戚：指帝王的母族或妻族。孙承祐：钱镠的孙子钱俶的岳父。(4)淮南：唐代设置的淮南道，治所在扬州。纳土：指将国土贡献给了宋王朝。(5)姑苏台：在姑苏山上，春秋时吴王阖闾所建。(6)五湖：泛指包括太湖在内附近所有的湖泊。(7)太伯：周代太王古公亶父的长子。虞仲：古公亶父的次子。传说太王准备立幼子季历为王，太伯、虞仲远避江南，成为吴国的开国者。(8)阖闾：春秋时吴国国王。夫差：阖闾的儿子，吴国国王。(9)子胥：姓伍名员，字子胥，春秋时楚国人。他父亲伍奢、哥哥伍尚，被楚平王杀害，他投奔到吴国，辅助吴王夫差伐越。仲蠡：指文种和范蠡。文种：越国大夫，楚人。范蠡：楚人，曾辅助越王灭吴。(10)钱镠(liú)：吴越国的建立者，在位二十五年。传位四世。(11)释子：佛教徒的通称。出家的人都舍弃俗姓，以释迦为姓，取其弟子之意，故称释子。(12)澌：冰块。澌然，冰块消融的样子。

1. 解释加点字的意思

亟求余作沧浪亭记（　　　　）　　迨淮海纳土（　　　　）

尝登姑苏之台（　　　　）　　垂及四世（　　　　）

2. 比较加点字的用法，判断正确的一项是（　　）

① 请子记吾所以为亭者　　② 乃为释子所钦重如此

③ 治南园于子城之西南　　④ 复子美之构于荒残灭没之余

A. ①②相同③④相同　　B. ①②相同③④不同

C. ①②不同③④相同　　D. ①②不同③④不同

3. 翻译句子

(1) 浮图文瑛，居大云庵，环水，即苏子美沧浪亭之地也。

____

(2) 可以见士之欲垂名于千载之后，不与其澌然而俱尽者，则有在矣！

____

4. 用“/”给文中画线的部分断句。

虽 然 钱 镠 因 乱 攘 窃 保 有 吴 越 国 富 兵 强 垂 及 四 世 诸 子 姻 戚 乘 时 奢 僭 宫 馆 苑 囿 极 一 时 之 盛

5. 在第④段中，作者对吴越宫苑“极一时之盛”的描写，主要用意是：

____

____

6. 清代学者吴楚材、吴调侯评论本文道：“至末一转，言士之垂名不朽者，固自有在，而不在乎亭之犹存也。此意开人智识不浅。”结合这段话，思考本文最后一段寄寓了作者怎样的感慨？

____

____

____

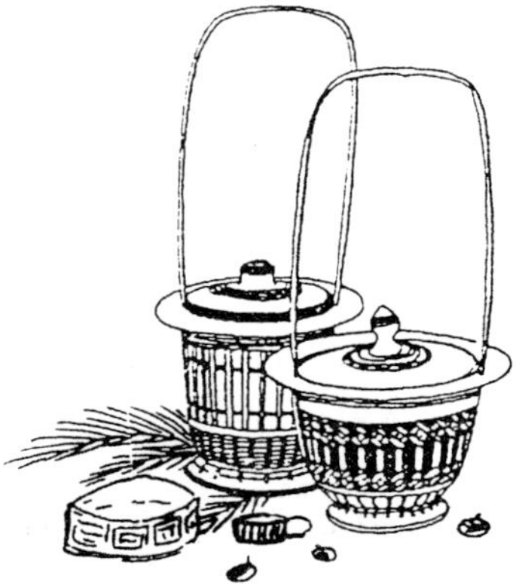

十八、登泰山记

清·姚鼐

① 泰山之阳，汶水西流(1)；其阴，济水东流(2)。阳谷皆入汶，阴谷皆入济。当其南北分者，古长城也。最高日观峰(3)，在长城南十五里。

② 余以乾隆三十九年十二月(4)，自京师乘风雪，历齐河、长清(5)，穿泰山西北谷，越长城之限，至于泰安。是月丁未(6)，与知府朱孝纯子颍由南麓登(7)。四十五里，道皆砌石为磴，其级七千有余。泰山正南面有三谷。中谷绕泰安城下，郦道元所谓环水也(8)。余始循以入，道少半，越中岭，复循西谷，遂至其巅。古时登山，循东谷入，道有天门(9)。东谷者，古谓之天门溪水，余所不至也。今所经中岭及山巅崖限当道者，世皆谓之天门云。道中迷雾冰滑，磴几不可登。及既上，苍山负雪，明烛天南。望晚日照城郭，汶水、徂徕如画(10)，而半山居雾若带然。

③ 戊申晦，五鼓(11)，与子颍坐日观亭(12)，待日出。大风扬积雪击面。亭东自足下皆云漫。稍见云中白若樗蒱数十立者(13)，山也。极天云一线异色，须臾成五采，日上正赤如丹，下有红光动摇承之。或曰，此东海也。回视日观以西峰，或得日，或否，绛皓驳色(14)，而皆若偻。

④ 亭西有岱祠(15)，又有碧霞元君祠(16)。皇帝行宫在碧霞元君祠东。是日，观道中石刻，自唐显庆以来(17)，其远古刻尽漫失。僻不当道者，皆不及往。

⑤ 山多石少土石苍黑色多平方少圆少杂树多松生石罅皆平顶冰雪无瀑水无鸟兽音迹至日观数里内无树而雪与人膝齐。

⑥ 桐城姚鼐记。

【注释】 (1)汶(wèn)水:即大汶河。源于山东莱芜原山,向西南流经泰安。(2)济水:源于河南济源王屋山,东流至山东入海。(3)日观峰:在山顶东岩,为泰山观日出处。(4)乾隆三十九年十二月:实为1775年。(5)齐河、长清:山东二县名。(6)丁未:农历十二月二十八日。(7)朱孝纯,字子颍,历城人,与作者同为刘大魁弟子。(8)郦道元:字善长。北魏人,著有《水经注》。其中有"又合环水,水出泰山南溪"的记载。(9)天门:泰山天门共三处,即一天门、中天门、南天门。(10)徂(cú)徕(lái):山名,在泰安城东南四十里。(11)五鼓:五更,黎明之前。(12)日观亭:日观峰上一小亭,为观日出最佳处。(13)樗(chū)蒱(pú):古代一种博戏用具,共五子,长形,两端尖锐,立如山形。(14)绛皓驳色:红白两色相杂。绛:大红。皓:白色。(15)岱祠:祭祀泰山之神东岳大帝的东岳庙。(16)碧霞元君:女神名,传说为东岳大帝之女。(17)显庆:唐高宗李治年号(656—661)。

1. 解释加点字的意思

余始循以入(　　　　)　　苍山负雪,明烛天南(　　　　)

泰山之阳,汶水西流(　　　　)　　戊申晦,五鼓(　　　　)

2. 比较加点字的用法,判断正确的一项是(　　)

① 当其南北分者　　② 僻不当道者,皆不及往

③ 余始循以入　　④ 回视日观以西峰

A. ①②相同③④相同　　B. ①②相同③④不同

C. ①②不同③④相同　　D. ①②不同③④不同

3. 翻译句子

(1) 望晚日照城郭,汶水、徂徕如画,而半山居雾若带然。

____

(2) 极天云一线异色,须臾成五采,日上正赤如丹,下有红光动摇承之。

____

4. 用“/”划分出第⑤段的句读。

山 多 石 少 土 石 苍 黑 色 多 平 方 少 圆 少 杂 树 多 松 生 石 罅 皆 平 顶 冰 雪 无 瀑 水 无 鸟 兽 音 迹 至 日 观 数 里 内 无 树 而 雪 与 人 膝 齐。

5. 任选一个角度鉴赏第③段中作者对泰山日出景象的描写。

____

____

____

6. 本文用词精警，试从动词使用巧妙的角度鉴赏第②段中的画线句。

____

____

____

十九、辨奸论

北宋·苏洵

① 事有必至，理有固然。惟天下之静者，乃能见微而知著。月晕而风，础润而雨[(1)]，人人知之。人事之推移，理势之相因，其疏阔而难知，变化而不可测者，孰与天地阴阳之事。而贤者[(2)]有不知，其故何也？好恶乱其中，而利害夺其外也。

② 昔者，山巨源见王衍曰："误天下苍生者，必此人也！"[(3)]郭汾阳见卢杞曰："此人得志，吾子孙无遗类矣！"[(4)]自今而言之，其理固有可见者。以吾观之，王衍之为人，容貌言语，固有以欺世而盗名者。然不忮不求[(5)]，与物浮沉，使晋无惠帝[(6)]，仅得中主，虽衍百千，何从而乱天下乎？卢杞之奸，固足以败国；然而不学无文，容貌不足以动人，言语不足以眩世，非德宗之鄙暗[(7)]，亦何从而用之？由是言之，二公之料二子，亦容有未必然也。

③ 今有人[(8)]，口诵孔、老之言，身履夷、齐之行[(9)]，收召好名之士、不得志之人，相与造作言语，私立名字，以为颜渊、孟轲复出；而阴贼险狠，与人异趣，是王衍、卢杞合而为一人也，其祸岂可胜言哉！

④ 夫面垢不忘洗，衣垢不忘浣，此人之至情也。今也不然，衣臣虏之衣，食犬彘之食，囚首丧面而谈诗书，此岂其情也哉？凡事之不近人情者，鲜不为大奸慝[(10)]，竖刁、易牙、开方[(11)]是也。以盖世之名，而济其未形之患，虽有愿治之主，好贤之相，犹将举而用之，则其为天下患，必然而无疑者，非特二子之比也。

⑤ 孙子曰："善用兵者，无赫赫之功。"使斯人而不用也，则吾言为过，而斯人有不遇之叹，孰知祸之至于此哉！不然，天下将被其祸，而吾获知言之名，悲夫！

【注释】 (1)月晕:日月周围形成的光圈为晕。础:柱子底下的石礅。润:潮湿。(2)贤者:指欧阳修。曾巩曾经把王安石的文章推荐给欧阳修,欧很赞赏,将他"擢进士上第"。(3)语见《晋书·王衍传》。王衍面目姣好,神清目秀。少时,山涛见到他,就说:"何物老妪,生宁馨儿! 然误天下苍生者,未必非此人也!"山巨源:山涛,西晋"竹林七贤"之一。王衍:西晋人,字夷甫,官至尚书令、太尉。(4)语见《新唐书·卢杞传》。(郭子仪)每见宾客,姬妾不离侧,惟卢杞至,子仪悉屏侍妾,或问其故。对曰:"杞貌丑而心险,妇人见之必笑。他日杞得志,吾族无遗类矣。"郭汾阳:唐大将郭子仪,进封汾阳郡王。卢杞:唐大臣,后任宰相,陷害忠良,后遭贬职,死于沣州。(5)不忮不求:《诗经·雄雉》:"不忮不求,何用不臧?"忮:嫉恨。臧:善,好。(6)晋惠帝:司马衷。晋武帝司马炎之子,以痴呆著称。曾说:"百姓饿死,何不食肉糜?"在位初年,贾后专政,导致"八王之乱"。后被东海王司马越毒死。(7)德宗:唐德宗李适(音阔),信用卢杞,曾问左右:"人皆言卢杞奸邪,朕独不觉,何也?"(8)今有人:指王安石。(9)夷、齐:伯夷、叔齐,被古人视为道德高尚的典范。(10)慝:邪恶。(11)竖刁、易牙、开方:春秋时齐桓公近臣。管仲死,三人专权。桓公死后,诸子争立,他们杀害群吏,立公子无亏为君,太子昭奔宋,齐国大乱。起初,易牙以烹子以奉君,开方父死而不奔丧,竖刁自愿阉割为宦。

1. 解释加点字

乃能见微而知著(　　　　)　　　　鲜不为大奸慝(　　　　)

好恶乱其中(　　　　)　　　　天下将被其祸 (　　　　)

2. 以下加点字的用法判断正确的一项是(　　)

① 其理固有可见者　　　　② 卢杞之奸,固足以败国

③ 孰与天地阴阳之事　　　　④ 孰知祸之至于此哉

A. ①②相同③④相同　　　　B. ①②相同③④不同

C. ①②不同③④相同　　　　D. ①②不同③④不同

3. 以下加点字的用法不同于其他三项的一项是(　　)

A. 月晕而风，础润而雨　　B. 衣臣虏之衣

C. 乃能见微而知著　　D. 身履夷、齐之行

4. 翻译句子

(1) 人事之推移，理势之相因，其疏阔而难知，变化而不可测者，孰与天地阴阳之事。

____

(2) 以盖世之名，而济其未形之患，虽有愿治之主，好贤之相，犹将举而用之，则其为天下患，必然而无疑者，非特二子之比也。

____

____

5. 在第②段中，作者援引王衍和卢杞的事例，其主要用意是____________________

____

6. 清代学者浦起龙评价本文道："援揣比例，情词危切，而寄意尤在起结间。神情遥照，以警夫倾信而误用者。"请结合本文的创作意图，分析本文开头和结尾在文中有何表达作用？

____

____

____

二十、尊　史

清·龚自珍

① 史之尊，非其职语言、司谤誉之谓[1]，尊其心也。

② 心何如而尊？善入。何者善入？天下山川形势，人心风气，土所宜，姓所贵，皆知之；国之祖宗之令，下逮吏胥之所守，皆知之。其于言礼、言兵、言政、言狱、言掌故、言文体[2]、言人贤否，如其言家事，可为入矣。

③ 又如何而尊？善出。何者善出？天下山川形势，人心风气，土所宜，姓所贵，国之祖宗之令，下逮吏胥之所守，皆有联事焉[3]，皆非所专官。其于言礼、言兵、言政、言狱、言掌故、言文体、言人贤否，如优人在堂下，号咷舞歌[4]，哀乐万千，堂上观者，肃然踞坐，眄睐而指点焉[5]，可谓出矣。

④ 不善入者，非实录，垣外之耳[6]，乌能治堂中之优也耶？则史之言，必有余吃[7]。不善出者，必无高情至论，优人哀乐万千，手口沸羹[8]，彼岂复能自言其哀乐也耶？则史之言，必有余喘[9]。是故欲为史，若为史之别子也者[10]，毋吃毋喘，自尊其心。心尊，则其官尊矣；心尊，则其言尊矣。官尊言尊，则其人亦尊矣。

⑤ 尊之之所归宿如何？曰：乃又有所大出入焉。何者大出入？曰：出乎史，入乎道，欲知大道，必先为史。此非我所闻，乃刘向、班固之所闻[11]。向、固有征乎？我征之曰：古有柱下史老聃[12]，卒为道家大宗。我无征也欤哉？

【注释】 (1)语言：指文献典籍。谤誉：诽谤和称誉，指对人事的褒贬。(2)礼：礼仪。兵：军事。政：政令。狱：讼事，指刑法。掌故：关于历史人物、典章制度等的故事或传说。文体：文章。(3)联事：互相联系、涉及。(4)优人：古代对艺人的称呼。号(háo)咷(táo)：放声大哭，指放声歌唱。(5)眄(miàn)睐(lài)：爱慕眷念的样子，指欣赏。(6)垣(yuán)：墙。(7)余呓(yì)：多余的梦话，即胡说八道。(8)沸羹(gēng)：滚汤。形容手舞足蹈，放声歌唱，像煮滚的汤似的，热闹非常。(9)余喘：残喘、残息。比喻死气沉沉、毫无生气。(10)史之别子：史家的不同派别。(11)刘向：西汉儒家、目录学家。班固：东汉儒家、史学家，编有《汉书》。(12)柱下史：官名，宫廷史官。老聃(dān)：即老子，道家学派的创始人。

1. 解释加点字的意思

下逮吏胥之所守（　　　　）　　彼岂复能自言其哀乐也耶（　　　　）

向、固有征乎（　　　　）　　卒为道家大宗（　　　　）

2. 以下加点字的用法判断正确的一项是（　　）

① 皆有联事焉　　② 乃又有所大出入焉

③ 出乎史，入乎道　　④ 向、固有征乎

A. ①②相同③④相同　　B. ①②相同③④不同

C. ①②不同③④相同　　D. ①②不同③④不同

3. 翻译句子

(1) 史之尊，非其职语言、司谤誉之谓，尊其心也。

____

(2) 不善入者，非实录，垣外之耳，乌能治堂中之优也耶？

____

4. 通观全文，作者认为“尊史”之道，关键在于______________________________

要做到这一点，作者认为还应该做到______________________________

5. 龚自珍一向重视史官的作用，他认为：“灭人之国，必先去其史。”结合作者所处的时代背景，分析本文的创作意图。

____

6. 本文逻辑严密，层次井然，结构清晰。试从篇章结构的角度鉴赏本文。

参考答案及译文

高考文言文模拟试题

一、诸葛亮传

【参考答案】

1. 将：带着，领着。殆：大概，表示推测。因：凭借。诚：假如，果真。

2. D。（之：①动词，到，往。②代词。③信，通“伸”：伸张。④信：诚信。）

3. A。（A.致：使动用法。B.C.D 皆为名词作状语）

4. (1) 然而曹操竟然能够战胜袁绍，地位转弱为强，这不仅仅是时运而已，而且也是人为的谋划造成的。

(2) 将军您自己带领军队从秦川出发，天下百姓谁不是拿着碗饭、提着壶浆，热烈地欢迎将军您的王者之师呢？

5. 三足鼎立；三分天下；联孙抗曹。

6. 刘备出身皇族，血统高贵；守信重义，名扬天下；广泛结交天下英雄，求贤若渴。

【参考译文】

诸葛亮，字孔明，他是琅琊郡阳都县人；汉元帝司隶校尉诸葛丰的后代。父亲是诸葛珪，字君贡，在汉朝末年担任过太山郡的郡丞。诸葛亮小时候父亲就过世了；叔父诸葛玄被袁术推荐去担任豫章太守，诸葛玄就带着诸葛亮及亮的弟弟诸葛均前去上任。正好遇到汉朝改选朱皓代替诸葛玄，诸葛玄平常和荆州太守刘表有交情，就前去投靠他。诸葛玄过世以后，诸葛亮亲自在田地里耕种，平常喜欢唱着《梁父吟》的曲调。亮身高八尺，每每把自己比喻成管仲、乐毅，当时没人相信。只有博陵的崔州平、颍州的徐庶和诸葛亮交情不错，认为他真的具有管仲、乐毅般的才华。

当时刘备驻军在新野，徐庶前去晋见刘备，刘备很看重徐庶。徐庶对刘备说：“诸葛孔明这个人，就像一条潜卧的龙啊，将军您是否愿意看看他呢？”刘备说：“你请他一块儿来吧！”徐庶说：“这个人你只可以去亲近他，不能够强迫他来看你的，将军您应该委曲委曲、大驾前去看他的。”因此刘备就前去看诸葛亮，前后往返三次，终于才见到面。刘备把人支开、和诸葛亮商量说：“现今汉朝倾倒，奸臣偷得权利，天子蒙尘受难。我德行浅薄、不自量力，想要在普天之下伸张大义，可是智慧浅、德术差，于是使得小人猖狂不已，直到今天。然而我的志向仍没打消,您说我能出什么策略呢?”

诸葛亮回答说:“自从董卓作乱以来,各地方的英雄豪杰同时兴起,占据好几个州郡的人,多得数不清。曹操比起袁绍,名气小多了,人也少多了,然而曹操竟然能够战胜袁绍,地位转弱为强,这不仅仅是时运而已,而且也是人为的谋划造成的。现在曹操已经拥有百万大军,挟制天子,进而用天子的名义命令诸侯;这种情势,实在不能和他争强斗胜了。孙权拥有江东,已经经过三代的经营,地方险要而百姓顺从,当地的贤才能人都被他任用了,这种情势是可以和他结为盟邦而不可以打他的念头。荆州北边据有汉水、沔水,享有南海的全部资源,往东可以连接吴、会二郡,往西可以通达巴、蜀二郡;这是个可以用兵的地方,但是负责人却不能好好据守住它。这大概是老天用来帮助将军您的,将军您是否有意把它夺取下来呢?益州地势险阻,拥有千里肥沃的田野,是个富庶的好地方,汉高祖就是凭借这里而完成帝王的事业。刘璋个性懦弱、不明事理,张鲁横行北方。这地区百姓众多、国家富有,刘璋却不知道好好地抚恤安慰百姓。当地有智慧才能的人,很想能遇到贤明的君王。将军您既是汉朝王室的后代,守信重义名扬天下,又能够广泛地接纳各地方的英雄好汉,思得贤人好像口渴者急得想喝水一般。如果您能够同时拥有荆州、益州,保住这块险隘之地,往西通和各个戎族,往南安抚夷、越等族,对外和孙权交结和好,对内修好政治;天下局势一旦有了变化,就命令一位大将军,率领荆州的军队开向中原,将军您自己带领军队从秦川出发,天下百姓谁不是拿着碗饭、提着壶浆,热烈地欢迎将军您的王者之师呢?果真如此,那么您的霸业就可以完成,而汉朝也可以复兴了。”

刘备听了后,说:“你讲的好!”于是刘备和诸葛亮的感情愈来愈好,一天天地更加亲密。关羽、张飞等人不高兴。刘备安慰他们说:“我有了孔明,就像鱼儿有了水一般。希望各位不要再有怨言了。”关羽、张飞才停止他们不满的言行。

二、三国论

【参考答案】

1. 暗:愚昧,糊涂。逆:迎接。已:停止。逮:赶得上。

2. D。(①以:介词,用。②以:介词:凭借。③于:介词,在。④于:表示被动。)

3. (1) 正因为只靠智勇来安定天下是不够的,所以天下的灾难,蜂拥而起而又难以平定。

(2) 只有一个刘备,接近有这种本领却未能完全达到这种境地,内心还有点自命不凡沾沾自喜的情绪。想做一个愚笨的人而又不能愚傻,想做果敢敏锐的人而又不能明达。在心中两种思想激烈交战,却没有定下来。

4. 作者以“两虎相捽”只会势均力敌而无法消灭对方来类比曹操、孙权、刘备在三国时期形成的三足鼎立的局面,指出他们都没有汉高祖刘邦对付项羽的那种政治智慧。

5. 作者以汉高祖“自用其才”的三种政治智慧和三国之君作对比,指出三国之君都缺乏汉高祖这种政治智慧,只有刘备比较接近刘邦,可以却没能成就功业。与上文作者对曹操、刘备、孙权的评价相照应,进一步论证了自己的观点。

6. D。

【参考译文】

天下都是胆怯之人，只有一个勇敢的人，那么勇敢的人取胜；天下都是糊涂的人，只有一个聪明的人那么聪明的人取胜。勇敢的人遇到勇敢的人，那么就不能只依靠勇敢了；聪明的人遇到聪明的人，那么就不能够只依靠聪明了。正因为只靠智勇来安定天下是不够的，所以天下的灾难，蜂拥而起而又难以平定。

曾听说，古时候可称英雄的帝王，他们用不智不勇对待智勇，然后真正的大智大勇才能表现出来。可悲呀！难道英雄处于世界上也有幸运与不幸吗？汉高祖，唐太宗是以个人智勇超过天下所有的人而得到其帝位的。曹操、孙权、刘备是因他们智勇相当而又遇到一起，因而丧失完全取胜的机会。用智谋来打击智谋，用勇者打击勇者，这就好像两虎的战争，光凭牙齿气力，无法取胜，那情势可以互相干扰，而不能杀死对方。在这个时候，可惜没有人用汉高祖的办法来对付对方的。

从前项羽，用百战百胜的威势，掌管统帅着各路诸侯大军，狂呼大吼充分显示出他愤怒的气势，然后向西来迎战汉高祖。他的声势极大，如同暴雨雷霆般迅猛而惊天动地。天下人都认为从此就没有大汉帝国了。然而汉高祖用他那不聪明又不勇敢的身躯，在项羽进军的冲要之地横杀竖挡，使项羽军队来回调动而不能前进。汉高祖那种愚笨蠢钝，足以使天下人笑话，而最后却能打败项羽而等着看他死亡。原因是什么？人的勇敢气力，拼命使用而不停止，就一定会有损耗，而人的谋划总是不能成功，就会有所疲倦懈怠而无法振作起来。他想用他的长处，在短时间内想压倒我，而我关上门拒绝他，使他失去他的希望，徘徊不定想退走又不能退走，这时项羽肯定已经十分疲惫。

现在曹操，孙权，刘备这三个人，都知道凭自己的才能自己去夺取，而不知道用自己的短处去从别人那里取得。世上议论的人说：孙权不如曹操，而刘备不如孙权。刘备智谋浅显而又没有勇力，相对曹、孙二人有所不足，却又不懂得用自己的不足来求取胜利，这样也是太糊涂了。刘备的才能，与汉高祖已经接近，却不懂得如何把才能使用出来。

从前汉高祖使用自己才能有三种方法。先占据有利的地势，用以显示出得天下后将有所作为；大批收集像韩信，彭越等才能出众的将领，用来弥补自己的能力不足；有果敢敏锐刚烈勇猛的精神却不表现出来，用来大大挫败项羽猖狂的气势。这三件事，三国的君主，他们都没有能做到的本领。只有一个刘备，接近有这种本领却未能完全达到这种境地，内心还有点自命不凡沾沾自喜的情绪。想做一个愚笨的人而又不能愚傻，想做果敢敏锐的人而又不能明达。在心中两种思想激烈交战，却没有定下来，所以，事情做不成，希望无法实现。扔掉天下而进入巴蜀，那不是合适的地方。用诸葛亮这样治理国家的人才，却正当混乱战争进行之中，作为将才是不合适的。不能忍耐愤怒的情感，没有避开自己的短处，却自己领兵来攻打别人，这样，就不值得过高评价他的精神。

唉！当他在袁绍，袁术之间奔波的时候，当他被吕布所困的时候，当他在荆州被打得狼狈不堪的时候，失败无数而志向不改，不能不说他没有汉高祖的精神和作风，却始终不能懂得如何把自己的能力发挥出来。古代的英雄，只有汉高祖是无人能够赶得上的。

三、黄州新建小竹楼记

【参考答案】

1. 比:靠近,挨着。隅:角落。止:仅,只。暇:空闲。

2. D。(①以:连词,因为,由于。②以:介词,在。③而:表示并列。④而:表示承接。)

3. (1) 这里江山形胜之外,但见轻风扬帆,沙上禽鸟,云烟竹树一片而已。

(2) 四年当中,奔波不息,不知道明年又在何处,我难道还怕竹楼容易败坏吗?

4. 作者以历史上四座高大华丽的楼阁和自己修建的黄州小竹楼形成鲜明的对比,表明自己并不欣赏高大华丽的楼阁,他们只是古人用来过奢靡生活的场所,跟作者的志趣完全不一样。

5. 两者并不矛盾,作者不惧"竹楼之易朽",是因为四年之中,奔走不暇,不知将来身在何处,在黄州待的时间估计也不会长久;又希望"斯楼之不朽",是希望将来到黄州的人能够和作者有共同的志趣,再次翻新修建小竹楼。

6. 作者在这段话中分层铺叙描写了自己在竹楼之中一年四季的生活情趣,即"六宜"。夏天听雨,冬天赏雪,于寻常处感受竹楼的美妙,仿佛完全与自然融为一体。作者描写的主要是各种声音,不仅有力地烘托了小竹楼的独有的风景和情致,而且反衬了前面总说的"幽阒辽复"的感受。不管是轰鸣的雨声,还是雪花飘落的细音,都衬托出小竹楼的清幽寂静和天地广远。

【参考译文】

黄冈地方盛产竹子,大的粗如椽子,竹匠剖开它,削去竹节,用来代替陶瓦,家家房屋都是这样,因为竹瓦价格便宜而且又省工。

子城的西北角上,矮墙毁坏,长着茂密的野草,一片荒秽,我因而就地建造小竹楼两间,与月波楼相接连。登上竹楼,远眺可以尽览山色,平视可以将江滩、碧波尽收眼底。那清幽静谧、辽阔绵远的景象,实在无法一一描述出来。夏天宜有急雨,人在楼中如闻瀑布声;冬天遇到大雪飘零也很相宜,好像碎琼乱玉的敲击声;这里适宜弹琴,琴声清虚和畅;这里适宜吟诗,诗的韵味清雅绝妙;这里适宜下棋,棋子声丁丁动听,这里适宜投壶,箭声铮铮悦耳。这些都是竹楼所促成的。

公务办完后的空闲时间,披着鹤氅,戴着华阳巾,手执一卷《周易》,焚香默坐于楼中,能排除世俗杂念。这里江山形胜之外,但见轻风扬帆,沙上禽鸟,云烟竹树一片而已。等到酒醒之后,茶炉的烟火已经熄灭,送走落日,迎来皓月,此亦是谪居生活中的一大乐事。那齐云、落星两楼,高是算高的了;井幹、丽谯两楼,华丽也算是非常华丽了,可惜只是用来蓄养妓女,安顿歌儿舞女,那就不是风雅之士的所作所为了,我是不赞成的。

我听竹匠说:"竹制的瓦只能用十年,如果铺两层,能用二十年。"唉,我在至道元年,由翰林学士被贬到滁州,至道二年调到扬州,至道三年重返中书省,咸平元年除夕又接到贬往齐安的调令,今年闰三月来到齐安郡。四年当中,奔波不息,不知道明年又在何处,我难道还怕竹楼容易败坏吗?希望接任我的人与我志趣相同,继我爱楼之意而常常修缮它,那么这座竹楼就不会朽烂了。

咸平二年八月十五日撰记。

四、武昌九曲亭记

【参考答案】

1. 席:以……为席。具:备有。兹:这。厌:满足。

2. C。(①适:到,往。②适:快乐,愉悦。③于是:对此。④于是:对此。)

3. D。(D项为形容词活用为动词,A、B、C三项皆为名词作动词。)

4. (1) 每当风停了,太阳出来,江面波平浪静的时候,子瞻就拄着拐杖,带着美酒,乘坐渔船,横渡长江,直奔南山而来。

(2) 只要心中不觉得惭愧,外面不受到人家的指责,就不妨把心思寄托在这山林之间(尽情享受它)。

5. 无愧于中,无责于外

本文作于元丰五年(1082)。时作者贬谪筠州,苏轼贬谪黄州,政治遭遇不得志,但他们都并不消沉,本文记述苏轼重建武昌九曲亭的由来,阐发苏轼"适意为悦"的思想情趣,表现出苏轼的游乐山水中自有磊落胸怀和洒脱风度,也寄托着作者自己"无愧于中,无责于外"的人生态度。

6. 画线句记叙的是作者自己年轻时跟随子瞻游山玩水尽显适意快乐之情。以"有不得至"的"怅然移日"之情与下文中的"至其翩然独往""见者以为仙也"的逍遥自得之情形成鲜明的对比,从而高度赞美了苏轼仙风道骨的精神气度,同时也表现出作者的政治坚定和胸怀坦荡。

【参考译文】

子瞻被贬到齐安(今黄冈),在长江边上建庐居住。齐安没有出名的山,而长江南岸武昌(今鄂州)的群山,高低起伏,连绵不断,山谷幽深寂静,山里面有佛塔寺庙僧舍,西边的叫西山寺,东边的叫寒溪寺。它们背靠山梁,面对山沟,隐蔽在茂密的松树枥(同"栎")树丛中,寂寞清静,与世隔绝,见不到车马的喧嚣和来人的足迹。每当风停了,太阳出来,江面波平浪静的时候,子瞻就拄着拐杖,带着美酒,乘坐渔船,横渡长江,直奔南山而来。山中有几个人,热情好客,喜游山水。听说子瞻到来,都裹着头巾,欢笑着迎上来,然后携手同行,逍遥自在地拾级而上,一直走到深山尽处,大家都筋疲力尽了,方才停下歇息,扫去落叶,坐在草地上,彼此举起酒杯,互相问候,玩到心情舒适时,竟至忘记了回去,就往往留在山上夜宿。因为过着这样惬意的生活,子瞻在齐安住了三年,都不觉得时间过得很久。

然而将往西山去时,就要从青松翠柏之间经过,走过弯弯曲曲的羊肠山路,才会见到稍微平坦的地方,游览者一定会在此休息。人们倚靠在嶙峋怪石上玩赏,躲在茂密林荫下小憩,向下可俯视滚滚大江,向上可仰望巍巍高山,旁边可扫视小溪幽谷,风云变化和树林山脚正面、反面的种种景象,都在人们身边呈现出来。平地上有一座破旧的亭子,它的遗址非常狭小,不能够坐下许多游客。亭子旁有几十棵古木,似都有百围之大、千尺之高,不能够用刀斧来砍伐。子瞻每次一到树下,就整天(无可奈何地)斜视着它们。一天,来了一阵暴风雷雨,其中一棵古木被连根拔倒,子瞻趁机将那倒下老树的地方收拾平整,亭子的地基才得以扩大。子瞻与朋友们进山看了看,相视而笑,说道:"这大概是(老天爷)想成全我们重修亭台吧?"于是大家一起重修了一座新亭子。亭子建成后,西山的胜景才算完备了。子瞻对这件事极为高兴。

从前我年轻时,跟随着子瞻游览各地。遇山就登山,遇水就泛舟,子瞻都未尝不是带头提起衣服卷起裤脚走在我的前面。有不能到达的地方,子瞻就总是为这事成天不愉快。有时他一个人飘然独游,悠闲自在地在泉石上漫游,采摘着树林中的山花野草,拾取着落在山沟中的果子,从溪中舀取水来喝,看到他这样子的人往往把他当成神仙一般的人物。其实天下的乐事无穷无尽,而以使人心情畅快的事最叫人喜爱。而当他称心如意的时候,(觉得)万事万物都不能换取这种快乐;到了他兴尽的时候,又没有不感到吃惊,自我嘲笑的。好比喝酒吃饭,五花八门的菜肴摆在面前,总之是为了一饱肚腹,而吃下去后,那些事物(无论好的还是不好的食物)同样变成了腐臭的东西,有谁还会去管哪道菜对人有益,哪道菜又对人有害呢?只要心中不觉得惭愧,外面不受到人家的指责,就不妨把心思寄托在这山林之间(尽情享受它)。这就是子瞻在这里感到快乐的原因。

五、书《魏郑公传》后

【参考答案】

1. 遭:遇见,碰到。薄:减少。私:偏爱,指讨好国君。怠:松懈,懒惰。

2. C。(①焉:句末语气词。②焉:代词,指代"伊尹周公之切谏其君"之事。③至:最。④至:最)

3. (1) 那么,我想唐代之所以太平,太宗之所以被称为贤君,前代的君主之所以比不上太宗,根本原因大概都在这里吧。

(2) 假使当时就把谏书删减毁弃,成就小小的谦让的名声,那么后世依据什么来谏诤?又根据什么知道他们是德才兼备的人呢?

4. (1) 感念皇帝的知己恩遇,事情无论大小,无不谏诤。(2) 以诚信的人生态度对待自己和国君,将谏言保存在诗书中,不蒙骗后人。

5. 本文从唐太宗与魏征的关系说起,在第②段中提出君臣之间应以"大公至正之道"为行动准则,认为君主不应"灭人言以掩己过",臣下不应"取小亮以私其君",文章切中魏征传的要害,见解深刻,议论晓畅,堪称杰作。

6. 画线句先以"何则"二字提起后文,阐释不能焚烧大臣谏稿的理由,焚烧谏稿一则掩盖君主的过失,让后人不明真相,二则有归美于自己之嫌;故而以"岂爱其君之谓欤?"一句反问焚烧谏稿者之居心不良,并非真正的爱戴国君之举,严厉地批判了这种自欺欺人的政治举动,为后文提倡的君臣之道应该以诚相见做足了张本。

【参考译文】

我看到唐太宗常常委屈自己,听从群臣的意见,而魏郑公这些人喜逢这个好时代,他们感激太宗的知遇之恩,事情不论大小,没有不直言进谏的。虽然这是由于他们的忠诚,也是因为能遇上圣明的君主才能这样的啊。那么，我想唐代之所以太平，太宗之所以被称为贤君，前代的君主之所以比不上太宗，根本原因大概都在这里吧。能够知道魏郑公有谏诤的事情，是因为他的奏章还保存着。

君王任用臣子，臣子侍奉君王的原则是什么呢？只是极其公正罢了。极其公正的原则，不是不许别人讲话来掩盖自己的过失，博取小信来讨好自己的君主，这是不可以做的事。还有更不可以做的事：认为谏诤是应当掩饰的，这是把谏诤当作不好的事情，那么后代谁还会去当面谏诤呢？况且前代的君主有纳谏的美德，可是后代看不见，那就不只是失掉一时的公正，又将使后代的君主认为前代没有诤谏的情况。这就开启了惰怠和忌讳进谏风气的先河。唐太宗晚年，许多大臣明知这层意思，但不进言，致使他越来越不明白治理天下的失误，后来出现辽东败亡的情况，才开始遗憾魏征不在世了，不曾知道他后悔的念头是从无人进谏而引发的。

那伊尹、周公是什么样的人物呢！伊尹、周公恳切率直地规劝他们的君主，言辞极其深刻，事情又非常紧迫，他们的谏词保存在《尚书》里，不曾湮没。到现在，人们还称颂太甲、成王为贤君，伊尹、周公为良相，是因为他们的谏书还能见得到。假使当时就把谏书删减毁弃，成就小小的谦让的名声，那么后世依据什么来谏诤？又根据什么知道他们是德才兼备的人呢？夏桀、商纣、周幽王、周厉王、秦始皇这些国君的败亡，原来是他们的臣下的进谏的言辞没有流传下来。这不是史官的遗漏，而是当时的大臣不敢进谏才这样的。那么进谏的言辞没有流传下来，这是这几个国君的恶行更加昭然于后世的原因。

有人说："《春秋》记史的原则是替君主、父母、贤德的人掩饰隐瞒过错。"与此正好相反。《春秋》里所掩饰、隐瞒的都是不好的行为，接受谏诤怎么能说是不好的行为呢？又说："既然这样，那么，焚毁谏稿的人不对吗？"我说："焚稿的人是谁呢？这不是伊尹、周公做的，而是近世博取小信的人干的。那事情又不对了。为什么？因为他们把焚稿当作掩饰君主过错的方法，而让后世去传扬这件事，这就使得后世看不到奏章的正确与否，而(让后世人)必然认定那过错通常在君主，美德常常在(焚稿者)自己身上，这哪里说得上是爱他们的君主呢？"

又有人说："到君主面前说的话，出来不把实话告诉别人"，与此不同。我说：这不是圣人说过的话。即使万一有这样的理论，也是说君臣之间，议论的时候，不想对当时的人泄漏他们的话语罢了，哪里是想杜绝告诉万世的人呢？唉！用真实信诚要求自己、侍奉君主，而且对万世不欺瞒的人，就是郑公啊！(更加理解了他的贤良。难道不是这样吗？难道不是这样吗？)

六、释秘演诗集序

【参考答案】

1. 狎：亲近而态度不庄重。阴：暗中，暗地里。间：隔阂，间隙。称：称颂，赞美。

2. D。(①以：因为，由于。②以：用来。③以：用来。④以：介词，把，拿。)

3. B和D皆为通假字。(A.臣：使动用法，使……臣服。B.见，同"现"。C.从：跟随。D.厌，通"餍"：满足。)

4. (1) 然而他们又都喜欢作诗自我娱乐。当他们狂饮大醉之时，又唱又吟，又笑又叫，以共享天下的乐趣，这是多么豪迈啊！

(2) 唉！这两个人，我竟看到了他们从壮年而至衰老，那么我自己也将衰老了吧！

5. 盛：然喜为歌诗以自娱，当其极饮大醉，歌吟笑呼，以适天下之乐，何其壮也！一时贤士，皆愿从其游，予亦时至其室。

衰：十年之间，秘演北渡河，东之济、郓，无所合，困而归，曼卿已死，秘演亦老病。

6. 作者在本文中运用了侧面烘托的方法表现秘演其人。作者一生都极力排斥佛老之学，故先写曼卿为人，写其"廓然有大志，时人不能用其材"，实则是映衬秘演的为人。后文写秘演盛时的狂放以及老年的落拓，都始终与曼卿的活动紧密联系。文章写秘演的诗歌艺术，亦先写曼卿诗之清绝，然后由曼卿口中，引出对秘诗"雅健有诗人之意"的评价。这种映衬、对比的手法，使两个奇人的形象都很鲜明、突出。

【参考译文】

我年轻时因考进士寄居京城，因而有机会遍交当时的贤者豪杰。不过我还认为：国家臣服统一了四方，停止了战争，休养生息以至天下太平了四十年，那些无处发挥才能的智谋雄伟不寻常之人，就往往蛰伏不出，隐居山林，屠宰贩运，必定有老死其间而不被世人发现的，想要跟从访求他们，与之结交而不可得。后来却认识了我那亡友石曼卿。

曼卿的为人，胸怀开阔而有大志，今人不能用他的才能，曼卿也不肯委屈自己迁就别人。没有施展志向的地方，就往往跟布衣村民饮酒嬉戏，闹得痛快癫狂也不满足。因此我怀疑所谓蛰伏而不被发现的人，或许会在亲昵的玩乐中得到。所以常常喜欢跟从曼卿游玩，想借此暗中访求天下奇士。

和尚秘演和曼卿交往最久，也能够将自己遗弃在世俗之外，以崇尚气节为高。两个人相处融洽毫无嫌隙。曼卿在酒中隐身，秘演则在佛教中隐身，所以都是奇男子。然而又都喜欢作诗自我娱乐。当他们狂饮大醉之时，又唱又吟，又笑又叫，以共享天下的乐趣，这是多么豪迈啊！当时的贤士，都愿意跟从他们交游，我也常常上他们家。十年间，秘演北渡黄河，东到济州、郓州，没有遇上知己朋友，困顿而归。这时曼卿已经死了，秘演也是又老又病。唉！这两个人，我竟看到了他们从壮年而至衰老，那么我自己也将衰老了吧！

曼卿的诗清妙绝伦，可他更称道秘演的作品，以为典雅劲健，真有诗人的意趣。秘演相貌雄伟杰出，他的胸中又存有浩然正气。然而已经学了佛，也就没有可用之处了，只有他的诗歌能够流传于世。可是他自己又懒散而不爱惜，已经老了，打开他的箱子，还能得到三、四百首，都是值得玩味的好作品。

曼卿死后，秘演寂寞无处可去。听说东南地区多山水美景，那儿高峰悬崖峭拔险峻，长江波涛汹涌，很是壮观。便想到那儿去游玩。这就足以了解他人虽老了可是志气尚在。在他临行之时，我为他的诗集写了序言，借此称道他的壮年并为他的衰老而悲哀。

庆历二年十二月二十八日庐陵欧阳修序。

七、苏氏文集序

【参考答案】

1. 掩：遮蔽，遮盖。革：改变。治：安定。顾：照管，注意。

2. C。(A.一定:统一安定。B.纯粹:文风淳朴。D.作为:写作,创作。)

3. A和D。(A.以:介词,把。B.以:因为,由于。C.以:用来。D以:介词,把,拿。)

4. (1) 如果一旦有了那样的人,又幸运地赶上生活在太平时代,世人难道不可以不为此重视他并爱惜他吗?

(2) 只有子美在当代学者都不写古文时却努力去写,他始终独自坚持,不被世俗的追求舍弃牵制,真可以算得是个具有独立见解的人了。

5. D。

6. 欧阳修的散文委婉曲折,在本文中体现得淋漓尽致。一是多转折,在得人之难和废人之易之间形成对比;二是叙事抒情从不平铺直叙,而是千回百转。比如在称赞苏文的过程中,欧阳修并非直截了当地写,而是以金玉作比,指出他的光辉终不可被掩盖,即使是一个被贬谪的人,也同样"至其文章,则不能少毁而掩蔽之也",肯定了苏文的不朽价值。在第五段惜别之时,又是痛惜,又是伤感,如此交错轮回,肆意挥洒,使得文章在谋篇布局上有起有落,灵活多变。

【参考译文】

我的朋友苏子美死后四年,(我)才从太子太傅杜公家里得到他生平的文章遗稿,收集抄录这些遗稿,把它编成十卷。

子美是杜家的夫婿,(我)于是就把这部文集归还他家,并且告诉杜公说:"这些文章,是(珍贵的)金玉。(即使)被丢弃埋没在粪土中,(也)不会消磨腐蚀的。它(虽然)一时被抛弃,将来(也)一定有人收藏珍爱它。即使它被埋没没有显露出来,它的灵气、奇异的光芒已经常常放射出,(别的)东西也不能遮蔽(它)。所以当子美遭排挤挫折、漂流异乡、困窘无奈的时候,(他的)文章已经在天下流传开来。即使(是)他的怨家仇人,以及曾经极力排挤,把他置于绝境的人,(对)他的文章却一点都不能贬低、遮蔽。一般人的心理(都是)轻视近代,看重古代,子美在现代被压抑,(文章)还能这样(被看重),他到后世不再被压抑,(文章又)该是怎样的情况呢?您可以没有遗憾了!"

我曾经考察前代文学、政治的兴盛衰落,对唐太宗(时)天下大治,接近三代圣王的兴盛时期,文章(却)不能革除五代沿袭下来的风气感到奇怪。此后一百多年,韩愈、李翱这些人出现,这之后元和年代的文章才恢复了古代传统。唐朝衰亡,战事纷乱,又(过了)一百多年,大宋兴起,天下统一,平静无事。又过了几百年,古文才在今天兴盛起来。可叹我的(朋友)子美,因为一顿酒饭的过失,以致被罢官为民,流落(异乡而死);这真是值得叹息流泪,使人替当代那些担任要职应该为国家欢喜地培育优秀人才的仁人君子们感到可惜啊。

子美的年龄比我小,可是我学习古文而在他之后。天圣年间,我被主考官取为进士,见到当时的学者专门根据声律对偶摘引割裂(古籍中的语句写成文章),称为时文,借此互相夸赞推崇。但唯独子美和史长才翁以及穆参军伯长,创作古歌诗杂文,当时的人很非议讥笑(他们),但子美(却)不为理睬。此后,天子担忧时文的弊端,发布诏书教导勉励学者学习古文,从此那种(推崇时文的)风气渐渐停止,学者逐步趋向(写)古文了。只有子美在当代学者都不写古文时却努力去写,他始终独自坚持,不被世俗的追求舍弃牵制,真可以算得是个具有独立见解的人了。

子美做官升到大理评事、集贤较理就被撤职，后来做湖州长史（直到）死去，享年四十一岁。他的形貌奇特魁伟，看上去高傲的样子，一接近他却是和蔼可亲，（接触）时间长了更加令人喜爱仰慕。他的才能虽然很高，可是别人对他也不怎么嫉恨。他们攻击他、把他排挤走，用意不在（打击）子美（本人）。（当年）跟子美一起饭酒获罪的人，很多（都是）闻名一时的杰出人物，现在都（重新）被收录选用，在朝廷上晋升职位，很是显要。可是唯独子美不幸死了，难道不是他的命运吗？悲哀啊！

八、沧浪亭记

【参考答案】

1. 顾：看。趋：快走。适：舒服。寓：寄托。

2. C。（①以：因为，由于。②以：用来。③是：这。④是：这。）

3. (1) 回过头来反思以前的名利场，每天与细小的利害得失相计较，同这样的情趣相比较，不是太庸俗了吗！

(2) 自古以来，不知有多少有才有德之士因政治上的失意忧闷致死，都是因为没有悟出主宰自己、超越自我的方法。

4. 亭名“沧浪”，取义于先秦民歌：“沧浪之水清兮，可以濯我缨；沧浪之水浊兮，可以濯我足。”歌词寓含着随遇而安之意，这篇文章是苏舜钦遭受政治上的沉重打击以后所作的，苏舜钦借此抒发胸中丘壑，因而沧浪亭作为一种精神寄托，让作者从山水草木中获取感情的补偿。

5. 本文第④段的议论将作者从对往事的“反思”中上升到理性的思考，由个人的遭遇引发出普遍意义上对人生处世问题的探讨；即便如此，其中仍充满作者自己的感情体验，他体会到“惟仕宦溺人为至深”；为下文他重新寻求到寄寓感情之物，清醒地认识到内外得失之原，转而从仕宦的沉溺中得以解脱做了铺垫。

6. 画线句形式上整散结合，错落有致，内容上描写的是作者在沧浪亭“以舒所怀”的具体情景，他从沧浪亭中获得的情趣决非一般的赏心悦目。他一方面极写内心的舒坦自在，强调了他与大自然的息息相通；另一方面，与上文“旁无民居”之语相呼应，再次强调了连野老也不至的宁静。这是苏舜钦从他蒙受不白之冤的经历出发而产生的特殊心态。这种不仅要摆脱政事，甚至要摆脱一切人间往来唯与“鱼鸟共乐”的极端追求，是他心理上对黑暗现实所作出的逆向反应。这也再次说明，这次政治打击在苏舜钦心中留下了难以磨灭的沉重印记。

【参考译文】

我因获罪而被贬为庶人，没有可以去的地方，乘船在吴地旅行。起初租房子住。时值盛夏非常炎热，土房子都很狭小，不能呼气，想到高爽空旷僻静的地方，来舒展心胸，没有能找到。一天拜访学宫，向东看到草树郁郁葱葱，高高的码头宽阔的水面，不像在城里。循着水边杂花修竹掩映的小径，向东走数百步，有一块荒地，方圆约六十寻，三面临水。小桥的南面更加开阔，旁边没有民房，四周林木环绕遮蔽，询问年老的人，说：“是吴越国王的贵戚孙承祐的废园。”从高高低低的地势上还约略可以看出当年的遗迹。我喜爱这地方，来回地走，最后用钱四万购得，在北面构筑亭子，叫“沧浪”。北面是竹南面是水，水的北面又是竹林，没有穷尽，澄澈的小河翠绿的竹子，阳光、阴影在门窗之间交错相接，尤其是在有风有月的时候更宜人美丽。

我常常乘着小船，穿着轻便的衣服到亭上游玩，到了亭上就率性玩乐忘记回去，或把酒赋诗，或仰天长啸，即使是隐士也不来这里，只与鱼、鸟同乐。形体已然安适，神思中就没有了烦恼；所听所闻都是至纯的，如此人生的道理就明了了。回过头来反思以前的名利场，每天与细小的利害得失相计较，同这样的情趣相比较，不是太庸俗了吗！

唉！人本来会受外物影响而感动。情感充塞在内心而性情压抑，一定要借外物来排遣，停留时间久了就沉溺，认为当然；不超越这而换一种心境，那么悲愁就化解不开。只有仕宦之途、名利之场最容易使人陷入其中，自古以来，不知有多少有才有德之士因政治上的失意忧闷致死，都是因为没有悟出主宰自己、超越自我的方法。我虽已经被贬却获得这样的胜境，安于冲淡旷远，不与众人一道钻营，因此又能够使我的内心和形体找到根本，心有所得，笑悯万古。尚且没有忘记内心的主宰，自认为已经超脱了。

九、游黄溪记

【参考答案】

1. 华，同“花”：花朵。殆：大概，几乎。迩：近。阴：山之北。

2. A。（①焉：兼词，于此。②焉：兼词，于此。③益：副词，更加。④益：副词，更加。）

3. A。（A.名：名词作动词，命名。B.南：名词作状语，向南。C.墙：名词作状语，像墙一样。D黛、膏：名词作状语，像画眉化妆的油膏一样。）

4. (1) 在黄神祠的上面，撩起衣裳涉水，行走八十步，来到初潭，这里最奇丽，大都难以描绘形容。

(2) 黄神已是生活在这里，百姓都安居乐业，认为他颇已得道。死后就祭祀他，为他立有宗祠。

5. 作者在本文中以景夺人，写山水而用实笔，赏奇丽则多为白描。描写初潭之水，则写潭如剖瓮高挂，见游鱼“来若白虹”，想象奇妙，形象生动，写出了水清流急的特点。第二个水潭，石怪鸟奇，迥无人迹；而临深峭，恍入桃源，“山舒水缓，有土田”，不是仙境，而是人间。这循溪登山、探奇赏幽的游程，正如同当年黄神逃亡藏身、筚路蓝缕的路程。

6. 不能删除第①段。文章开头便出奇，虽不无夸张，但引发人的阅读兴趣，说天下山水“永最善”，永州山水“黄溪最善”。看似闲笔，实则有先声夺人之效果，因为黄溪其实很偏僻，并非名山大川，而作者誉为“最善”。与下文中作者描写的黄神原为逃亡，不属名士清流，而居民却“以为有道”相为表里，正好见得作者见地独特，评价异俗。可见偏僻的山水可以“最善”，在逆境中人也可以“有道”，有黄溪和黄神为证。这便是这篇文章含蓄的思想情怀。

【参考译文】

向北到古代的晋国，向西到古代的豳国，向东到古代的吴国，向南到古代的楚国和越国交界的地方，这其间用山水来命名的州，有好几百个，而以永州的山水最美。永州辖地方圆百里，向北到达浯溪，向西到达湘水的源头，向南到达泷泉，向东到达黄溪的东屯村，这其间用山水来命名的村庄，有好几百个，而以黄溪的山水最美。

黄溪距离州城七十里。由东屯向南行走六百步，到达黄神祠。黄神祠上面两岸高山陡立如墙，山上并排生长红花绿叶，这些花树随着山势的高低而起伏，那山间的凹陷处形成了陡崖和洞窟。水流之中都有小石头平铺分布。在黄神祠（位置）的上面，撩起衣裳涉水，行走八十步，来到初潭，（这里）最奇丽，大都难以描绘形容。（溪两岸）大致像一个剖开的大瓮，在两旁立起高达千尺，溪水汇积在里面。水呈深青色，像膏汁一样积聚而无波痕。（阳光下）水流灌注像一条白虹，深沉无声地流动，有几百尾鱼儿正游来会聚在石头下。往南行去又走上百步，来到第二潭。岩石都高高耸立，前临峻急的水流，（山石形状）像脸的下巴和口的上壁，高低不平。潭下大石头杂错陈列，（平整得）可以就座饮食。（石上）有一只鸟红首黑翼，大得像天鹅，正朝东面站立。从这里又向南行几里，地势都是一个样子，（一路上）树木更加粗壮，山石更加瘦长，流水都是锵然有声。再往南行一里，来到大冥的平野，山梁平坦水流舒缓，（依山傍水）有土地田园。最初黄神作为普通人的时候，居处在这个地方。

有传文说："黄神姓王，是王莽的后人。"王莽已经死了，黄神改姓黄，逃来（这里），选择那幽深陡峭的地方潜居下来。最初王莽曾说："我，是黄帝、虞舜的后人。"所以称他的女儿为黄皇室主。黄与王读音相近，并且又有实际的依据，那些用作传言的说法更有了凭证。黄神已是生活在这里，百姓都安居乐业，认为他颇已得道。死后就祭祀他，为他立有宗祠。后来稍稍改变（形象）更接近平民。现在祠庙在山岭下黄溪的北岸。

元和八年五月十六日，我回来后写了这篇游记，用来启发以后喜欢旅游的人。

十、游雁荡记

【参考答案】

1. 望：农历每月十五日。盍：何不，表示反问或疑问。完：保全。俱：全都。

2. A。（①乃：是。②乃：是。③以：用来。④以：用来。）

3. (1) 古迹多是榛、芜，不能攀登探索，而山的容貌崖壁的颜色，是这之前我所没有见到过的。

(2) 大概到了这里各种感觉都没了，各种顾虑都消失了，而我的本性和天地的精神完全相接。

4. 一是雁荡山因险峻僻远而未被愚僧俗士的雕像题字所玷辱，故而保全了远古的容色；二是雁荡山岩深壁削，气象森严，令人萌发"严恭静正"之心，与天地的精神相互融合。

5. C。

6. 这篇游记实则为游后杂感，并不描写名胜古迹，而是借雁荡山发议论，谈道学。所以先贬薄柳宗元游记内容琐碎而无聊，指出雁荡山"实大且多"，不能雕绘外形而求其肖似，而应当着眼于它整体的内在精神。这就把游山的乐趣引向哲理的探索，也体现着"天下物皆可以理照"的理学原则。

【参考译文】

癸亥年(乾隆八年)中秋,十五日前一天(即十四日)进入雁荡山,过了两天才回来。古迹多是榛、芜,不能攀登探索,而山的容貌崖壁的颜色,是这之前我所没有见到过的。我的外甥鲍孔巡说:“何不记述下来?”我说:“这座山不可记述。永州、柳州的各山,乃是荒凉偏远地方的一个山包一道沟壑,柳宗元(字子厚)被贬到那里居住,深入探寻山水(寄情山水)以打发日子,所以熟知了山的全部面貌。像这座山,则是浙江一带西边的山和东边的海相连接围绕,幽深奇异,险峻陡峭,奇怪、诡异的形状,实在是又大又多,想要把它雕绘出来还追求和这山一样,则山的容貌、石壁的颜色,和那些号称名山的山都是相同的,无法区别哪种是这座山的岩石沟壑了。”

但是我自己从这座山的体会,有两点。在这之前所见到的,比如安徽桐城的浮山、金陵(南京)的摄山(栖霞山)、临安(杭州)的飞来峰,它们的悬崖山洞并不是不秀丽好看,而是愚蠢的和尚雕琢了许多仙、佛的石像,低俗的读书人在上面刻画自己的名字和诗辞,就像疮疤一样惊心入目。而只有这座山保存了太古时期的容貌颜色直到今天,又崖壁耸立上千仞(仞,古代长度计量单位),人不能攀缘,又所处偏远,富贵、有能力(改造它)的人没有机会来到这里,就算来了也不能久留,无法聚集工匠建造房屋来为自己标榜扬名,所以这座山始终都没有受到愚蠢的和尚、低俗的读书人的雕刻、开凿。

再者,凡是山川明媚的景致,能使游人欣然快乐,而这座山岩石深远、崖壁陡峭,仰头观望、低头俯视的时候,严肃恭敬平静正直的心,不觉自己就跳动了,大概到了这里各种感觉都没了,各种顾虑都消失了,而我的本性和天地的精神完全相接。

基于这两点,则品德完美的人坚守自己的操行、经历世事的学问,圣贤成就自己成就万物的方法,都能够体会到了。

十一、丰乐亭记

【参考答案】

1. 诸:兼词,之于。顾:看。按:察看。孰:谁。

2. A。(①以:用来。②以:用来。③而:并列。④而:并列。)

3. (1) 自从唐朝败坏了它的政局,全国四分五裂,英雄们全都起来争夺天下,到处成为敌国的,哪能数得清呢?

(2) 于是我根据这里的山水,称道这里的风俗的美好,使百姓知道能够安享这丰收年景的欢乐的原因,是幸运地生活在太平无事的时代啊。

4. 首先作者庆幸自己远脱风波而“乐其地僻而事简,又爱其俗之安闲”,一乐也;滁人“乐其岁物之丰成,而喜与予游”,二乐也;作者纵谈古今,意在让人民了解“安此丰年之乐者,幸生无李之时也”,三乐也;凡此种种,皆因“宣上恩德,以与民共乐”,是地方官应做之事,四乐也。

5. 作者在第②段通过记叙宋朝以前战乱的历史,用今昔对比的手法突出主题,赞扬了宋朝开国皇帝的武功,从而证明四海安乐的局面来之不易,弥足珍贵。

6. 文中画线句仅用“掇幽芳而荫乔木,风霜冰雪,刻露清秀”这十五个字就把一年四季四时之景的特点表现出来了。“掇幽芳而荫乔木”是通过人的动作来写春夏之景;“风霜冰雪,刻露清秀”则是用人的感受来写秋冬之色。文短情深,不仅反映出当时作者的心境,而且反映出作者高度的概括能力和精确的表达能力。

【参考译文】

我治理滁州以后的第二年夏天,才喝到滁州的泉水,觉得甘甜。向滁州人询问泉水的所在地,就在距离滁州城南面一百步的近处。它的上面是丰山,高耸地矗立着;下面是深谷,幽暗地潜藏着;中间有一股清泉,水势汹涌,向上涌出。我上下左右都看过,很爱这里的风景。由于这样,我就叫人疏通泉水,凿开石头,拓出空地,造了一座亭子,就同滁州人在那里游玩。

滁州在五代混战的时候,是个互相争夺的地区。过去,太祖皇帝曾经率领后周兵在清流山下击溃李景的十五万军队,在滁州东门的外面活捉了他的大将皇甫晖、姚凤,就此平定了滁州。我曾经考察过滁州地区的山水,查核过滁州地区的图籍,登上高山来眺望清流关,想寻找皇甫晖、姚凤被捉的地方。可是,当时的人都已经不在,因为天下太平的时间长久了。

自从唐朝败坏了它的政局,全国四分五裂,英雄们全都起来争夺天下,到处成为敌国的,哪能数得清呢?到了大宋朝接受天命,圣人一出现,全国就统一了。以前凭靠险要的割据都被削平消灭。在一百年之间,静静地只看到山高水清。要想问问那时的情形,可是留下来的老年人已经死光了。如今,滁州处在长江、江淮之间,是乘船坐车的商人和四面八方的旅游者不到的地方。百姓活着不知道外面的事情,安心耕田穿衣吃饭,欢乐地度过一生,死后被人送进坟墓。有谁晓得这是皇帝的功德,让百姓休养生息,滋润化育到一百年的长久呢!

我来到这里,喜欢这地方僻静,而且政事简单,又喜爱它的风俗安宁闲适。在山谷之间找到这泉水以后,就经常同滁州人在这里抬头望丰山,低头听泉声。春天采摘幽香的山花,大旱天托庇在乔木下乘凉,到了秋冬两季,经过风霜冰雪,山水更加清楚地显露出明净秀美,四季的景色没有什么不可爱的。又庆幸这里的百姓喜欢那年景的丰收,高兴同我一起游玩,于是我根据这里的山水,称道这里的风俗的美好,使百姓知道能够安享这丰收年景的欢乐的原因,是幸运地生活在太平无事的时代啊。宣传皇上的恩德来和百姓共同欢乐,这是州官的事情。因此,我写下这篇文章,来给这座亭子命名。

十二、醒心亭记

【参考答案】

1. 直:正,指正东方。焉:兼词,于此。隅:角落。殁:去世。

2. B。(①即:到。②即:到。③其:代词。④其:表示反问。)

3. (1) 唉!他真可以说擅长从山泉之间获得乐趣,而且给它们取名来显示它们的实际情况,又是更擅长的了!

(2) 而我又可以借着文章寄托名声在他的文章之后,难道可以不感到欢喜、幸运吗!

4. 一为善于取乐于山水之间;一为醒心亭命名出自韩愈《北湖》诗,命名之善。

5. 两篇文章在立意上均超越了自然山水之乐,而将重点放在了“与民同乐”的“后天下之乐而乐”上。在丰乐亭饮酒,在醒心亭醒酒观景,但是观景不是目的。欧阳修的“真乐”在于对政治的关注，对统治者“无为而治”和老百姓安居乐业生活的追求和向往。

6. 画线句描写的是醒心亭四周环境的优美，欧阳修跟宾客到醒心亭醒酒，登高远眺在山水间的乐趣，令人耳目皆新。与下文中“吾君优游而无为于上，吾民给足而无憾于下，天下学者皆为材且良，夷狄鸟兽草木之生者皆得其宜”的政治“清明图”相映衬，表现了欧阳修宏大的政治抱负。

【参考译文】

在滁州的西南方，泉水的旁边，欧阳公出任知州的第二年，建筑凉亭叫“丰乐亭”，自己写了一篇丰乐亭记，来说明丰乐亭名称的由来。之后又径直在丰乐亭往东几百步，找到山势高的地方，建筑凉亭叫“醒心亭”，并且请我为它写一篇记事。

只要欧阳公和宾客来游玩，一定会到丰乐亭饮酒。有人喝醉并且劳累了，就一定会到醒心亭观望风景，看到群山环绕，白云山岚水气滋生蔓延，一望无际的旷野，花草树木茂盛，山泉岩石秀丽，让他们眼睛所看到的、耳朵所听到的都有清新的感觉，他们的心也因惊奇而醒来，甚至久待而忘了回去。所以根据这样的事形成的原因为它取名“醒心亭”，这是取自韩愈《北湖》一诗的句子。唉！他真可以说擅长从山泉之间获得乐趣，而且给它们取名来显示它们的实际情况，又是更擅长的了！

虽然如此，欧阳公的快乐，我能形容。我们的国君在上能宽大化民，不用刑罚，我们的人民在下生活充裕，没有怨恨，天下的求学的人都贤德有才能，边远地区鸟兽草木生长都适当合宜，这才是欧阳修的快乐。而只是在一座山的角落、一池泉水的旁边，难道是欧阳公的快乐吗？这其实是欧阳公用来在这里寄寓他的理想呀。

像欧阳公的贤德，韩愈死后的数百年才有。现在与他同游的宾客都还不知道欧阳公的难得。以后的百千年，有人仰慕欧阳公的为人，来参观他的遗迹，想要见他一面，却有没办法再见到的感叹（或说有比不上他的感叹），然后才知道欧阳公的难得。所以凡是与他在这里同游的人，难道可以不感到欢喜、幸运吗？而我又可以借着文章寄托名声在他的文章之后，难道可以不感到欢喜、幸运吗！

宋仁宗庆历七年八月十五日记。

十三、凌虚台记

【参考答案】

1. 国：用作动词，建城。丽：附着。杖屦：作动词，拄着拐杖散步。岂：难道。

2. D。（①至：最。②至：到。③复：答复，回复。④复：又。）

3. (1) 回想它们一时的兴盛，宏伟奇丽，坚固而不可动摇，何止百倍于区区一座高台而已呢？

(2) 一座高台尚且不足以长久依靠，相比于人之间的得失，来去匆匆又如何呢？

4. B。

5. 陈太守求文原希望得几句吉利的话，苏轼却在第③段中大讲兴废之理，大有讽刺的意味。“物之兴废成毁，不可得而知也”，是立论的基础，作者用它启开议论的笔端，把凌虚台的兴成推广至茫茫时间，以变化流动的眼光来关照它，从而把有化为无，把实变为虚。昔日的荒草野田，今日的凌虚台，这是由无生有；今日的凌虚台，明日的荒草野田，这又是化有为无。兴废成毁交相回旋，无穷无尽，谁都不能知晓。行文至此，理已尽、意已完，字里行间时时暗含着讥讽的笔调。

6. 作者在文末把修建凌虚台的意义和价值化为子虚乌有，从根本上否定了凌虚台的修筑。这种写法古人称为“化有为无”。委婉含蓄地批评了修建凌虚台的陈太守，指出凌虚台的修筑无补于民。本文由山筑台、由台而化、由化变无，层层紧扣、环环深入，名为替凌虚台作记，实则是化台为无，令人惕然移觉、回味无穷。

【参考译文】

居住在南山脚下，自然饮食起居都与山接近。四面的山，没有比终南山更高的。而城市当中靠近山的，没有比扶风城更近的了。凭借（靠山）最近而要求住得最高，那么这位置必然能达到。但太守的住处，（开始）还不知道（附近）有山。虽然不是事情得失的原因，但是按事物的道理却不该这样的，这就是凌虚台修筑的原因。

就在它还没有修建之前，陈太守拄着拐杖穿着布鞋在山下闲游，见到山峰高出树林之上，（山峰）重重叠叠的样子正如有人在墙外行走而看见的那人发髻的形状一样。（陈太守）说：“这必然有不同之处。”（于是）派工匠在山前开凿出一个方池，用挖出的土建造一个高台。（台子）修到高出屋檐才停。这之后有人到了台上的，都恍恍惚惚不知道台的高度。而以为是山突然活动起伏冒出来的。陈公说：这（台）叫凌虚台很合适。把这件事告诉了他的下属苏轼。而求文章来记叙（这件事）。

苏轼回复陈公说：“事物的兴盛和衰败，是无法预料的。（这里）从前是长满荒草的野地，被霜露覆盖的地方，狐狸和毒蛇出没的所在。在那时，哪里知道（今天这里）会有凌虚台呢？兴盛和衰败交替无穷无尽，那么高台（会不会）又变成长满荒草的野地，都是不能预料的。我曾试着和陈公一起登台而望，（看到）其东面就是当年秦穆公的祈年、橐泉两座宫殿（遗址），其南面就是汉武帝的长杨、五柞两座宫殿（遗址），其北面就是隋朝的仁寿宫也就是唐朝的九成宫（遗址）。回想它们一时的兴盛，宏伟奇丽，坚固而不可动摇，何止百倍于区区一座高台而已呢？然而几百年之后，想要寻找它们的样子，却连破瓦断墙都不复存在，已经变成了种庄稼的田亩和长满荆棘的废墟了。相比之下这座高台又怎样呢？一座高台尚且不足以长久依靠，相比于人之间的得失，来去匆匆又如何呢？或者想要以（高台）夸耀于世而自我满足，那就错了。因为要是世上真有足以（你）依仗的东西，就不在乎台子的存亡了。”

已经对陈公说了，下来后（我便）为他记下来。

十四、喜雨亭记

【参考答案】

1. 志：记述。弥：满，遍。适：恰逢，正好。属：劝酒。

2. D。（①为：建造。②为：是。③其：代词。④其：表示反问。）

3. （1）古时候有了喜事，就用它来命名事物，表示不忘的意思。

（2）那么我与你们即使想在这亭子上游玩享乐，难道可能做得到吗？

4. 画线句描写的是雨后官民欣喜之状，上至官吏，下至小民，无不因此而“相与庆于庭”，“相与歌于市”，“相与忭于野”，并且“忧者以乐，病者以愈”，呈现一派欣喜若狂的情景。寥寥几笔勾抹，一幅万民欢乐图便展现出来，可谓妙笔生辉，在万民庆贺喜雨降临的浓染之中，苏轼笔锋聚转，信笔带过“吾亭适成”，不仅衔接自然得体，而且时机掌握得恰到好处，已到了“不可不止”的地步。

5. B。

6. 作者行文至“吾亭适成”，本可搁笔，却又另辟蹊径，通过描写酒席宴上的主宾问答来渲染气氛，以便进一步阐发“喜”之内涵。主客对答情绪热烈，人物情态形象逼真。苏轼在此基础上加以总结，认为官吏个人之喜忧往往与老天有雨无雨相关联，在透彻地阐明其中因由的同时，也回应篇首的“志喜”和“不忘”。

【参考译文】

这座亭子用雨来命名，是为了纪念喜庆之事。古时候有了喜事，就用它来命名事物，表示不忘的意思。周公得到天子赏赐的稻禾，便用“嘉禾”作为他文章的篇名；汉武帝得了宝鼎，便用“元鼎”称其年号；叔孙得臣打败狄人侨如，便用侨如作为儿子的名字。他们的喜事大小不一样，但表示不忘的意思却是一样的。

我到扶风的第二年，才开始造官邸，在堂屋的北面修建了一座亭子，在南面开凿了一口池塘，引来流水，种上树木，把它当作休息的场所。这年春天，在岐山的南面下了麦雨，占卜此事，认为今年是个好年成。然而此后整整一个月没有下雨，百姓才因此忧虑起来。到了三月的乙卯日，天才下雨，甲子日又下雨，百姓们认为下得还不够；丁卯日又下了大雨，一连三天才停止。官吏们在院子里一起庆贺，商人们在集市上一起唱歌，农夫们在野地里一起欢笑，忧愁的人因而高兴，生病的人因而痊愈，而我的亭子也恰好造成了。

于是，我在亭子里向客人举杯劝酒，问他们道：“‘五天不下雨可以吗？’你们会回答说：‘五天不下雨，就长不成麦子了。’又问‘十天不下雨可以吗？’你们会回答说：‘十天不下雨就养不活稻子了。’没有麦没有稻，年成自然荒歉了，诉讼案件多了，而盗贼也猖獗起来。那么我与你们即使想在这亭子上游玩享乐，难道可能做得到吗？现在上天不遗弃这里的百姓，刚有旱象便降下雨来，使我与你们能够一起在这亭子上游玩赏乐的，都靠这雨的恩赐啊！这难道又能忘记的吗？”

既用它来命名亭子以后，又接着来歌唱此事。歌辞道：“假使上天下珍珠，受寒的人不能把它当作短袄；假如上天下白玉，挨饿的人不能把它当作粮食。一场雨下了三天，这是谁的力量？百姓说是太守，太守说没有这力量。归功于天子，天子也否认。归之于造物主，造物主也不把它当作自己的功劳，归之于太空。而太空冥然缥缈，不能够命名它，我因而用雨来命名我的亭子。”

十五、纵囚论

【参考答案】

1. 苟：苟且。卒：最终。诚：的确，确实。干：追求，求取。

2. C。(①其:代词。②其:表示揣测。③是:代词。④是:代词。)

3. (1) 我只见上面和下面互相揣摩来造成这种声誉,哪里有什么布施恩德和懂得信义呢?

(2) 至于释放了能够自动回来再加以赦免,只能够偶然试一试罢了;如果屡次这样做,那么杀人犯就都不会死了,这能够作为天下恒常的法律么?

4. 作者认为唐太宗此举不近人情;太宗这样做只是为了博取好的名声;唐太宗料想囚犯一定回来才释放他们,这是上面揣摩下面的情意;料想上面一定赦免他们才再回来,这是下面揣摩上面的心思。这种互相揣摩造成的声誉,上面谈不上布施恩德,下面谈不上懂得信义。

5. C。

6. 本文最大的特点是逻辑性强,结构严密。作者先提出纵囚一事本身就不近人情,然后分别从唐太宗、囚犯的不同的心理活动中得出了这样一个结论:这不过是上演了一场"上下交相贼"的闹剧,只不过是唐太宗借此邀取名誉的一种手段。作者以"好名"二字立论,直指人心,议论纵横,深刻入髓。

【参考译文】

对君子讲信义,对小人施刑罚。刑罚定成死罪,是罪恶到了顶点,这又是小人中最厉害的了。宁可为了信义而死,不愿苟且偷生,把死看得像回家一般,这又是君子中特别难以办到的。当唐太宗贞观六年的时候,选取犯死罪的囚犯三百多人,释放了让他们回家,并约定时间叫他们自动回来接受死刑;这是用君子难以做到的事,希望最坏的小人一定做到。那些囚犯到了期限,终于自己回来,竟没有一个失约的:这是君子难于做到的事,小人却轻而易举地做到了。这难道是近于人情的么。

有人说:罪大恶极,的确是小人了;但是等到对他施加恩德,就可以使他变成君子。因为恩德进入人心很深,能很快改变人们的气质,所以出现了像这样的情况。我说:唐太宗之所以这样做,正是为了求得这种声誉啊。这样看来,哪里知道放囚犯回去,不是预料他们一定再回来以希望赦免,所以才释放他们呢?又哪里知道被释放回来的囚犯,不是预料自动回来一定能够赦免,所以才再回来的呢?料想囚犯一定回来才释放他们,这是上面揣摩下面的情意;料想上面一定赦免他们才再回来,这是下面揣摩上面的心思。我只见上面和下面互相揣摩来造成这种声誉,哪里有什么布施恩德和懂得信义呢?如果不是这样,那么唐太宗向天下布施恩德,到这时已经六年了,还不能使小人不做罪大恶极的事;然而一天的恩德,却能使他们视死如归,保存信义,这又是讲不通的理论啊。

既然这样,那么怎样做才好呢?我说:释放了回来的,把他们杀掉而不赦免;然后再释放一批,他们又回来了,这样才能知道是布施恩德所造成的。然而这是一定不会有的事啊。至于释放了能够自动回来再加以赦免,只能够偶然试一试罢了;如果屡次这样做,那么杀人犯就都不会死了,这能够作为天下恒常的法律么?不能作为恒常的法律,难道是圣人的法律么?因此,尧、舜和三王治理天下,一定根据人情,不标新立异来显示高尚,不违背人情来求取名誉。

十六、朋党论

【参考答案】

1. 益:增加。更相:互相。举:全。厌,通“餍”:满足。

2. D。①故:原因。②故:因此,所以。③而:表示承接。④而:表示并列。

3. (1) 所以做君主的,只要能斥退小人的假朋党,进用君子的真朋党,那么天下就可以安定了。(2) 但是后世并不讥笑虞舜被二十二人的朋党所蒙骗,却赞美虞舜是聪明的圣主,原因就在于他能区别君子和小人。

4. 文中在第③段中正反引用尧、纣时对朋党的利用,加强对比,阐明小人无朋,君子有朋,有关国家兴亡。再以东汉桓、灵时的党锢之祸、晚唐昭宣帝时朱全忠杀害名士的史实,引用反面例证,阐明迫害残杀君子之朋导致亡国的历史教训。

5. A。

6. 文章并不讳言人人谈之色变的“朋党”,而是指出朋党也有本质的区别,“君子与君子以同道为朋,小人与小人以同利为朋”,并引证历史来说明君子之朋有利于国,小人之朋有害于国,希望人君进君子之真朋,去小人之伪朋。文章避免了消极地替自己作辩解,而从正面指出朋党的客观存在,这就争取了主动,使自己立于不败之地,文章也由此具有深刻的揭露作用和强大的批判力量,颇具新意。

【参考译文】

臣听说关于朋党的言论,是自古就有的,只是希望君主能分清他们是君子还是小人就好了。一般说来君子与君子因志趣一致结为朋党,而小人则因利益相团结为朋党,这是很自然的规律。

但是臣以为小人并无朋党,只有君子才有。这是什么原因呢?小人所爱所贪的是薪俸钱财。当他们利益相同的时候,暂时地互相勾结成为朋党,那是虚假的;等到他们见到利益而争先恐后,或者利益已尽而交情淡漠之时,就会反过来互相残害,即使是兄弟亲戚,也不会互相保护。所以说小人并无朋党,他们暂时结为朋党,也是虚假的。君子就不是这样:他们坚持的是道义,履行的是忠信,珍惜的是名节。用这些来提高自身修养,那么志趣一致就能相互补益。用这些来为国家做事,那么观点相同就能共同前进。始终如一,这就是君子的朋党啊。所以做君主的,只要能斥退小人的假朋党,进用君子的真朋党,那么天下就可以安定了。

唐尧的时候,小人共工、驩兜等四人结为一个朋党,君子八元、八恺等十六人结为一个朋党。舜辅佐尧,斥退“四凶”的小人朋党,而进用“元、恺”的君子朋党,唐尧的天下因此得到大治。等到虞舜自己做了天子,皋陶、夔、稷、契等二十二人同时列位于朝廷。他们互相推举,互相谦让,一共二十二人结为一个朋党。但是虞舜全都进用他们,天下也因此得到大治。

《尚书》上说:“商纣有亿万臣,是亿万条心;周有三千臣,却是一条心。”商纣王的时候,亿万人各存异心,可以说不成朋党了,但是纣王因此而亡国。周武王的臣下,三千人结成一个大朋党,但周朝却因此而兴盛。

后汉献帝的时候,把天下名士都关押起来,把他们视作“党人”。等到黄巾贼来了,汉王朝大乱，然后才悔悟，解除了党锢，释放了他们，可是已经无可挽救了。唐朝的末期，逐渐生出朋党的议论，到了昭宗时，把朝廷中的名士都杀害了，有的竟被投入黄河，说什么“这些人自命为清流，应当把他们投到浊流中去”。唐朝也就随之灭亡了。

前代的君主，能使人人异心不结为朋党的，谁也不及商纣王；能禁绝好人结为朋党的，谁也不及汉献帝；能杀害“清流”们的朋党的，谁也不及唐昭宗之时；但是都由此而使他们的国家招来混乱以至灭亡。互相推举谦让而不疑忌的，谁也不及虞舜的二十二位大臣，虞舜也毫不猜疑地进用他们。但是后世并不讥笑虞舜被二十二人的朋党所蒙骗，却赞美虞舜是聪明的圣主，原因就在于他能区别君子和小人。周武王时，全国所有的臣下三千人结成一个朋党，自古以来作为朋党又多又大的，谁也不及周朝；然而周朝因此而兴盛，原因就在于善良之士虽多却不感到满足。

前代治乱兴亡的过程，为君主的可以作为借鉴了。

十七、沧浪亭记

【参考答案】

1. 亟：多次，屡次。迨：等到，达到。尝：曾经。垂：流传。

2. C。（①为：动词，建造。②为：表示被动。③于：介词，在。④于：介词，在。）

3. (1) 文瑛和尚居住在大云庵，那里四面环水，从前是苏子美建造沧浪亭的地方。

(2) 可见士人要想垂名千载，不与吴越一起迅速消失，是有原因的。

4. 虽然/钱镠因乱攘窃/保有吴越/国富兵强/垂及四世/诸子姻戚/乘时奢僭/宫馆苑囿/极一时之盛

5. 作者记叙此地在钱氏吴越之时是“宫馆苑囿，极一时之盛”，而今不仅澌然而尽，甚至未给后人留下任何印象。与之形成鲜明对比的却是苏舜钦建造的一座小亭，令后人“钦重如此”。通过对比，作者才得出了下文中的结论：“可以见士之欲垂名于千载，不与其澌然而俱尽者，则有在矣。”一篇曲折文字，主意只在此一句。

6. 本文是作者应佛徒文瑛的请求而写的一篇记叙文，记述了沧浪亭的历史变迁，并通过古今对比，强调了“士之欲垂名于千载”“则有在矣”的道理，表明了自己淡泊名利的胸怀；通过抒发自己因园亭的变化而产生的历史感慨，呈现出作者那种欲超脱于尘事羁绊的淡然情怀。

【参考译文】

文瑛和尚居住在大云庵，那里四面环水，从前是苏子美建造沧浪亭的地方。文瑛曾多次请我写篇《沧浪亭记》，说：“过去苏子美的《沧浪亭记》，是写亭子的胜景，您就记述我修复这个亭子的缘由吧。”

我说：“从前吴越建国时，广陵王镇守吴中，曾在内城的西南修建了一个园子，他的外戚孙承佑，也在它的旁边修了园子。到吴越被宋国灭亡时，这个园子还没有荒废。最初苏子美在园中造了沧浪亭，后来人们又在沧浪亭的遗址上修建了大云庵，住进了和尚。这是从沧浪亭到大云庵的演变过程。大云庵至今已有二百年的历史了。文瑛寻访亭子的遗迹，又在废墟上按原来的样子修复了沧浪亭。这是从大云庵到沧浪亭的演变过程。

历史在变迁，朝代在改易。我曾经登上姑苏台，远眺浩渺的五湖，苍翠的群山，那太伯、虞仲建立的国家，阖闾、夫差争夺的对象，子胥、文种、范蠡筹划的事业，如今都已消失殆尽了，大云庵和沧浪亭的兴废，又算得了什么呢？

虽然如此，钱镠趁天下动乱，窃据权位，占有吴越，国富兵强，传了四代，他的子孙亲戚，也借着权势大肆挥霍，广建宫馆园囿，盛极一时，而子美的沧浪亭，却被和尚如此钦重。可见士人要想垂名千载，不与吴越一起迅速消失，是有原因的。"文瑛好读书，爱作诗，常与我们交游，我们称他为沧浪僧。

十八、登泰山记

【参考答案】

1. 循：沿着。负：背着。阳：山之南。晦：农历每月最后一天。

2. B。（①当：在。②当：在。③以：相当于"而"，表示修饰。④以：介词，在。）

3. (1) 远望夕阳映照下的泰安城，汶水、徂徕山如同图画一样，而半山腰里停留着的云雾像一条带子似的。

(2) 在天的尽头，云层中有一线奇特的色彩，片刻之间，变成了五光十色的彩霞，太阳升起，颜色纯红像朱砂，底下有一片晃动的红光托着它。

4. 山多石/少土/石苍黑色/多平方/少圆/少杂树/多松/生石罅/皆平顶/冰雪/无瀑水/无鸟兽音迹/至日观数里内无树/而雪与人膝齐。

5. 第三段是全文的中心，按照时间顺序描写泰山日出壮观的景象。作者先写日出前，"大风扬积雪击面"，风雪交加，一与泰山道上"迷雾冰滑"照应，一派寒冬景象。作者在写从山巅向下俯视，众山如骰子，这是从对面落笔写出日观亭位于最高处。"白"字写出了白雪覆盖群山的概貌。"稍见"呼应了"五鼓"，说明天色尚暗，一切景象还不清晰，只是朦胧可辨，对日出奇景起了烘托作用。再写太阳将出时的景色是"极天云一线异色，须臾成五采"，这霞光的背景为欲出的太阳蓄了势。最后才写到太阳出来时是"日上，正赤如丹，下有红光动摇承之"。这富有想象力的描写，把太阳的形象表现得气势磅礴。

6. 画线句中几个动词用得很好——"乘风雪"的"乘"字，从人身不由己，只能随风雪而行的动作里，渲染了风狂雪紧的隆冬景象和风雪的巨大威力。"自""历""穿""越""至"几个动词蝉联而下，既吻合描写对象，又充分表现了旅途的艰苦，活画出了作者风尘仆仆的神态，写出了他急于登泰山的浓厚游兴，一字一图，字精意工，并照应了第一段的古长城。

【参考译文】

泰山的南面，汶水向西流去，泰山的北面，济水往东流去。山南面的山谷里的水都流进汶水，山北面的山谷里的水都注入济水。在阳谷和阴谷分界的地方，是古长城。最高的日观峰，位于古长城南面十五里的地方。

我在乾隆三十九年十二月，从京城冒着风雪起程，经过齐河县、长清县（今山东济南市长清区），穿过泰山西北部的山谷，越过古长城的界限，抵达泰安府。这个月的丁未那一天，我和知府朱孝纯(子颍)一起从南面山脚登山。四十五里的山路全是用石板砌成的,台阶有七千多级。泰山正南面有三个山谷,中间山谷中的水绕过泰安城下,这就是郦道元所说的“环水”。我们开始顺着中谷进去,路走了一小半,翻过中岭,再顺着西边的山谷走,就到了山巅。古时候登泰山,沿着东面的山谷进去,路上有天门。东边的那道山谷,古时候把它叫作天门溪水,我们没有到达。这次经过中岭到山顶,也有像门户一样的山崖横立在路上,一般人都管它们叫天门。一路上云雾迷漫,有冰很滑,石级几乎不能攀登。等到登上了山顶,只见深青色的山驮着白雪,明亮地照耀着南方的天空。远望夕阳映照下的泰安城,汶水、徂徕山如同图画一样,而半山腰里停留着的云雾像一条带子似的。

戊申这天是月底,五更的时候,我和子颍一起坐在日观亭上,等待着日出。大风卷起积雪扑打在脸上。日观亭东面从脚下起全是迷漫的云雾。隐隐约约地看到在云雾中有几十颗像白色的骰子一样的东西站立着,那是一些山峰。在天的尽头,云层中有一线奇特的色彩,片刻之间,变成了五光十色的彩霞,太阳升起,颜色纯红像朱砂,底下有一片晃动的红光托着它。有人说,这就是东海。回头看日观峰以西的山峰,有的被日光照着,有的没有照着,有的红,有的白,颜色错杂,都像弯腰曲背的样子。

日观亭的西面有岱祠,还有碧霞元君祠。皇帝的行宫在碧霞元君祠的东面。这天,观赏了沿途的各种石刻,都是唐高宗显庆年间以后的,那些年代更久远的石刻,全都磨灭缺损了。偏僻而不在路边的石刻,都来不及去看。

泰山上石头多,泥土少。石头是青黑色的,大多方正有棱角,很少有圆形的。杂树少,松树多,生长在石缝里,都是平顶的。到处是冰雪,没有瀑布,也没有鸟兽的声音和踪迹。到日观峰的几里内没有树,而积雪深到人的膝盖。

桐城人姚鼐记。

十九、辨奸论

【参考答案】

1. 著:显明,显出。鲜:少。中:内心。被:遭受。

2. D。(①固:原来,本来。②固:固然。③孰:什么。④孰:谁,哪个。)

3. C。(A.风、雨:名词作动词。B.衣:名词作动词。C.微:形容词作名词。D.履:名词作动词。)

4. (1) 人事的发展变化,情理和形势之间的因果关系,也是空疏渺茫难以尽知,千变万化而无法预先料到的,怎么能和天地阴阳的变化相比?

(2) 此人借助当世享有盛名之力,来促成他尚未形成气候的祸患。虽然有励精图治的君主,敬重贤才的宰相,也还是会选拔并重用他的。这样,他将成为天下的祸患,是必定无疑的了,这就不只是王、卢二人所能比拟的。

5. 作者在第②段中通过历史上山涛、郭子仪对王衍、卢杞的评论,说明了山、郭二人的评论虽有一定道理,但也有所疏漏,这就为下文作者对“今有人”的批评起到了铺垫作用。同时指出王安石是王衍、卢杞合而为一人的大奸臣,将给国家带来深重的灾难,值得警醒。

6. 本文开篇即从事情皆有一定的规律，只要能够仔细观察并把握规律，从而提出“见微知著”的观点，试从王安石的生活细节不近人情之处分辨他的忠奸，与下文“衣臣虏之衣，食犬彘之食，囚首丧面而谈诗书”这种不近人情的行为前后照应，指出这种人“鲜不为大奸慝”，可为千古观人之法。本文结尾颇具远见，预言王安石上台执政将会给北宋政坛带来的巨大破坏性，不幸而被他言重了，更加说明他之前辨奸之独具眼光。

【参考译文】

事情的发展必定会有一定的结局，道理有它原本就该如此的规律。天下只有表现冷静的人，才能从细微之处预见到日后将会发生的显著变化。月亮周围出现了晕圈预示着将要刮风，房屋的石柱返潮湿润预示着将要下雨，这是人人皆知的事。人事的发展变化，情理和形势之间的因果关系，也是空疏渺茫难以尽知，千变万化而无法预先料到的，怎么能和天地阴阳的变化相比？即便是贤能的人对此也有所不解。这是什么原因呢？这是由于喜爱和憎恨扰乱了他们的内心，利害关系又影响了他们的行动啊！

从前山巨源见到王衍，说：“将来给天下百姓带来灾难的，一定是这个人！”郭汾阳见到卢杞，说：“这个人一旦得志，我的子孙就会被他杀得一个不留！”现在分析一下他们所说的话。其中的道理是可以料想到的。依我看来，王衍之为人，从容貌和谈吐上，确实具备了欺世盗名的条件。但是他不妒忌别人，不贪图钱财，只是随大流。如果晋朝当时没有惠帝这个昏君，当政者即使只是一个中等的君主，就算是有成百上千个王衍这样的人，又怎能扰乱天下呢？卢杞那样的奸诈，确实足以败坏国家。但是他不学无术，容貌不足以动人，言谈不足以蒙蔽社会，如果不是遇到德宗这样的鄙陋昏庸的君主，又怎能受到重用呢？由此说来，山、郭二公对王、卢二人所做的预言，也未必完全如此啊！

现在有人嘴里背诵着孔子、老子的话，亲身实践着伯夷、叔齐的行为，收罗了一批追求名声和不得志的士人，相互制造舆论，私下里互相标榜，以为自己是颜渊、孟轲再世，然而他们为人阴险狠毒，和一般人的志趣不同。这是把王衍和卢杞合成一个人了。他在社会上酿造的祸害还能说得完吗？脸面脏了不忘洗脸，衣服脏了不忘洗衣，这本是人之常情。现在他却不是这样，身穿奴仆的衣服，吃猪狗的食物，头发蓬乱得像囚犯，表情哭丧着像家里有人去世，却在那里大谈《诗》《书》，这难道说是人的真实的心情吗？凡是办事不近人情的，很少不成为大奸大恶之辈，竖刁、易牙、开方就是这样的人。此人借助当世享有盛名之力，来促成他尚未形成气候的祸患。虽然有励精图治的君主，敬重贤才的宰相，也还是会选拔并重用他的。这样，他将成为天下的祸患，是必定无疑的了，这就不只是王、卢二人所能比拟的。

孙子说：“善于用兵的人，并没有显赫的功勋。”如果这个人没有被重用，那么我的话就有些过头了，而此人就会有怀才不遇的感慨。谁又能知道祸患会达到上述这种地步呢？不然的话，天下将要蒙受他的祸害，而我也会获取卓有远见的名声，那就太可悲了！

二十、尊　史

【参考答案】

1. 逮：及，到。彼：代词，指代“优人”。征：证明，证验。卒：终于。

2. B。（①焉：句末语气词。②焉：句末语气词。③乎：介词，相当于“于”。④乎：语气词，相当于“吗”。）

3.（1）史官所以受尊重，并不是因为他们有掌管文献典籍、执行褒贬人事的职权，而是尊重他们的思想、精神。

（2）不善于“入”的，就不是据实地记录，像隔墙听人讲话一样，怎能研究和指导堂中艺人的表演呢？

4. 作者认为尊史的关键在于尊其心；尊心的关键在于善入善出。

5. 这篇文章表面上是论述史官职务及其重要作用，其实是一篇提倡社会批判，抨击专制统治的政论。作者本文中着重论述了史学和政治的关系，认为史官是“职语言、司谤誉”的，即是社会的喉舌，要求史官就成为敢于大胆揭露和批判社会黑暗的政论家，这是对当时清王朝的文化钳制政策的有力抨击。清代以来的“文字狱”使许多知识分子不再过问政治，龚自珍的《尊史》给当时僵死寂寞的学术带来了新鲜的气息。

6. 本文逻辑严密，思路清晰，层层推进，作者认为“尊史”必先“尊心”，而“尊心”又在于“善出入”，而“善出入”的最终目的是“入乎道”。这种“链式结构”的论证，上递下接，环环相扣，即使语气连贯，表意清晰，又能使句子联系紧密，充分反映事物间的逻辑关系。因而，“欲知大道，必先为史”的结论就水到渠成，轻而易举地被“拈”了出来。

【参考译文】

史官所以受尊重，并不是因为他们有掌管文献典籍、执行褒贬人事的职权，而是尊重他们的思想、精神。

怎样的思想、精神才值得尊重呢？要善于“入”。什么是关于“入”呢？天下的山川形势，人的精神面貌，社会的风气，土地适宜种植什么，哪些姓氏应当受到尊重，他们都了解；从朝廷祖宗的法令，到下级官吏所应遵守的职责，他们都知道。他们在谈论礼仪、军事、政治、刑法、掌故、文章，以及评论人的好坏时，就像讲述自己的家事那样熟悉，这就可以称为“入”了。

怎样的思想、精神才值得尊重呢？还要善于“出”。什么是善于“出”呢？天下的山川形势，人的精神面貌，社会的风气，土地适宜种植什么，哪些姓氏应当受尊重，从朝廷祖宗的法令，到下级官吏所应遵守的职责，都是互相联系着的，这些都不是史官专门负责掌管的。但他们在谈论礼仪、军事、政治、刑法、掌故、文章，以及评论人的好坏时，就像象艺人在堂下纵情歌舞，哀乐万千，堂上观看的人严肃地坐在上面，边欣赏边指点那样。这就可以称为“出”了。

不善于“入”的，就不是据实地记录，像隔墙听人讲话一样，怎能研究和指导堂中艺人的表演呢？这样，史官的言论，就必定像讲梦话那样胡说八道。不善于“出”的，一定没有什么真诚的感情、深刻的评论，这就像艺人表演出各种各样喜怒哀乐的情态，手舞足蹈，纵情歌唱，忙得像沸腾的滚汤似的，他们又怎能自己讲出那种哀乐的情况呢？这样，史官的言论，就必定是死气沉沉、毫无生气。因此，要成为史官，成为与别人不同的史官，就不要说梦话，不要死气沉沉，必须先要自己尊重自己的思想、精神。自己尊重自己的思想、精神，他的职务也就会受到尊重了，自己尊重自己的思想、精神，他的职务也就会受到尊重了。职务、言论都受到尊重了，史官本人也就会受到尊重了。

这些都受到尊重会有什么结果呢？那就会有大的“出”和“入”。什么是大的“出”和“入”呢？那就是：跳出纷繁的史料，进入到了解历史发展的根本道理，要想懂得根本道理，就必须首先研究史料、懂得历史。这一点不是我发现的，是刘向、班固已经说过的。刘向、班固讲的这个道理有证据吗？我的证据是：古代的柱下史老聃，终于成为道家的创始人。这难道不是我的证据吗？